Nöllke · Vermieter-Ratgeber

Bibliografische Information der Deutschen Nationalbibliothek
Die Deutsche Nationalbibliothek verzeichnet diese Publikation in der Deutschen Nationalbibliografie; detaillierte bibliografische Daten sind im Internet über http://dnb.de abrufbar.

Print ISBN 978-3-648-04719-4 Bestell-Nr. 06231-0009
EPUB ISBN 978-3-648-04720-0 Bestell-Nr. 06231-0100
EPDF ISBN 978-3-648-04718-7 Bestell-Nr. 06231-0151

Dr. Matthias Nöllke
Vermieter-Ratgeber
9. Auflage 2013

Redaktionsanschrift: Fraunhoferstraße 5, 82152 Planegg/München
Telefon: (089) 895 17-0
Telefax: (089) 895 17-290
www.haufe.de
online@haufe.de
Produktmanagement: Jasmin Jallad

Idee & Konzeption: Dr. Matthias Nöllke, Textbüro Nöllke München
Redaktion & DTP: redaktion : konzeption, Ulrich Leinz, 12049 Berlin
Umschlag: RED GmbH, 82152 Krailing
Druck: Schätzl Druck, 86609 Donauwörth

Matthias Nöllke

Vermieter-Ratgeber

Sicher und rentabel vermieten

Inhaltsverzeichnis

Einleitung

Als Vermieter können Sie viele unangenehme Überraschungen erleben: Da zieht Ihr Mieter 10 % von der Miete ab, weil er sich durch Baulärm in der Nachbarschaft gestört fühlt. Oder er schafft sich ein Haustier an, ohne Sie zu fragen. Er schickt Ihnen die Nebenkostenabrechnung zurück mit der Begründung, sie sei nicht „ordnungsgemäß". Er verliert den Haustürschlüssel und weigert sich, auf eigene Kosten ein neues Schloss einbauen zu lassen. Oder er hat neues Parkett verlegt, zieht bald wieder aus und verlangt, dass Sie einen Teil der Kosten übernehmen.

Wie sollen Sie dann reagieren? Viele Vermieter wissen das nicht so genau und verlassen sich auf ihre Erfahrung oder ihr Gefühl. Oder sie fragen jemanden um Rat, den sie für kompetent halten, der es dann aber doch nicht ist. Sie sollten nicht so vorgehen. Denn entweder verzichten Sie leichtfertig auf Ihr gutes Recht oder Sie müssen feststellen, dass Sie im Unrecht sind. Oder Sie haben sich durch unbedachtes Handeln selbst in eine ungünstige Lage hineinmanövriert. Gerade beim Vermieten gilt: Kleine Fehler können Sie teuer zu stehen kommen.

Hier will unser Ratgeber helfen. Sie erfahren, was Sie konkret tun können, um Ärger zu vermeiden, gegenzusteuern oder zumindest das Schlimmste zu verhindern. Wir sagen Ihnen auch, was Sie besser unterlassen sollten, wo Sie Unterstützung finden und wann es sinnvoll ist, professionelle Hilfe einzuschalten, die ja immer auch etwas kostet, aber manchmal erforderlich ist, um nicht noch mehr Geld zu verlieren.

Viel Erfolg wünscht Ihnen *Matthias Nöllke*

Abkürzungen

Abs.	Absatz
AG	Amtsgericht
AGG	Allgemeines Gleichbehandlungsgesetz
Az.	Aktenzeichen
BayObLG	Bayerisches Oberlandesgericht
BGB	Bürgerliches Gesetzbuch
BVerfG	Bundesverfassungsgericht
GE	Zeitschrift „Das Grundeigentum“
KG	Kammergericht
LG	Landgericht
MHG	Gesetz zur Regelung der Miethöhe
NJW-RR	Neue Juristische Wochenschrift Rechtsprechungsreport
OLG	Oberlandesgericht
RDM	Ring Deutscher Makler
RE	Rechtsentscheid
RGZ	Rechtsprechungssammlung des Reichsgerichts in Zivilsachen
VDM	Verband Deutscher Makler
WM	Zeitschrift „Wohnungswirtschaft und Mietrecht“
ZMR	Zeitschrift für Miet- und Raumrecht

Auf den Mieter kommt es an

Einem bekannten Bonmot zufolge ist es leichter, sich von seinem Ehepartner zu trennen als von seinem Mieter. Das mag übertrieben erscheinen, immerhin wird mit dem Mietvertrag in den seltensten Fällen ein „Bund fürs Leben" geschlossen. Und doch ist der Satz nicht so ganz falsch, was Ihnen immer dann einleuchten wird, wenn Sie versuchen, einen unliebsamen Mieter zum Auszug zu bewegen.

Auf der anderen Seite ist es sehr viel wert, wenn Sie einen Mieter haben, der pfleglich mit Ihrem Wohneigentum umgeht und mit dem Sie sich verständigen können, wenn einmal Probleme auftauchen. Ein gutes Verhältnis zu Ihrem Mieter dürfte Ihnen unter dem Strich einen größeren Vorteil bringen als eine möglichst hohe Miete.

Ein gutes Verhältnis bedeutet nicht unbedingt, dass Sie Ihren Mieter besonders sympathisch finden müssen. Sie wollen mit ihm ja nicht Ihre Freizeit verbringen, sondern nur Ihre Wohnung an ihn vermieten. Und da ist es manchmal gar nicht so gut, wenn man auch noch privat mit ihm zu tun hat. Gerade weil Mieter und Vermieter immer wieder unterschiedliche Interessen haben, erleichtert es die Sache, wenn Sie zu Ihrem Mieter ein gutes, aber auch distanziertes, geschäftsmäßiges Verhältnis haben.

An Freunde vermieten?

Natürlich gibt es auch gute Gründe, an Freunde oder Familienangehörige zu vermieten. Immerhin wissen Sie da im Wesentlichen, mit wem Sie es zu tun haben. Man kennt sich und vertraut sich – hoffentlich. Nur sollten Sie sich auch darüber im Klaren sein, dass bei allen Auseinandersetzungen immer auch Ihre persönlichen Beziehungen mit hineinspielen. Eine Mieterhöhung? Das können Sie Ihrem alten Freund doch nicht antun! Eine Mahnung wegen ausstehender Mietzahlungen? So geht man doch nicht mit der eigenen Familie um!

Persönliche Beziehungen erleichtern nicht gerade die sachliche Klärung eines Konflikts. Schon manche Familien haben sich hoffnungslos zerstritten, alte Freundschaften sind in die Brüche gegangen, weil das Verhältnis zwischen Mieter und Vermieter seiner Natur nach ein anderes ist als zwischen Freunden oder Familienangehörigen.

ACHTUNG

TRENNEN SIE PERSÖNLICHES VON GESCHÄFTLICHEM

Bei Konflikten fahren Sie mit einer klaren Trennung zwischen dem „Privaten" und dem „Geschäftlichen" meist besser. In milderer Form gilt das übrigens auch für „Tipps" und Empfehlungen aus der Verwandtschaft oder dem Freundeskreis. Wenn Ihnen ein Freund einen Mieter aufnötigt, mit dem Sie Schwierigkeiten bekommen, belastet das Ihre Freundschaft.

Dennoch spricht nicht alles gegen solche persönlich geprägten Mietverhältnisse. Vielmehr sollten Sie nüchtern abwägen:

- Welche Vorteile ergeben sich für Sie aus solch einem Mietverhältnis? (Nähe, Versorgung von Familienangehörigen, Sicherheit)
- Was würde geschehen, wenn es zu einem Konflikt kommt? (z. B. wegen Renovierung, Mieterhöhung, Kündigung wegen Eigenbedarfs)
- Würden Sie diesen Mieter auch nehmen, wenn er sich auf dem „freien Markt" bei Ihnen vorstellen würde?

Wenn Sie die dritte Frage mit „nein" beantworten, sollten Sie von einer Vermietung eher Abstand nehmen. Ansonsten riskieren Sie, dass es Ihnen ebenso ergeht wie der Vermieterin in unserem eingangs geschilderten Beispiel.

Versuchen Sie, die drei größten Risiken auszuschließen

Es spricht alles dafür, den Mieter sehr sorgfältig auszuwählen. Doch eine Garantie dafür, dass dann bei Ihnen der ideale Mieter einzieht, gibt es nicht. Denn erstens ist der „ideale Mieter" ohnehin eine unrealistische

Wunschvorstellung. Und zweitens stellen sich seine wahren Qualitäten erst dann heraus, wenn es zu spät ist – nämlich wenn er bereits in Ihrem Objekt wohnt.

Verabschieden Sie sich daher von der Vorstellung, durch ein ebenso aufwendiges wie quälendes Prüfverfahren den idealen Kandidaten zu finden. Das kostet nur Zeit und Energie und schreckt Bewerber ab, die es nicht nötig haben, sich einer solchen Prozedur zu unterziehen. Vielmehr sollte es Ihnen bei Ihrer Auswahl darum gehen, drei Risiken auszuschließen:

- Der Mieter kann seine Miete nicht mehr bezahlen. Im schlimmsten Fall wird er zahlungsunfähig.
- Der Mieter geht mit dem Objekt schlecht um. Er beschädigt es oder lässt es verwahrlosen.
- Der Mieter stört den Hausfrieden. Andere Bewohner fühlen sich belästigt.

Risiko Nummer 1: Der Mieter kann die Miete nicht mehr bezahlen

Es handelt sich um das bedeutsamste Risiko. Daher sollte Ihnen viel daran liegen, diesen Fall möglichst auszuschließen. Sichern Sie sich ab. Wie Sie das tun können, erfahren Sie ab Seite 29. Wie Sie hingegen vorgehen sollten, wenn der „Ernstfall" bereits eingetreten ist, lesen Sie ab Seite 101. Im Gegensatz zu anderen Fragen, die das Privatleben Ihres Mietinteressenten betreffen, können Sie hier ein berechtigtes Interesse geltend machen. Insoweit sollten Sie keine Sorge haben, Sie könnten seriöse Kandidaten abschrecken.

Risiko Nummer 2: Der Mieter geht mit dem Objekt schlecht um

Eine verbreitete Sorge: Die Mietsache nimmt Schaden, weil der Mieter nicht gerade pfleglich damit umgeht. In der Tat kann es Ihre Mietrendite kräftig verhageln, wenn Ihre Wohnung in einem schlechten Zustand zurückgegeben wird und Sie womöglich Ihre Renovierungskosten in einem langwierigen Prozess erst einklagen müssen (mehr dazu ab S. 213). Das Problem ist nur, dass Sie nicht wissen können, wie sich Ihr Mieter verhalten wird. Manche Vermieter behelfen sich damit, dass sie gewissermaßen auf Verdacht an bestimmte Personengruppen nicht vermieten. Von einer solchen Vorgehensweise können wir nur abraten. Halten Sie lieber nach wirklich stichhaltigen Indizien Ausschau. Hält der Interessent seine derzeitige Wohnung in gutem Zustand, deutet dies darauf hin, dass er auch mit Ihrer Wohnung nicht anders verfahren wird. Darüber hinaus sollten Sie sich in Ihrem Mietvertrag entsprechend absichern (→ S. 41).

Risiko Nummer 3: Der Mieter stört den Hausfrieden

Auch wenn Sie selbst nicht direkt davon betroffen sind, so kann es doch nachteilig sein, wenn Ihr Mieter derjenige ist, über den sich die anderen Hausbewohner immer wieder beklagen. In manchen Fällen werden Sie nämlich in die Auseinandersetzung mit hineingezogen. Zum Beispiel wenn andere Mieter die Miete mindern (→ S. 121) oder Hausbewohner Sie auffordern, Ihrem Mieter zu kündigen. Sie laufen Gefahr, zwischen die Fronten zu geraten und sich mit Ihrem Mieter und/oder mit den klagenden Hausbewohnern gerichtlich auseinandersetzen zu müssen.

Im Prinzip gilt hier das Gleiche wie bei Risiko Nummer 2: Seien Sie sensibel für konkrete Indizien. Gehen Sie nicht sehenden Auges ein vermeidbares Risiko ein. Allerdings müssen die zu erwartenden Störungen schon etwas handfest sein. Natürlich geht es nicht darum, den Hundebesitzer oder gar die Familie mit Kindern als „Risikofaktoren" zu betrachten.

Wenn ein Interessent an Sie herantritt

Meist ist es der Vermieter, der die Initiative ergreift, um einen geeigneten Mieter zu finden oder besser noch: auszuwählen. Doch gibt es auch den Fall, dass jemand von sich aus an Sie herantritt, um Ihr Mieter zu werden. Vor allem wenn es sich um ein begehrtes Objekt handelt oder die Lage auf dem Wohnungsmarkt sehr eng ist. Auch kommt es vor, dass ein Mieter Ihnen einen bestimmten Nachmieter präsentiert – entweder weil er dadurch die Kündigungsfrist abkürzen will oder weil er mit dem Interessenten die eine oder andere Vereinbarung getroffen hat, zum Beispiel dass dieser ihm einen bestimmten „Abstand“ für die Überlassung seiner Einbauten zahlt.

Das Thema „Nachmieter“ wird uns noch eingehender beschäftigen (→ S. 210). An dieser Stelle nur so viel: Sie sollten sich durch nichts und niemanden bei Ihrer Entscheidung unter Druck setzen lassen. Im Prinzip können Sie unter drei Alternativen auswählen:

- Sie geben dem Interessenten eine Zusage und schließen mit ihm einen Mietvertrag ab. Dies ist vor allem dann sinnvoll, wenn Ihnen der Interessent akzeptabel erscheint und wenn die Konditionen (Höhe der Miete, Sondervereinbarungen) klar sind. Denn der Vorteil liegt auf der Hand: Sie sparen Zeit und müssen sich nicht selbst um einen geeigneten Kandidaten kümmern. Auf jeden Fall sollten Sie aber den Mietvertrag gründlich vorbereitet haben (→ S. 41).
- Sie sagen dem Interessenten ab. Das sollten Sie tun, wenn gewichtige Gründe gegen den Mieter sprechen.
- Sie schieben Ihre Entscheidung auf. Den Interessenten nehmen Sie sozusagen als Kandidaten auf Ihre Liste. Sie können sich durchaus selbst noch umhören oder eine Anzeige schalten.

Die dritte Alternative ist vor allem dann sinnvoll, wenn Sie sich überrumpelt fühlen. Oder wenn Sie meinen, dass Sie durchaus noch einen geeigneteren Mieter finden können. Oder wenn Sie sich selbst noch nicht im Klaren über die Konditionen sind, vor allem über die Höhe der Miete.

Denn gerade bei Neuvermietungen *kann* es vorkommen, dass die marktübliche Miete beträchtlich über dem Satz der „Altmieten“ liegt. Wenn Sie hier übereilt abschließen, könnten Sie sich im Nachhinein darüber ärgern, dass Sie „zu billig“ vermietet haben. Allerdings empfiehlt es sich, die Entscheidung nicht allzu lange aufzuschieben. Sonst müssen Sie damit rechnen, dass Ihnen auch der aufdringlichste Interessent noch abspringt.

Vermieten an „Problemfälle"?

Es gibt Vermieter, die schlagen bewusst den entgegengesetzten Weg ein: Sie suchen nicht den akkuraten, finanziell abgesicherten Mustermieter, sondern den Problemmieter, so einen, den sonst niemand nimmt. Dabei spielen menschenfreundliche Motive meist nur eine sehr untergeordnete Rolle. Vielmehr geht es häufig darum, eine möglichst hohe Miete zu erlösen für Wohnräume, die selten in gutem Zustand sind.

Unfreundlich formuliert könnte man sagen: Solche Vermieter profitieren von der Notlage derjenigen, die sonst keine Wohnung finden, wobei die Notlage gelegentlich durch öffentliche Unterstützung kräftig gemildert wird, der Steuerzahler also für den „Risikozuschlag" aufkommt.

Die Übergänge in einen Bereich, der vielleicht moralisch etwas anrüchig ist, mögen fließend sein. Und doch: Auch „Problemfälle" brauchen ein Dach über dem Kopf. Wenn Sie dafür sorgen, ist das im Prinzip nicht zu beanstanden. Sie sollten sich nur darüber im Klaren sein, worauf Sie sich einlassen. Sie brauchen ein „dickes Fell" und sollten sich absichern, soweit das möglich ist. Wenn die Miete vom Sozialamt getragen wird, ist es ratsam, dafür zu sorgen, dass sie direkt auf Ihr Konto überwiesen wird.

Legen Sie vorher die Miethöhe fest

Ein ganz wichtiger Punkt: Bevor Sie anfangen zu suchen, sollten Sie eine genaue Vorstellung davon haben, wie viel Miete Sie verlangen. Auch über die näheren Konditionen des Mietvertrags (→ ab S. 41) sollten Sie sich im Klaren sein. Wenn Sie nicht die Rahmenbedingungen festlegen, dann wird es der Mieter tun. Keine gute Voraussetzung dafür, dass Sie dabei besonders günstig wegkommen.

Bereiten Sie sich also vor und legen Sie das Wichtigste fest. Das schließt natürlich nicht aus, dass Sie später noch Kompromisse machen. Aber Sie bewegen sich erst einmal auf gesicherter Grundlage.

Wie viel Miete können Sie verlangen?

Viel hängt davon ab, dass Sie Ihre Miete richtig festsetzen. Denn die Höhe der Miete entscheidet nicht nur über die Rendite, die Ihre Wohnung erwirtschaftet, sondern sie hat auch Einfluss darauf, wie schnell Sie einen Mieter finden und welchen Mieter. Darüber hinaus hat die Höhe der Miete auch Auswirkungen auf den Wiederverkaufswert. Möchten Sie ein Objekt veräußern, das nur eine geringe Mietrendite abwirft, dürfte dies den Preis erheblich drücken.

Sie müssen die richtige Balance finden

Bieten Sie Ihre Wohnung zu teuer an, werden Sie Schwierigkeiten haben, einen geeigneten Mieter zu finden. Dann steht Ihre Wohnung für einige Zeit leer und Sie müssen mit der Miete heruntergehen, was -gerade bei einem übersichtlichen Mietmarkt - sehr ungünstig sein kann. Interessenten nehmen wahr, dass die Wohnung offenbar „schwer zu vermieten“ ist, und dürften sich veranlasst sehen, den Mietpreis weiter zu drücken.

Auf der anderen Seite können Sie Ihre Rendite nachhaltig schmälern, wenn Sie unter Wert vermieten. Auch durch spätere Mieterhöhungen können Sie das nur schwer wieder „aufholen“, zumal der Gesetzgeber im neuen Mietrecht die Regelungen nochmals verschärft hat (→ S. 160).

Studieren Sie den Markt

Bei der großen Bedeutung der Miethöhe ist es überraschend, wie wenig durchdacht viele Vermieter die Miete festlegen. Sie entscheiden „nach Gefühl“ oder sie orientieren sich daran, was sie vorher verlangt haben. Oder sie ziehen Vergleichswerte aus anderen Orten heran, an denen aber ganz andere Mieten üblich sind. Wer in Detmold vermieten will, kann sich nicht an den Mieten von Düsseldorf orientieren. Auch wenn er selbst in Düsseldorf wohnt. Das klingt zwar nahe liegend, dennoch begehen viele (Mieter und Vermieter) genau diesen Fehler.

Das sollte Ihnen nicht passieren. Den zuverlässigsten Anhaltspunkt für Ihre eigene Kalkulation bekommen Sie durch systematische Marktbeobachtung. Verfolgen Sie das Angebot von vergleichbaren Mietobjekten in Ihrer Tageszeitung. Aber vergessen Sie auch nicht, die „Gesuche“ unter die

Lupe zu nehmen. Hier erfahren Sie zwar nichts über genaue Marktpreise, allenfalls werden bestimmte Höchstpreise nach dem Muster „Pädagogin und Kirchenmusiker suchen Drei-Zimmerwohnung mit Gartenanteil bis maximal 600,00 Euro". Doch bekommen Sie einen ersten Eindruck, wie „gesucht" Ihr Objekt ist.

ACHTUNG

LASSEN SIE SICH NICHT VON DER ANZEIGENLYRIK TÄUSCHEN

Über Einschränkungen und Nachteile der Wohnungen erfahren Sie in den meisten Anzeigen nichts. Auch werden Stadtteilgrenzen äußerst großzügig ausgelegt oder die „Altbauwohnung am Stadtpark" befindet sich eher in der Nähe der Schnellstraße und in fernerer Umgebung des Stadtparks.

Um die Angebote wirklich einschätzen zu können, gibt es nur eine Möglichkeit: Sie müssen sich die Objekte selbst ansehen. Doch das ist meist viel zu aufwendig. Wenn Sie Ihre Immobilie verkaufen wollen und es um mehrere hunderttausend Euro geht, lohnt sich ein solches Vorgehen. Um Ihre Miete festzulegen, genügt es, die Wohnungsangebote mit einer gewissen Abgeklärtheit zu betrachten.

Wie sinnvoll sind Mietspiegel?

Nach dem Willen des Gesetzgebers soll die Rolle des Mietspiegels gestärkt werden (→ S. 148). Wenn in Ihrer Stadt oder Gemeinde ein solcher Mietspiegel verfügbar ist, sollten Sie durchaus einen Blick hineinwerfen. Allerdings gibt es zwei Probleme: Viele Mietspiegel sind alles andere als nutzerfreundlich und geben Ihnen eher Gelegenheit, Ihr mathematisches Geschick unter Beweis zu stellen als bequem an eine brauchbare Vergleichszahl zu kommen. Außerdem eröffnen viele Mietspiegel einen beträchtlichen Ermessensspielraum. Mietspiegel eignen sich daher vor allem als Ergänzung Ihrer eigenen Marktstudien. Denn entscheidend ist nicht, was im Mietspiegel steht, sondern was aktuell am Markt für Ihre Wohnung bezahlt wird.

Maximale Miete oder Durchschnitt?

Als wirtschaftlich denkender Mensch müssten Sie bestrebt sein, den Maximalwert zu erreichen, also die Miete, die gerade noch jemand bezahlt. Denn Sie müssen ja gar nicht eine große Zahl von Interessenten ansprechen. Es genügt, wenn ein einziger bereit ist, die geforderte Miete zu entrichten.

Im Prinzip könnten Sie so vorgehen. Doch sollten Sie bedenken, dass auf dem Mietmarkt ja zwei Seiten auswählen. Sie wählen Ihren Mieter unter den Interessenten aus (und wenn es nur einer ist, dann müssen Sie ihn eben nehmen – oder ablehnen und weitersuchen). Aber auch der Mietinteressent wählt ja aus einem Angebot aus, besichtigt verschiedene Objekte, stellt sich vor, meldet ernsthaftes Interesse an oder lässt es eben bleiben. Ein Objekt kann aber immer nur von einem Interessenten angemietet werden.

Die Folge: Auf der einen Seite gibt es Interessenten, die nur schwer eine Wohnung finden, auf der anderen Seite gibt es Wohnungen, die nur schwer einen Mieter finden. Daher werden auf dem normalen Mietmarkt in erster Linie diejenigen bereit sein, einen überhöhten Preis zu zahlen, die nur schwer etwas finden. Möglicherweise handeln Sie sich aber gerade dadurch einen Problemfall ein, an dem Sie wenig Freude haben werden.

HALTEN SIE DIE MIETE MODERAT ACHTUNG

Sie fahren sicherer, wenn Sie die Miete eher in moderater Höhe halten. Dadurch sprechen Sie mehr Leute an, können auswählen und finden auch auf alle Fälle schneller einen Mieter.

Der Energiepass

Als Vermieter sind Sie gehalten, Mietinteressenten den Energiepass oder Energiebedarfsausweise vorzulegen. Dieses Dokument gibt darüber Auskunft, wie es um die energetischen Qualitäten des Gebäudes bestellt ist. Anders gesagt: Mit welchem Verbrauch an Heizenergie der Mieter rechnen muss. Dabei sollte man jedoch wissen, dass sich der Ausweis nicht auf die betreffende Wohnung bezieht, sondern immer auf das Gebäude, in dem sich die Wohnung befindet.

Ab wann ist der Pass vorgeschrieben?

Nachdem sich die Gesetzeslage geklärt hat, verfügen heute viele Vermieter über den Energiepass. Gesetzlich vorgeschrieben ist er zu den folgen Stichtagen:

- Ab 1. Juli 2008: Für alle Wohngebäude, die bis 1965 erbaut worden sind.
- Ab 1. Januar 2009: Für alle Wohngebäude.
- Ab 1. Juli 2009: Für alle Nichtwohngebäude.

Verbrauchs- oder bedarfsbasierter Ausweis?

Grundsätzlich gibt es zwei verschiedene Arten von Energieausweisen:

- Der verbrauchsbasierte Pass: Grundlage der Bewertung ist der tatsächliche Verbrauch an Heizenergie während der vergangenen drei Jahre. Daraus wird ein Mittelwert errechnet.
- Der bedarfsbasierte Pass: Aus den Eigenschaften des Gebäudes, seinem Zuschnitt, seiner Ausrichtung, der Wärmedämmung und Belüftung, dem Zustand der Heizung etc. wird von einem Sachverständigen ein „objektiver" Energiebedarf berechnet – unabhängig vom tatsächlichen Verbrauch der Bewohner.

Dabei sollten Sie wissen, dass der bedarfsbasierte Pass als die höherwertige Variante gilt. Für Neubauten ist er ohnehin vorgeschrieben. Und auch Wohngebäude, die nicht mehr als vier Wohnungen umfassen und bei denen der Bauantrag vor dem 1. November 1977 eingereicht wurde, brauchen spätestens ab dem 1. Oktober 2008 einen bedarfsbasierten Ausweis.

Der große Vorteil der verbrauchsbasierten Variante: Sie ist wesentlich günstiger - und sie lässt die Energiebilanz Ihres Hauses oft sogar noch in einem besseren Licht erscheinen als nach dem bedarfsbasierten Pass.

Bei jedem Mieterwechsel auf Verlangen vorweisen

Sie sind keineswegs gezwungen, von sich aus den Pass zu präsentieren. Es ist der Mietinteressent, der Sie auffordern muss, ihm den Pass zu zeigen. Sie müssen auch keine Kopie für ihn erstellen. Es genügt, wenn er Einsicht nehmen kann.

Allerdings wäre es ein Irrtum anzunehmen, Sie könnten sich um den Energiepass irgendwie „herummogeln“, etwa indem Sie nur Interessenten berücksichtigen, die sich von Ihnen den Pass nicht vorlegen lassen „wollen“. Die Rechtslage ist klar: Können Sie einem Interessenten den Pass nicht vorlegen, riskieren Sie eine empfindliche Geldbuße.

Die Suche nach dem geeigneten Mieter

Wie Sie bei Ihrer Suche am besten vorgehen, kommt ganz auf den Einzelfall an. Es hängt von Ihnen ab, wie viel Zeit Sie investieren können, wie viel Geld, und nicht zuletzt hängt es von dem Objekt ab, das Sie vermieten. Für eine „Studentenbude“ kommt ein ganz anderer Personenkreis in Betracht als für eine Dreizimmerwohnung oder für ein Haus mit Garten.

Wie aufwendig Sie die Suche gestalten müssen, ist von der Marktlage abhängig. Handelt es sich um sehr gefragte Wohnräume, müssen Sie damit rechnen, durch eine kleine Annonce eine Flutwelle von Anfragen auszulösen. Ist der Kreis möglicher Interessenten von vornherein eher klein, dürfte es ratsam sein, alle Hebel in Bewegung zu setzen, um mögliche Interessenten anzusprechen.

Wer ist Ihre „Zielgruppe"?

Die wichtigste Frage, die Sie gleich zu Anfang klären sollten: Für wen ist Ihre Wohnung überhaupt geeignet? Anders formuliert: Wer hat ein Interesse daran, Ihr Objekt zu mieten? Dabei spielen einmal Art und Ausstattung der Wohnung eine Rolle, dann aber auch ihre Lage. Für eine schöne Altbauwohnung in einem heruntergekommenen Bezirk werden Sie ein anderes „Publikum“ ansprechen müssen, als wenn sich das gleiche Objekt in einem „In-Viertel“ befindet.

Überlegen Sie, welche Vorzüge Ihre Wohnung besitzt. Und für wen die relevant sein könnten. Was für den einen Interessenten einen Nachteil bedeutet, kann für den anderen ein Vorteil sein. Während sich die junge Familie gründlich überlegen wird, ob sie in das laute Kneipenviertel ziehen soll, kann das für einen ausgehfreudigen Single einen unvergleichlichen Standortvorteil bedeuten. Umgekehrt dürften Sie bei unserem Single mit wenig Begeisterung rechnen, wenn Sie ihm eine Wohnung am Stadtrand anbieten, „wo der Hund begraben ist“, wohingegen die Familie gerade diese ruhige Lage, „nahe der Natur“ schätzen wird.

Entscheidend ist also, dass Sie das „Profil“ Ihrer Wohnung realistisch einschätzen. Dann werden Sie die geeignete Klientel gezielt ansprechen können und einen Fehler vermeiden, der gar nicht so selten ist. Manche Vermieter haben nämlich vor allem solche Interessenten im Visier, die sie für besonders solvente Mieter halten, zu denen das Objekt aber gar nicht passt.

Lohnt es sich, möglichst viele Interessenten anzusprechen?

Kein Zweifel, eine möglichst breit angelegte Suche erhöht die Chance, dass sich unter den Interessenten ein passabler Kandidat befindet. Andererseits wird ab einer gewissen Anzahl die Sache unübersichtlich und die Auswahl willkürlich. Sie brauchen ja nur *einen* Mieter und gewinnen nichts, wenn Ihnen noch 32 weitere Interessenten bekannt sind, die ebenfalls gerne in Ihre Wohnung eingezogen wären.

Doch ist es gerade in Ballungsgebieten keine Seltenheit, dass eine beeindruckende Zahl von Interessenten sehr schnell auf einen überschaubaren Kern ernsthafter Bewerber zusammenschmilzt. Das Telefon steht zwar nicht still, doch kommen viele von vornherein nicht infrage, andere wollen sich nur informieren, haben unakzeptable Sonderwünsche oder springen in letzter Minute ab, weil sie etwas anderes gefunden haben oder doch in ihrer alten Wohnung bleiben möchten.

Es ist jedoch fast immer von Vorteil, wenn Sie unter mehreren Interessenten auswählen können. Rein psychologisch stärkt es Ihre Position, wenn noch weitere Kandidaten im Rennen sind. Drei bis vier Bewerber sind ideal. Allerdings sollten Sie sich vor einer nahe liegenden Versuchung hüten: Nämlich Ihre Machtposition auszuspielen, weil Sie derjenige sind, der ein begehrtes Gut zu vergeben hat und dafür den Preis immer weiter nach oben treiben kann.

NUTZEN SIE IHRE MACHTPOSITION NICHT AUS ACHTUNG

Warum sollten Sie eine starke Ausgangsposition nicht nutzen, um ein Maximum für sich herauszuholen? Ganz einfach: Sobald der Mietvertrag unterschrieben ist, kehren sich die Verhältnisse sozusagen um. Dabei tritt der paradoxe Fall ein, dass gerade diejenigen Mieter eine besonders starke Position erlangen, die in einem schwierigen Wohnungsmarkt eine Wohnung ergattert haben, also vorher eher schwach gestellt waren. Nicht wenige Vermieter fallen aus allen Wolken, wenn sie plötzlich feststellen, dass Ihr Mieter nun daran geht, seine Macht voll auszuspielen.

Sollen Sie einen Makler einschalten?

Der bequemste Weg, einen Mieter zu finden, könnte über einen Makler führen. Er nimmt Ihnen die Suche ab, schaltet Anzeigen für Sie, zeigt den Interessenten die Wohnung und überlässt Ihnen die Auswahl. Ein guter Makler kann Sie darüber hinaus auch beraten, zum Beispiel was die Höhe der Miete betrifft, wobei Sie wissen sollten, dass die Höhe seiner Provision davon abhängt, er also nicht unbedingt tiefstapeln wird. Im Übrigen ist es gar nicht so selten, dass der Makler bereit ist, auf Ihre Provisionszahlung zu verzichten und sich mit derjenigen des künftigen Mieters zufrieden gibt – nämlich wenn Ihre Wohnung besonders attraktiv ist oder die Nachfrage nach Mietwohnungen besonders hoch. Was Sie für sich herausholen können, ist Verhandlungssache.

Allerdings sprechen auch Gründe gegen einen Makler. Viele Wohnungssuchende wenden sich nicht an einen Makler und schrecken auch davor zurück, sich auf eine Wohnungsanzeige zu melden, bei der die Adresse eines Maklers angegeben ist. Ob zu Recht oder zu Unrecht, bei Mietwohnungen wird die Maklerprovision meist als vermeidbare Zusatzausgabe empfunden. Aus Mietersicht kann die Maklerprovision die Attraktivität Ihrer Wohnung erheblich schmälern. Aber das kommt auf den Wohnungsmarkt an: In einigen Städten, in denen die Nachfrage sehr groß ist, werden die meisten Wohnungen über einen Makler vermittelt – nicht zuletzt auch, weil sich der Vermieter nicht einem großen Andrang aussetzen möchte.

Sinnvoll ist der Auftrag an einen Makler vor allem dann, wenn Sie selbst keine Zeit haben, einen Mieter zu suchen. Oder wenn Sie es versucht haben, aber keinen geeigneten Mieter gefunden haben. Auf jeden Fall sollten Sie bei der Auswahl des Maklers sehr wählerisch sein.

ACHTUNG

VORSICHT MAKLER!

Sie sollten wissen: Makler ist keine geschützte Berufsbezeichnung. Im Prinzip darf sich jeder, der ein entsprechendes Türschild an seinem Büro anschraubt, so nennen. Und so gibt es einige „schwarze Schafe" in der Branche, worunter die seriösen Vertreter dieses Berufs zu leiden haben. Auf die Einhaltung gewisser Standesregeln achten die beiden Maklerverbände RDM und VDM. Beide haben Beschwerdestellen, an die Sie sich bei Problemen wenden können. Sie können sich auch direkt mit den Verbänden in Verbindung setzen und darum bitten, dass Ihnen ein örtlicher Makler genannt wird.

- RDM (Ring Deutscher Makler), Mönckebergstr. 27, 20095 Hamburg. Tel.: 040/ 33 58 27, Fax: 040/33 58 83, www.rdm.de.
- VDM (Verband Deutscher Makler), Limburger Str. 9, 61462 Königstein, Tel.: 06174/12 30, Fax: 06174/2 43 14, www.vdm.de

- RDM (Ring Deutscher Makler), Mönckebergstr. 27, 20095 Hamburg. Tel.: 040/ 33 58 27, Fax: 040/33 58 83, www.rdm.de.
- VDM (Verband Deutscher Makler), Limburger Str. 9, 61462 Königstein, Tel.: 06174/12 30, Fax: 06174/2 43 14, www.vdm.de

Schalten Sie eine Zeitungsannonce

Der übliche Weg: Sie inserieren in der Zeitung. Vielfach tut der Makler auch nichts anderes. Der Unterschied: Alle Anfragen landen nun nicht beim Makler, sondern bei Ihnen. Überlegen Sie, wo Sie am besten inserieren, wo Sie Ihre „Zielgruppe" am ehesten erreichen. In den meisten Fällen dürfte der „Wohnungsmarkt" Ihrer Lokalzeitung der geeignete Ort sein. Überregionale Zeitungen, Fachblätter oder Zeitschriften kommen nur für sehr spezielle Objekte in Frage.

Schon beim Formulieren der Anzeige nehmen Sie Einfluss darauf, wer sich bei Ihnen meldet. Und unter wie vielen Interessenten Sie auswählen können oder müssen.

So formulieren Sie Ihre Anzeige

Überladen Sie die Annonce nicht mit unwesentlichen Informationen. Fassen Sie sich kurz, die unvergleichlichen Details wird der Inserent bei der Wohnungsbesichtigung kennenlernen. Beschränken Sie sich auf ansprechende Basisinformationen: „Helle 3-Zimmerwohnung, 75 qm, in verkehrsgünstiger Lage" ist ein knapper Text, dürfte vielfach aber ausreichen. Dank der vielfältigen Abkürzungen geht es üblicherweise noch kürzer: „Helle 3-Zi-Whg., 75 qm, verkehrsg. Lg."

Hüten Sie sich davor, Ihre Wohnung marktschreierisch anzupreisen oder irgendeinen vermeintlich originellen „Aufhänger" zu nehmen. Versuchen Sie sich nicht als Werbetexter, Sachlichkeit wirkt wesentlich vertrauenswürdiger.

Stellen Sie die wesentlichen Vorzüge heraus. „Haus mit Garten" (interessant für Familien), „City-Studio" (klein, moderne Ausstattung, gute Lage),

„Luxusappartement“ (Marmorbad aufwärts, kostet eine Kleinigkeit), „ruhige Seniorenwohnung“ (klein, wenig Treppen). Idealerweise erreichen Sie mit solchen Begriffen genau die Klientel, die Sie ansprechen möchten.

Allerdings muss die Sache passen. Preisen Sie eine enge Schachtelwohnung aus den 50er Jahren als „Altbaustudio“ an, fühlen sich die Interessenten zu Recht verschaukelt. Und Sie ernten mit Sicherheit nur Absagen.

Haben Sie sehr klare Anforderungen an Ihren Mieter, können Sie diese ebenfalls in die Anzeige aufnehmen. Dabei sollten Sie sich darüber im Klaren sein, dass dies einen ziemlich abschreckenden Eindruck macht –aber vielleicht wollen Sie ja gerade diesen Effekt erzielen. Auch sollten Sie sich nicht so weit aus dem Fenster lehnen, dass Sie mit dem Antidiskriminierungsgesetz (→ S. 34) in Konflikt geraten könnten.

Das Wichtigste zuerst

Die wichtigste Information gehört an den Anfang. Dabei ist es durchaus zweckmäßig, sie noch zusätzlich hervorzuheben, durch Fettdruck zum Beispiel. Bei größeren Anzeigen können Sie die Information auch in die Überschrift packen. Was ist aber die wichtigste Information? Es sollte das entscheidende Argument sein, warum jemand Ihre Wohnung mieten sollte.

Das können ganz unterschiedliche Dinge sein. Liegt Ihre Wohnung in einem beliebten Stadtteil? Dann könnten Sie damit beginnen. Verfügt die Wohnung über besondere Extras, beispielsweise eine Stuckdecke oder einen schönen, großen Garten? Oder ist die Miete das entscheidende Argument? Dann fangen Sie doch damit an! „650,00 Euro kalt“, das springt gewiss ins Auge und wird all diejenigen zum Weiterlesen animieren, die in dieser Preiskategorie eine Wohnung suchen.

Aber Achtung: Nur die wesentlichen, die entscheidenden Dinge eignen sich für den Anfang. Hat Ihre Wohnung beispielsweise einen außergewöhnlich geräumigen Keller, ist dies sicherlich ein Vorzug, den Sie nicht unerwähnt lassen sollten. Doch wenn Sie damit beginnen, nehmen Sie eine etwas eigentümliche Gewichtung vor. Es entsteht der Eindruck, als hätten Sie vor allem einen großen Keller zu vermieten und als sei die Wohnung eine Art Anhängsel.

Wie sinnvoll sind Chiffreanzeigen?

Die meisten Zeitungen geben Ihnen gegen einen geringen Aufpreis die Möglichkeit, Ihre Anzeige anonym, unter einer bestimmten Kennzahl, einer so genannten Chiffre zu veröffentlichen. Das hat den Vorteil, dass Sie zunächst nicht selbst in Erscheinung treten. Vielleicht möchten Sie nicht, dass bekannt wird, dass Sie für Ihre Wohnung einen Mieter suchen. Außerdem können Sie Anschreiben von Interessenten, die nicht infrage kommen, ohne viel Federlesens aussortieren und brauchen nicht einmal einen Besichtigungstermin zu vereinbaren.

Der große Nachteil der Chiffreanzeige ist allerdings: Die ganze Sache zieht sich in die Länge und es melden sich weit weniger Interessenten als auf ein unverschlüsseltes Inserat. Denn für den Wohnungssuchenden ist eine Chiffreanzeige eine unsichere und unbequeme Sache. Wird ein gleichwertiges Objekt mit Telefonnummer angeboten, ruft er dort an, vereinbart einen Besichtigungstermin und hat den Mietvertrag vielleicht schon unterschrieben, während er bei der Chiffreanzeige noch um eine passende Formulierung ringt.

Die Telefonnummer genügt

Am zweckmäßigsten ist es, wenn Sie einfach nur Ihre Telefonnummer angeben. Dann treten Sie nicht namentlich in Erscheinung, sind für die Interessenten schnell zu erreichen und können die Sache einigermaßen steuern. Wenn Sie es noch etwas anonymer haben wollen, können Sie auch Ihre Handynummer nennen.

Checkliste: Das gehört alles in Ihre Anzeige

Besonders ärgerlich ist es natürlich, wenn wichtige Angaben fehlen. Halten Sie sich daher an die folgenden Leitfragen:

WORAUF SIE BEI EINER ANZEIGE ACHTEN SOLLTEN

Was wollen Sie vermieten?

Kurze Beschreibung des Objekts (z. B. ruhiges Studentenappartement, gut geschnittene 3-Zi.-Wohnung) ☐

Wo befindet sich das Objekt?

Örtliche Lage (z. B. Stadtteil) ☐

Wie hoch ist die Miete?

Kosten: Monatliche (Kalt-)Miete, Nebenkosten, eventuell Kaution ☐

Was noch?

Besonderheiten hinsichtlich Ausstattung (z. B. Gartenanteil, Tiefgaragenstellplatz, Sauna) oder Beschränkungen (z. B. nur an tierliebe, katholische Nichtraucher) ☐

Wer bietet an?

Kontakt: Chiffre, Adresse oder Telefonnummer ☐

Melden Sie sich auf eine Zeitungsannonce

Sie können natürlich auch den entgegengesetzten Weg einschlagen und sich selbst auf ein Inserat melden. Das hat den Vorteil, dass Sie nicht 20 Leuten Ihre Wohnung zeigen müssen, von denen 16 ohnehin nicht infrage kommen. Vielmehr können Sie die Interessenten zunächst einmal selbst auswählen.

VERMIETEN SIE AN EIN UNTERNEHMEN ACHTUNG

Einige Firmen suchen für ihre leitenden Mitarbeiter Wohnungen oder Häuser, die sie dann selbst anmieten. Für Vermieter ist das eine attraktive Alternative. Sie schließen den Mietvertrag nicht mit dem Mitarbeiter, sondern direkt mit dem Unternehmen ab. Das Unternehmen garantiert die pünktliche Überweisung der Miete und die Abschlussrenovierung. Allerdings sind die Ansprüche an die betreffenden Häuser und Wohnungen nicht gering.

Weitere Möglichkeiten einen Mieter zu finden

Es gibt noch andere Wege, einen geeigneten Mieter aufzuspüren. Allerdings kommen die eher als Ergänzung in Betracht. Sie können sich bei Bekannten und Freunden umhören. Die persönliche Empfehlung kann den Vorteil haben, dass Sie Ihren möglichen Mieter schon ein wenig besser einordnen können, als wenn er Ihnen als völlig Unbekannter gegenübertritt. Auf der anderen Seite kann es ein wenig problematisch sein, wenn sich Geschäftliches und Privates vermischen, wie wir ja bereits angesprochen haben.

Einen gut platzierten Aushang am Schwarzen Brett sollten Sie durchaus nicht unterschätzen. Natürlich hängt es ganz von Ihrer Zielgruppe ab, wie erfolgreich Sie damit sein werden. Wer eine hochwertige Luxuswohnung sucht, der wird kaum einen Zettel mit Ihrer Telefonnummer irgendwo abreißen. Aber bereits im „mittleren Segment“ können Sie fündig werden, wenn Sie denn den richtigen Platz wählen: In vielen Supermärkten und in Firmen gibt es Schwarze Bretter, an denen auch Wohnungsangebote (und Gesuche!) aufgehängt werden. (Größere Unternehmen besitzen heute oft auch „elektronische Schwarze Bretter“ im firmeneigenen Intranet.)

Wenn Sie an Studenten vermieten wollen, so finden sich zahlreiche Schwarze Bretter – in der Mensa, in der Bibliothek, beim Studentenwerk, an den einzelnen Instituten – an denen Sie Ihr Mietangebot aushängen sollten.

Und im Internet?

Natürlich kann auch der Blick ins Internet mal weiterhelfen. Auch hier gibt es die Möglichkeit zu inserieren. In der Regel sogar kostenlos. Doch sollten Sie die Erfolgsaussichten nicht überschätzen. Der Mietmarkt ist ein lokaler Markt. Das bei Weitem wichtigste Medium ist noch immer die Lokalzeitung. Im Übrigen stellen mittlerweile fast alle Lokalzeitungen ihre Wohnungsanzeigen auch ins Internet. Kostenlos.

So treffen Sie die richtige Entscheidung

Es ist unbedingt zu empfehlen, sich vorher einen festen zeitlichen Rahmen zu stecken. Legen Sie fest, wann (spätestens) eine Entscheidung fallen soll. Ansonsten riskieren Sie, dass sich die Sache in die Länge zieht, Interessenten wieder abspringen und Sie am Ende auf Ihrer unvermieteten Wohnung sitzen bleiben. Auch sollten Sie sich vorher klarmachen, wie Sie das ganze Verfahren organisieren wollen. Schalten Sie eine Anzeige mit Ihrer Telefonnummer, müssen Sie sicherstellen, dass jemand die Anrufe entgegennimmt und Besichtigungstermine vereinbart. Denken Sie auch daran, dass manche Zeitungen bereits am Vorabend zu haben sind und sich einige Interessenten deswegen früher bei Ihnen melden könnten.

Sie erleichtern sich die Sache, wenn Sie vorher einen Terminplan festlegen (den Sie später im Bedarfsfall noch abändern können). Zum Beispiel könnten Sie alle Besichtigungstermine auf Freitag bis Mittwoch legen. Donnerstag bis Samstag planen Sie für Gespräche mit den Interessenten der engeren Wahl ein. Am Sonntag fällt die Entscheidung und wird der Mietvertrag unterschrieben.

ACHTUNG

BESICHTIGUNG NUR EINZELN

Begehen Sie nicht den Fehler, mehrere Interessenten zusammen zu bestellen. Dadurch könnte sich nämlich eine Gruppendynamik entwickeln, die sich sehr schädlich auswirkt. Wesentlich wirkungsvoller ist es, die Interessenten hintereinander zu bestellen. Und zwar so, dass der eine noch besichtigt, während der nächste schon wartet. Dadurch behalten Sie die Fäden in der Hand und setzen die Interessenten unter einen gewissen Druck. Es stärkt Ihre Position ungemein, wenn die Interessenten annehmen, Sie könnten unter vielen Kandidaten auswählen und der Nächste stünde schon bereit, um ihnen die Wohnung noch wegzuschnappen.

Wie Sie den richtigen Mieter auswählen

Kommen mehrere Interessenten in Frage, müssen Sie auswählen. Dabei müssen Sie abwägen und vermutlich den einen oder anderen Kompromiss machen, denn den „idealen" Mieter gibt es nicht. Überzogene Vorstellungen, wie Ihr Mieter zu sein hat, schaden Ihnen nur.

Allerdings könnten Sie zu der Entscheidung gelangen, dass es besser ist weiterzusuchen. Dies sollten Sie immer dann in Erwägung ziehen, wenn für Sie keiner der Kandidaten akzeptabel ist. Es ist sicherlich günstiger gar nicht zu vermieten als an einen Mieter, bei dem Sie in der sicheren Erwartung leben, dass Sie sich nur Ärger einhandeln.

Erinnern Sie sich an die drei wichtigsten Risiken (→ S. 10)? Wenn Sie sich darauf konzentrieren, sollten Sie entscheiden können, ob jemand als Mieter in Frage kommt.

Veranstalten Sie kein Verhör

Versetzen Sie sich in die Lage der Leute, die sich für Ihre Wohnung interessieren. Niemand lässt gern ein Verhör über sich ergehen. Beschränken Sie sich daher auf die wesentlichen Fragen und horchen Sie die Interessenten nicht aus – wozu Sie im Übrigen auch gar nicht berechtigt sind.

Das heißt natürlich nicht, dass Sie mit den Interessenten kein auflockerndes Gespräch führen sollten. Im Gegenteil. So ein Gespräch wirkt entkrampfend und es kann Ihnen darüber hinaus noch die eine oder andere Information über Ihren potenziellen Mieter geben.

Also, am Anfang etwas „Small Talk". Erzählen Sie etwas über die Wohnung. Oder über den letzten Mieter, wenn es denn etwas Nettes ist. So etwas wirkt vertrauensbildend. Informieren Sie den Interessenten über wichtige Modalitäten des Mietvertrags. Auf jeden Fall sollten Sie alle wesentlichen Vereinbarungen frühzeitig ansprechen, sonst müssen Sie später mühsam darum feilschen. Erst wenn es wirklich ernst wird, sollten Sie die Fragen stellen, die für Ihre Entscheidung wichtig sind. Unzulässig sind hingegen Fragen wie:

- „Waren Sie schon einmal arbeitslos?"
- „Möchten Sie (weitere) Kinder haben?"
- „Sind Sie Mitglied im Mieterverein?"

Um es deutlich zu sagen: Bei solchen Fragen darf Ihr künftiger Mieter die Unwahrheit sagen. Abgesehen dass Sie durch diese zudringliche Fragerei nicht gerade Sympathiepunkte erwerben, bringen Sie die Antworten auch nicht weiter.

Diese Fragen sollten Sie stellen

Konzentrieren Sie sich vielmehr auf die Themen, die direkt mit Ihrem Mietverhältnis zu tun haben. Alle anderen sind für Sie tabu. Halten Sie zunächst Name und Geburtsdatum der Interessenten fest. Das Geburtsdatum, um nicht versehentlich einen Vertrag mit einem Minderjährigen abzuschließen. Außerdem kann es Ihnen helfen, Ihren Mieter besser zu identifizieren, zum Beispiel wenn Sie seine Bonität feststellen wollen. Darüber hinaus sind die folgenden Fragen wichtig:

- „Aus welchen Gründen wollen Sie Ihre alte Wohnung aufgeben und hier einziehen?"
- „Welchen Beruf üben Sie aus und seit wann?"
- „Möchten Sie Tiere halten?"
- „Wie viele Personen sollen einziehen? Welche?"

Weiterhin sollten Sie sich erkundigen, wie hoch sein monatliches Nettoeinkommen ist und ob gegen ihn im Zeitraum der letzten fünf Jahre Pfändungen vorgenommen wurden, er einen Offenbarungseid leisten musste oder ein Konkursantrag über sein Vermögen gestellt worden ist. Dies sind schon etwas heikle Fragen, für die Sie aber ein besonderes Interesse geltend machen können. In vielen Fällen empfiehlt es sich, die Antworten schriftlich zu fixieren und unterschreiben zu lassen – mit anderen Worten: eine Mieterselbstauskunft zu verlangen.

Wie sinnvoll ist die Mieterselbstauskunft?

Sie ist nicht unumstritten und nicht gerade geeignet, die Situation zu entkrampfen. Dennoch ist es vielfach ratsam, eine Mieterselbstauskunft zu verlangen. Sie brauchen Ihren potenziellen Mieter ja nicht zu nötigen, sondern können ihm ja Ihre Gründe darlegen. Dabei ist klar: Niemand ist verpflichtet, Ihnen eine solche Auskunft zu erteilen. Auf der anderen Seite sind Sie aber auch nicht verpflichtet, Ihre Wohnung an jemanden zu vermieten, der Ihnen keine Auskunft erteilt.

In manchen Fällen kann der Schuss aber auch nach hinten losgehen: Wenn Sie Ihre Wohnung eher schwer vermieten können, sollten Sie sich sehr genau überlegen, ob Sie Ihren Interessenten ein solches Formular (→ S. 37) vorlegen. Viele werden es als Zumutung empfinden, ihr monatliches Nettoeinkommen und ihre Arbeitgeber anzugeben für die vage Aussicht, eine Wohnung anmieten zu können. Hier müssen Sie selbst einschätzen können, was in Ihrem Mietmarkt üblich ist und was Sie Ihren Interessenten abverlangen können.

Sie sichern sich ab

Die Mieterselbstauskunft schützt Sie natürlich nicht davor, betrogen zu werden. Aber wenn Ihr Mieter in einem wesentlichen Punkt falsche Angaben macht (z. B. einen Offenbarungseid verschweigt), dann können Sie den Mietvertrag wegen „arglistiger Täuschung" anfechten und dürften Ihren Mieter schneller los werden, als wenn Sie ihn mühsam per Räumungsklage herausprozessieren müssen (→ S. 117).

Lohnt eine „Mietschuldenfreiheits-Bescheinigung"?

Das Wort hat sicher keinen Schönheitspreis verdient. Doch die Idee dahinter scheint erst einmal einleuchtend: Um sich gegen „Mietnomanden“ zu schützen, verlangen manche Vermieter eine so genannte „Mietschuldenfreiheits-Bescheinigung“. Dabei handelt es sich um eine Art Quittung, die der Vorvermieter ausstellt. Mit ihr bescheinigt er, dass der Interessent seine Mietzahlungen geleistet hat und dass keine Zahlungsrückstände bestehen.

Allerdings hat diese Bescheinigung so ihre Tücken, auf die Sie spätestens stoßen, wenn Sie selbst so einen Schrieb abfassen sollen. Einmal weigern sich manche Vermieter schlicht, eine solche Bescheinigung auszustellen. Und sie sind häufig auch nicht verpflichtet, das zu tun (→ S. 223). Was aber noch ungünstiger ist: Vermieter, die diese Bescheinigung ausstellen, tun dies gelegentlich, weil sie hoffen, auf diese Art einen Problemmieter loszuwerden. Dass dieses Kalkül nicht aufgeht, wird uns noch beschäftigen. Für Ihre Mietersuche heißt das aber erst einmal: Wohl doch eher Finger weg von solchen Bescheinigungen. Ist es hingegen möglich, mit dem Vorvermieter direkt Kontakt aufzunehmen, sollten Sie das tun. Häufig ergibt sich dadurch ein viel zuverlässigeres Bild.

Datenbanken und Verzeichnisse von „Mietnomaden"

In jüngster Zeit werden im Internet Datenbanken angeboten, in denen angeblich die Namen von „Mietnomaden“ erfasst sind, also von Mietern, die planmäßig die Miete prellen und sich aus der Wohnung klagen lassen, ehe sie „weiterziehen“. Einige dieser Datenbanken machen keinen seriösen Eindruck, denn es ist unklar, wie die Daten überhaupt in das Verzeichnis gelangt sind. Eine Ausnahme stellt die so genannte „Vermieterschutzkartei“ dar. Hier werden die Schuldnerdaten von 687 Amtsgerichten gebündelt, miteinander vernetzt und monatlich aktualisiert. Nach eigenen Angaben sind in der Datei 7,4 Millionen Personen mit 41 Millionen so genannter Negativmerkmale gespeichert.

VERLANGEN SIE EINE SCHUFA-AUSKUNFT ACHTUNG

Sie können noch einen Schritt weitergehen und eine so genannte Schufa-Auskunft (Schutzgemeinschaft für Allgemeine Kreditsicherung) von Ihrem Mietinteressenten verlangen. Dadurch erfahren Sie, wie kreditwürdig Ihr potenzieller Mieter ist. Als Vermieter sind zwar Sie nicht berechtigt diese Auskunft einzuholen, aber Kreditinstitute, Versandhäuser – und die betreffende Person selbst. Deshalb könnten Sie von Ihrem Mieter verlangen, dass er für Sie die Auskunft einholt.

Lernen Sie möglichst alle kennen, die in Ihrer Wohnung wohnen sollen

Es lässt sich nicht immer einrichten, aber es ist durchaus zu empfehlen, dass Sie nicht bloß Ihren künftigen Hauptmieter kennen lernen. Versuchen Sie es so einzurichten, dass sich alle die Wohnung anschauen und Sie die künftigen Bewohner kennen lernen. Das ist durchaus in beiderseitigem Interesse. Nehmen wir den Fall, jemand möchte Ihre Wohnung für sich und seine Familie anmieten. Stellen Sie sich vor, die übrigen Familienmitglieder sind von der Wohnung gar nicht angetan. Der Ehepartner möchte gar nicht erst einziehen. Was dann? Dann haben Sie vielleicht Anspruch auf die ersten Mietzahlungen, können sich aber gleich wieder auf Mietersuche begeben.

Um das zu verhindern, sollten Sie darauf bestehen, dass sich alle die Wohnung anschauen. Für Sie hat das den Vorteil, dass Sie sich ein zutreffenderes Bild davon machen können, wie es in Ihrer Wohnung künftig zugehen könnte. Vielleicht ist die sympathische Bankangestellte, die sich bei Ihnen vorgestellt hat, mit einer wahren Horrorfamilie gesegnet. Oder aber der etwas spröde Fernmeldetechniker hat eine nette Familie, an die Sie viel lieber vermieten als an das ältere Ehepaar, das sich auch noch bei Ihnen vorgestellt hat.

Wie lange wird der Mieter bei Ihnen wohnen?

Als Vermieter haben Sie in der Regel ein Interesse daran, dass Ihr Mieter einige Zeit bei Ihnen wohnen bleibt und nicht nach einem Jahr wieder auszieht. Dann können Sie sich nämlich erneut auf Mietersuche begeben. Daher empfiehlt es sich, dass Sie bei Ihrer Auswahl auch ein wenig darauf achten, wie lange der Mieter wohl bei Ihnen wohnen bleibt.

Natürlich können Sie nicht in die Zukunft sehen. Im Prinzip kann auch der „solideste" Mieter Ihnen jederzeit kündigen – unter Einhaltung der Kündigungsfrist versteht sich. Aber manchmal zeichnet sich bereits vor Abschluss des Mietvertrages ab, dass der eine Interessent vermutlich früher wieder ausziehen dürfte als ein anderer. Vielleicht weil es sein Beruf mit sich bringt, dass er häufiger versetzt wird. Vielleicht weil die Lebenssituation des einen Interessenten „stabiler" erscheint als die des anderen. Wenn Ihre Mieter schon eine gewisse Zeit zusammen gewohnt haben, ist dies im Allgemeinen günstiger, als wenn sie erst jetzt zusammen ziehen und noch in Erfahrung bringen müssen, ob sie zueinander passen.

Nach Sympathie entscheiden?

Was bei Ihrer Entscheidung vernünftigerweise den Ausschlag geben sollte, lässt sich gar nicht auf einen Nenner bringen. Zu viele Faktoren spielen eine Rolle. Und viele Risiken wie Arbeitsplatzverlust oder Scheidung können Sie nicht vorhersehen. Ganz allgemein lässt sich aber der Hinweis geben, dass Sie sich weder nur auf Ihre Sympathie noch ausschließlich auf die „harten Fakten" verlassen sollten. Es ist sicher nicht von Nachteil, wenn Sie Ihren Mieter sympathisch finden. Und doch könnte es verhängnisvoll sein, sich ausschließlich darauf zu verlassen. Denn wenn es Probleme gibt, ist die Sympathie schnell dahin.

Verstoßen Sie gegen das Gleichbehandlungsgesetz?

Seit August 2006 ist es in Kraft, im Dezember wurde es noch einmal nachgebessert, das Allgemeine Gleichbehandlungsgesetz (AGG), das unter der rot-grünen Bundesregierung noch „Antidiskriminierungsgesetz" hieß und viele Vermieter stark verunsichert hat, um es sehr zurückhaltend zu formulieren. Dabei ist das Ziel des Gesetzes durchaus achtbar: „Benachteiligungen aus Gründen der Rasse oder wegen der ethnischen Herkunft, des Geschlechts, der Religion oder Weltanschauung, einer Behinderung, des Alters oder der sexuellen Identität" sollen gemäß § 1 des AGG verhindert oder beseitigt werden.

Im Prinzip unterliegen Sie als Vermieter den Bestimmungen des AGG, denn wie § 2 Abs. 1 Nr. 8 näher ausführt, sind Benachteiligungen unzulässig „in Bezug auf (...) die Versorgung mit Gütern und Dienstleistungen, die der Öffentlichkeit zur Verfügung stehen, einschließlich von Wohnraum". Der „Öffentlichkeit" steht Ihre Mietwohnung in dem Moment zur Verfügung, in dem Sie „öffentlich" einen Mieter suchen, per Zeitungsannonce oder im Internet. Anders gesagt: Ihre Zeitungsannonce sollte nicht so formuliert sein, dass sich jemand aus den genannten Gründen diskriminiert fühlen könnte. Dennoch dürfen Sie unter bestimmten Voraussetzungen weiterhin Ihren „katholischen Nichtraucher" als Mieter favorisieren, wenn Sie das denn wollen.

Privatvermieter oder Massengeschäft?

In § 19 AGG wird das „zivilrechtliche Benachteilungsverbot" näher ausgeführt und eine Unterscheidung getroffen, die für Sie von Bedeutung sein dürfte. Demnach gelten für Vermieter, die ihre Profession als „Massengeschäft" betreiben, strengere Regeln als für Privatvermieter. Nun könnte man streiten, ob Vermietung überhaupt ein „Massengeschäft" sein kann, das „typischerweise ohne Ansehen der Person" zustande kommt. Doch ist anzunehmen, dass Sie ohnehin unter die Privatvermieter fallen. Denn Sie müssten schon mehr als 50 Wohnungen vermieten, um für das „Massengeschäft" infrage zu kommen.

Im Unterschied zum „Massengeschäft", bei dem Sie sämtliche Diskriminierungsmerkmale berücksichtigen müssen, die § 1 AGG aufzählt (von der „Rasse" bis zur „sexuellen Identität"), sind für Privatvermieter nur zwei Gründe relevant: Sie dürfen Ihren Mieter nicht aus „Gründen der Rasse" oder der „ethnischen Herkunft" benachteiligen.

Müssen Sie nichtdeutsche Interessenten bevorzugen?

Die Frage, die viele Vermieter beunruhigt: Können Sie sich Ihre Mieter überhaupt noch selbst aussuchen? Oder kann ein nichtdeutscher Interessent gegen Sie klagen, wenn er die Wohnung nicht bekommt, weil er meint, dass Sie ihn diskriminieren?

Ganz so einfach ist die Sache für ihn nicht. Zunächst einmal hat er ja keinen Anspruch darauf, gegenüber einem deutschen Interessenten bevorzugt zu werden. Das wäre schon ein merkwürdiges Verständnis von „Gleichbehandlung“. Was Sie nicht dürfen und wogegen er erfolgreich klagen könnte: Wenn Sie ihm die Wohnung vorenthalten und nicht an ihn vermieten, *weil* er Ausländer ist.

Schaffung und Erhaltung stabiler Bewohnerstrukturen

Darüber hinaus erlaubt der Gesetzgeber eine „Ungleichbehandlung“, wenn dadurch „sozial stabile Bewohnerstrukturen“ und „ausgewogene Siedlungsstrukturen“ geschaffen oder erhalten werden. Was mit dieser Regelung (§ 19 Abs. 3 AGG) genau gemeint ist, wird ganz gewiss noch die Gerichte beschäftigen. Aber Sie sollten heute schon wissen: Dieses Argument lässt der Gesetzgeber gelten. Es ist nicht das einzige.

Besonderes Nähe- oder Vertrauensverhältnis

Setzt die Vermietung ein „besonderes Nähe- und Vertrauensverhältnis“ voraus, müssen Sie das Gleichbehandlungsgebot ebenfalls nicht beachten. In § 19 Abs. 5 AGG heißt es dazu: „Bei Mietverhältnissen kann dies insbesondere der Fall sein, wenn die Parteien oder ihre Angehörigen Wohnraum auf demselben Grundstück nutzen.“ Anders gesagt: Wenn Sie selbst mit im Haus wohnen oder nahe Angehörige, ist Ihnen die „Ungleichbehandlung“ ebenfalls gestattet.

Weitere Gründe

In § 20 Abs. 1 AGG sind weitere Gründe aufgeführt, die eine unterschiedliche Behandlung rechtfertigen: Die „Vermeidung von Gefahren, die Verhütung von Schäden“, das „Bedürfnis nach Schutz der Intimsphäre oder der persönlichen Sicherheit“ dürften dabei am stärksten ins Gewicht fallen.

DIE WOHNUNG IST SCHON VERMIETET BEISPIEL

Vermieter, die einen ausländischen Interessenten mit der Bemerkung abspeisen, die Wohnung sei schon vermietet, riskieren eine Klage, wenn sich später herausstellt, dass die Wohnung leer steht.

Wer trägt die Beweislast?

Ursprünglich war vorgesehen, dass jemand seine Benachteiligung nur „glaubhaft" machen musste, um dem Vermieter die Beweislast aufzubürden, dass er den Bewerber nicht benachteiligt hat. Diese Regelung hat sich durch § 22 AGG ein wenig verbessert: Nun muss der Kläger die „Indizien", die „eine Benachteiligung vermuten lassen", beweisen. Gelingt ihm das, liegt die Beweislast wiederum bei Ihnen. Sie müssen beweisen, dass Sie den Bewerber nicht benachteiligt haben.

Welche Ansprüche kann der Geschädigte geltend machen?

Wenn Sie jemanden aus den geschilderten unzulässigen Gründen ablehnen, kann er gemäß § 21 Abs. 1 AGG auf Abschluss des Mietvertrags klagen. Darüber hinaus kann er auf Schadenersatz und/oder Unterlassung klagen, wobei Letzteres bei der Frage, welchen Mieter Sie auswählen, wohl kaum ins Gewicht fallen dürfte.

ACHTEN SIE AUF DIE ZWEIMONATSFRIST ACHTUNG

Der Geschädigte kann seine Ansprüche nur geltend machen, wenn er sie innerhalb von zwei Monaten anmeldet. Dazu muss er Sie nicht gleich verklagen. Es genügt, wenn er seine Ansprüche Ihnen gegenüber erklärt. Und wenn er „ohne Verschulden an der Einhaltung der Frist verhindert" war, kann sich die Frist entsprechend verlängern.

MUSTER

MUSTERFORMULAR: MIETER-SELBSTAUSKUNFT

Ich bin an der Anmietung der ....-Zimmer-Wohnung

in .... interessiert, und zwar ab ....

oder auch bereits/erst ab ....

Ich habe zur Kenntnis genommen, dass die Selbstauskunft von mir nicht verlangt werden kann, die vollständige und wahrheitsgemäße Erteilung vom Vermieter aber zur Vorbedingung für eine eventuelle Vermietung gemacht wird.

Name:

....

Geburtsname:

....

Vorname:

....

Geburtsdatum:

....

Derzeitige Anschrift:

....

Anschriften in den letzten 5 Jahren:

....

....

....

Anzahl und Alter der Kinder:

....

ANGABEN ZU BERUF UND FINANZIELLER SITUATION

Ausgeübter Beruf:

....

Monatliches Nettoeinkommen:

....

Arbeitgeber (seit wann?):

....

Weitere Arbeitgeber in den letzten fünf Jahren:

....

....

....

Bankverbindung: (seit wann?):

....

Eidesstattliche Versicherung (Offenbarungseid) abgegeben:	... ja	... nein

Falls ja, wann: .... Beim Amtsgericht ....

Aktenzeichen:

....

ANGABEN ZU MITBEWOHNERN UND TIERHALTUNG

Sollen außer den oben genannten Kindern weitere Personen in der Wohnung aufgenommen werden?	... ja	... nein

Wenn ja, wer? (Name, Anschrift)

....

Beabsichtigen Sie, Tiere zu halten?	... ja	... nein

Wenn ja, welche?

....

Ich erkläre, dass ich in der Lage bin alle mietvertraglich zu übernehmenden Verpflichtungen, insbesondere Zahlung von Kaution, Miete und Nebenkosten zu leisten.

......................................,	den	....
(Ort)	(Datum)	(Unterschrift)

Was Sie bei Ihrem Mietvertrag beachten müssen

PROBLEMATISCH: KEIN SCHRIFTLICHER MIETVERTRAG BEISPIEL

Der neue Mieter ist Martin Bewers gleich sympathisch. Er hat so eine lockere unkomplizierte Art. Mit dem brauche ich erst mal keinen Mietvertrag zu machen, denkt sich Martin Bewers. Wenn es ein Problem gibt, dann werden wir das schon regeln. Im Moment haben beide Seiten keine Lust, sich mit diesem „Papierkram" zu beschäftigen. Wenn wir merken, dass es so nicht läuft, können wir immer noch einen Vertrag abschließen, denkt sich Martin Bewers. Doch das ist ein folgenschwerer Irrtum.

Nach fünf Monaten kommt es zur ersten Meinungsverschiedenheit. Martin Bewers mahnt an, jetzt müsse man wohl einen Mietvertrag abschließen, um die Dinge zu regeln. Zu seinem großen Erstaunen erfährt er, dass es gar nichts mehr zu regeln gibt. Denn es besteht bereits ein – mündlich geschlossener – Mietvertrag, allein durch den Umstand, dass der Mieter in die Wohnung gezogen ist und die vereinbarte Miete zahlt. Nun haben die beiden Parteien darüber hinaus kaum etwas fest vereinbart. Doch das heißt nicht, dass sie das im Bedarfsfall später klären müssen. Vielmehr gelten dann die gesetzlichen Vorschriften. Und die sind nahezu ausnahmslos zum Nachteil des Vermieters.

Denken Sie an den Mietvertrag, bevor Sie vermieten!

Viele Vermieter kümmern sich erst einmal darum, einen geeigneten Mieter zu finden, bevor sie sich mit dem Mietvertrag beschäftigen. Doch ein solches Vorgehen bringt zwei gravierende Nachteile mit sich:

- Der Vermieter schwächt seine Position, wenn er erst jetzt wesentliche Fragen (z. B. Renovierung, Kaution, Nebenkosten) anspricht. Was macht er, wenn der Mieter bestimmte Konditionen ablehnt? Dann muss verhandelt werden. Oder der Mietvertrag platzt. Wesentlich stärker ist die Position des Vermieters, wenn er die Konditionen bereits anspricht, solange noch mehrere Interessenten im Rennen sind.
- Der Vermieter gerät unter Zeitdruck. Er muss möglichst schnell einen Mietvertrag beschaffen und greift dann zum ersten besten Vertragsformular, das er bekommen kann. Dadurch kann er sich schwer wiegende Nachteile einhandeln. Vor allem wenn der Vertrag Klauseln enthält die „nichtig“ sind (→ S. 45).

Noch nachteiliger ist es, wenn Sie wie der Vermieter in unserem Beispiel „gar keinen“ Vertrag abschließen. Oder zumindest meinen Sie das. Denn entgegen einer weit verbreiteten Meinung kann der Mietvertrag auch mündlich geschlossen werden. Dabei muss Ihnen der Vertragsabschluss nicht einmal bewusst sein. Es genügt, dass Sie dem Mieter die Wohnung überlassen haben und er Ihnen dafür Miete zahlt.

Auch mündliche Vereinbarungen sind bindend

Rein theoretisch könnten Sie jeden Mietvertrag auch mündlich abschließen. Alle vereinbarten Regelungen wären für beide Parteien bindend. Doch natürlich gibt es ein Problem: Niemand kann beweisen, was Sie abgesprochen haben. Möglicherweise hat Ihr Mieter eine ganz andere Auffassung davon oder erinnert sich an ganz andere Regelungen. Gar nicht mal aus Boshaftigkeit, sondern weil die menschliche Erinnerung nun mal etwas sehr Subjektives ist.

Was folgt daraus? Wenn unklar ist, was Sie vereinbart haben, dann ist das so, als hätten Sie gar nichts vereinbart. Aber Achtung, ein Mietvertrag gilt trotzdem! Und zwar „auf unbestimmte Zeit“ abgeschlossen. Sie können Ihrem Mieter frühestens zum Ende des ersten Jahres kündigen.

Und wenn der Mieter schon eingezogen ist?

Natürlich kommt es vor, dass Mieter bereits einziehen und erst dann der – schriftliche – Mietvertrag gemacht wird. Das geht in den allermeisten Fällen auch gut, wenigstens sofern der Mietvertrag *zügig* abgeschlossen wird und der Mieter nicht ein Vierteljahr auf seinen Vertrag wartet. Haben Sie einen solchen Vertrag mit Ihrem Mieter abgeschlossen, brauchen Sie nicht zu bangen. Sofern der Vertrag in Ordnung ist und Ihr Mieter ihn unterschrieben hat, ist er im Allgemeinen gültig.

EINZUG ERST, WENN DER MIETVERTRAG UNTERSCHRIEBEN IST ACHTUNG

Wenn Sie neu vermieten, können wir Ihnen nur den dringenden Rat geben: Bringen Sie erst den Mietvertrag unter Dach und Fach, und übergeben Sie dann die Wohnung Ihrem Mieter (→ S. 41). Alles andere wäre sehr leichtsinnig. Wenn Ihr Mieter nicht mitspielt, können Sie sich sehr viel Ärger einhandeln.

Außerdem schwächen Sie Ihre Position beim Vertragsabschluss. Akzeptiert Ihr Mieter eine bestimmte Klausel nicht, haben Sie wenig in der Hand, um die gegen ihn durchzusetzen. Das können Sie sich ersparen, indem Sie die „natürliche Reihenfolge" einhalten und Ihren Mieter nicht eher einziehen lassen, bis der Mietvertrag unterschrieben ist. Von allen Mietern.

Was gilt, wenn Sie nichts vereinbart haben?

Wo immer sich eine Lücke in Ihrem Mietvertrag auftut, da greifen die gesetzlichen Vorschriften. Und die sind nicht gerade besonders vermieterfreundlich. Zwei gravierende Beispiele:

- Haben Sie keine Vereinbarung über die Neben- bzw. Betriebskosten getroffen, so sind diese Kosten bereits durch die Miete abgegolten. Sie haben dann keine Möglichkeit, diese Kosten gesondert abzurechnen. Auch wenn Sie alles belegen können (→ S. 63).

- Steht im Mietvertrag nichts über die so genannten „Schönheitsreparaturen“ oder Renovierungsarbeiten, so muss der Vermieter dafür aufkommen.

ACHTUNG

MIETE IST AB JETZT IMMER IM VORAUS FÄLLIG

Immerhin gilt jetzt nach dem neuen Mietgesetz (für Verträge, die *nach dem 1. September 2001* abgeschlossen werden), dass die Miete im Voraus, zum 3. Werktag des Monats fällig wird. Alle übrigen mündlichen Verträge fallen noch unter die alte Regelung, nach der die Miete erst im Nachhinein zu entrichten ist, also am Monatsende.

Gesetzliche Vorschriften gelten auch bei unklaren Regelungen ...

Besonders tückisch für den Vermieter ist der Umstand, dass diese Regelungen nicht nur dann gelten, wenn die Vertragsparteien darüber nichts vereinbart haben, sondern auch wenn die Vereinbarungen im Mietvertrag nicht ganz eindeutig sind. Das kann Ihnen schneller passieren, als Sie vielleicht meinen. Zum einen sind manche Verträge nicht ganz unmissverständlich formuliert, zum anderen tritt der kritische Fall der Mehrdeutigkeit auch dann auf, wenn der Vertrag zwei Alternativen vorsieht und Sie schlicht vergessen haben, die unzutreffende zu streichen. Dann gelten entweder die gesetzlichen Vorschriften oder aber der Mieter kann sich aussuchen, welche der angegebenen Alternativen gelten soll.

ACHTUNG

VORSICHT VOR VERSTECKTEN WIDERSPRÜCHEN!

Manchmal lässt sich ein Widerspruch gar nicht so leicht entdecken. Zum Beispiel: Eine Klausel im Mietvertrag sieht vor, dass die Miete im Voraus zu zahlen ist. Eine andere Klausel verpflichtet den Mieter eventuelle Mietminderungen mindestens einen Monat vor der beabsichtigten Mietminderung anzukündigen. Beide Klauseln kollidieren, denn die zweite Klausel setzt eine nachträgliche Mietzahlung voraus. Solche Klauseln sind unwirksam. Stets zum Nachteil des Vermieters.

... oder wenn eine Vereinbarung nichtig ist

Die gesetzliche Regelung ist auch immer dann maßgeblich, wenn eine bestimmte Vereinbarung im Mietvertrag „nichtig" ist. Im schlimmsten Fall kann der gesamte Mietvertrag nichtig werden, dann sind also auch Regelungen betroffen, die sonst gültig wären. Um diesen Fall von vornherein auszuschließen, enthalten mittlerweile fast alle Mietverträge den Passus: „Wenn eine Regelung des Vertrages nichtig sein sollte, dann wird nicht dadurch der Vertrag insgesamt nichtig."

Was bedeutet überhaupt „nichtig"?

„Nichtig" nennen die Juristen Übereinkünfte oder Verträge, die ungültig sind. Dafür kann es eine Vielzahl von Gründen geben, wie wir noch sehen werden. Reine Formfehler, zum Beispiel wenn Ihr Mieter ein Vertragsformular nicht unterschrieben hat. Oder inhaltliche Gründe, zum Beispiel wenn Ihre Vereinbarungen besonders unfair oder schlicht „sittenwidrig" sind. Ob eine Vereinbarung nichtig ist oder nicht, darüber entscheiden die Gerichte.

Im Zweifel stets zu Ihren Lasten

Manche Vermieter glauben, wenn im Mietvertrag zwei abweichende Deutungen möglich sind, dann müssten sich Mieter und Vermieter irgendwo in der Mitte treffen und einen Kompromiss aushandeln. Das ist aber ein Irrtum. Sie sollten wissen: Alle Zweifelsfälle gehen zu Lasten des Vermieters. Er trägt nämlich die Verantwortung für den Mietvertrag und seine Wirksamkeit, da er ja im Allgemeinen derjenige ist, der den vorformulierten Vertrag seinem Mieter vorlegt (Ausnahmen siehe unten).

In der Konsequenz bedeutet das: Dem Mieter kann es letztlich gleichgültig sein, ob er einen Vertrag unterschreibt, der die eine oder andere „nichtige" Klausel enthält. Er muss sich nicht darum kümmern oder gar den Vermieter darauf hinweisen, dass eine Klausel womöglich nichtig ist. Letztlich profitiert er ja nur davon, wenn das so ist. Auch wenn der gesamte Vertrag nichtig ist, bleibt das Mietverhältnis bestehen. Zu den gesetzlichen Konditionen.

Welche Klauseln sind besonders betroffen?

Vorausgesetzt, dass Sie den Mietvertrag vollständig ausfüllen und keinen Formfehler machen, stehen vor allem solche Klauseln auf wackeligen Füßen, die den Mieter streng in die Pflicht nehmen wollen. Zum Beispiel, indem sie ihm erhebliche Renovierungsarbeiten auferlegen. Oder gar sein Hausrecht einschränken. Nicht selten schließen Vermieter solche Verträge ab in der Meinung, dass sie sich dadurch besonders gut absichern. Nach dem Motto: Je mehr ich verlange, desto mehr kann ich im Ernstfall durchsetzen. Psychologisch mag da vielleicht sogar etwas dran sein. Rechtlich erreichen diese „übervorsichtigen" Vermieter allerdings das Gegenteil. Sind die Klauseln zu strikt, gelten sie eben nicht abgeschwächt, sondern überhaupt nicht.

Besondere Vorsicht ist auch am Platz, wenn Sie zu einem Thema mehrere Klauseln im Vertrag haben. Auch hier kann das Bemühen, sich besonders gut abzusichern, dazu führen, dass die gesamte Vereinbarung unwirksam wird. Denn es können durch doppelte Klauseln leicht Unklarheiten oder Widersprüche entstehen, was denn nun gelten soll.

Ein häufiger „Wackelkandidat" ist auch die Klausel über die „Kleinreparaturen" (→ S. 177). Wird nicht klipp und klar definiert, welche Kosten der Mieter zu übernehmen hat und bis zu welchem Betrag, ist die Vereinbarung meist unwirksam.

Sollen Sie einen Formularmietvertrag abschließen?

Fast alle Vermieter, die nicht im großen Stil gewerblich tätig sind, greifen auf einen der zahlreichen Formularmietverträge zurück. Denn das Formular bietet einen wichtigen Vorteil: Es ist die bequemste Lösung. Sie müssen sich nicht erst in das Mietrecht vertiefen und juristisch hieb- und stichfeste Formulierungen austüfteln, sondern greifen einfach auf ein bewährtes Vertragsmuster zurück, das Ihnen noch einen gewissen Spielraum zur individuellen Ausgestaltung lässt.

So weit zumindest die Wunschvorstellung der Vermieter. Leider gibt es bei der Sache einen dicken Pferdefuß: Formularmietverträge unterliegen besonderen gesetzlichen Anforderungen (§§ 305 ff. BGB). Früher galt für sie das „Gesetz über die Allgemeinen Geschäftsbedingungen", kurz AGB. Nach der Mietrechtsreform 2001 sind die Regelungen nun im BGB enthalten, was eine gewisse Aufwertung bedeutet. Viele der Formularverträge, die heute im Umlauf sind, enthalten Klauseln, die nach heutiger Rechtsprechung unwirksam sind.

Mit dem „Einheitsmietvertrag" auf der sicheren Seite?

Unter den zahlreichen Formularverträgen, die Sie erwerben können, tragen einige die etwas irreführende Bezeichnung „Einheitsmietvertrag". Irreführend deshalb, weil der Eindruck erweckt wird, das betreffende Formular sei der schlechthin gültige Mietvertrag, eine Art „DIN-Mietvertrag". Sozusagen die amtlich abgesegnete Version. Das stimmt jedoch nicht. Ein „Einheitsmietvertrag" ist ein ganz normaler Formularvertrag.

Benachteiligen Sie Ihren Mieter?

Bis September 2001 mussten Sie die Wirksamkeit der Vertragsklauseln an den Vorgaben des Gesetzes über die Allgemeinen Geschäftsbedingungen (AGB) prüfen. Nun sind die Vorgaben fast unverändert in das BGB eingegangen (§§ 305 ff.), was in erster Linie eine Aufwertung bedeutet. Heute gilt also mehr denn je: Alle Klauseln sind unwirksam, die für Ihren Mieter „überraschend" sind oder ihn unangemessen benachteiligen. Was eine unangemessene Benachteiligung darstellt, das ist leider nicht immer klar auszumachen. Vielmehr haben die Gerichte in einer Vielzahl von Urteilen festgelegt, wo die Grenzen der Zulässigkeit verlaufen. So zum Beispiel hinsichtlich der Renovierungspflicht Ihres Mieters (→ S. 215) oder der Nebenkostenabrechnung (→ S. 63).

Ob diese Urteile zum Zeitpunkt des Vertragsabschlusses noch gar nicht ausgesprochen waren, ist nicht maßgeblich. Für alle Formularverträge gelten die gleichen Maßstäbe. Im Ergebnis führt das dazu, dass ältere Verträge in besonders hohem Maße Gefahr laufen, unwirksame Klauseln zu enthalten. Daher ist Ihnen dringend anzuraten, bei einer Neuvermietung nicht Ihren „altbewährten“, sondern einen möglichst aktuellen Formularvertrag zu nehmen.

ACHTUNG

SO VEREINBAREN SIE SCHÖNHEITSREPARATUREN WIRKSAM

Besonderes Augenmerk sollten Sie auf die Klausel richten, mit der Sie den Mieter verpflichten, die „Schönheitsreparaturen" (→ S. 214) zu übernehmen, also zu renovieren. Denn der BGH hat in einem Aufsehen erregenden Urteil vom 5. April 2006 zahlreiche Klauseln für unwirksam erklärt, die man bis dahin für unangreifbar hielt. Diese Klauseln verpflichteten den Mieter, bestimmte Räumlichkeiten nach Ablauf von drei, fünf oder sieben Jahren zu renovieren. Der BGH hält es aber für unzulässig, starre Fristen vorzuschreiben. Eine Klausel über Schönheitsreparaturen ist nur dann wirksam, wenn die Fristen flexibel gehandhabt und als Richtlinie genannt werden, also nicht als verbindlich gelten (Az. VIII ZR 178/05).

Für Sie heißt das: Nehmen Sie in die Klausel unbedingt die Formulierung auf, dass Schönheitsreparaturen „in der Regel" oder „im Allgemeinen" nach drei, fünf oder sieben Jahren zu leisten sind. Dieser Zusatz genügt, damit die Klausel wirksam wird.

Ersetzen Sie „weißen" durch „streichen"

Dass bei dieser Klausel feinste Nuancen den Ausschlag geben, zeigt ein weiteres höchstrichterliches Urteil vom September 2009. Dabei stand das harmlose Wörtchen „Weißen“ im Mittelpunkt juristischen Interesses. Weil damit „weiß streichen“ gemeint sein kann, steht die Klausel auf wackeligen Füßen. Sie ist nur wirksam, wenn eindeutig aus ihr hervorgeht, dass der Mieter erst beim Auszug den hellen Anstrich vornehmen muss. Klauseln, aus denen der Mieter schließen könnte, er müsste während der Mietzeit Decken oder Wände in einer bestimmten Farbe streichen, sind unwirksam, urteilte der Bundesgerichtshof (Az. VIII ZR 344/08). Denn solange er die Räume bewohnt, kann der Mieter streichen, wie er will. Klauseln, die ihm dieses Recht verwehren wollen, stellen eine „unangemessene Benachteiligung" dar. Das hatte der BGH bereits im Sommer 2008 entschieden (Az. VIII ZR 224/07).

Weiterhin stehen Vereinbarungen auf wackligen Füßen, die den Mieter in die Pflicht nehmen wollen, einen Kostenanteil zu übernehmen, für Renovierungen, die noch nicht fällig sind. Im Prinzip sind solche Klauseln zwar zulässig, doch die Anforderungen sind hoch. So hat der Bundesgerichtshof eine Klausel für unwirksam erklärt, die als Berechnungsgrundlage den Kostenvoranschlag eines Malerfachgeschäfts vorsah, das der Vermieter auswählen durfte (BGH, Urteil vom 29. Mai 2013, Az. VIII ZR 285/12).

Vorsicht vor dem Kleingedruckten!

Bekanntlich soll man bei Verträgen immer besonders aufmerksam das Kleingedruckte lesen, um keine böse Überraschung zu erleben. Bei Formularmietverträgen verhält es sich etwas anders. Hier müssen Sie als Vermieter aufpassen, dass sich im Kleingedruckten keine „überraschenden" Klauseln verbergen. Denn die sind nach dem Transparenzgebot gemäß § 307 Abs. 1 S. 2 BGB unwirksam.

Nun lässt sich natürlich darüber streiten, ob eine bestimmte Klausel für jemanden „überraschend" ist oder nicht. Doch auf einen solchen Streit sollten Sie es als Vermieter gar nicht erst ankommen lassen. Alle wesentlichen Regelungen gehören gewiss nicht ins Kleingedruckte. Es stellt sich die Frage, ob Sie nicht überhaupt auf das Kleingedruckte im Mietvertrag verzichten sollten, da es immer in Gefahr steht, unwirksam zu sein.

Sichern Sie sich ab mit einer individuellen Vereinbarung

Immerhin gibt es beim Formularmietvertrag eine kleine, aber wichtige Hintertür: Die individuelle Vereinbarung. Sie hat grundsätzlich Vorrang vor den Klauseln im Formular. Wenn Sie also auf eine bestimmte Regelung besonderen Wert legen, so ist dringend zu empfehlen, sie gesondert abzuschließen, eben als individuelle Vereinbarung.

Dazu müssen Sie nicht unbedingt einen eigenen Vertrag aufsetzen. In aller Regel befindet sich am Ende der Formularverträge eine Rubrik, die für solche individuellen Abreden vorgesehen sind. Sie können sie handschriftlich festhalten oder maschinell. Entscheidend ist, dass man erkennen kann: es handelt sich nicht um eine Formularklausel.

Bei umfangreicheren Regelungen ist ein separates Schriftstück vorzuziehen, das an den Mietvertrag angeheftet wird und das von beiden Vertragsparteien unterschrieben werden muss. Selbstverständlich sollten beide Parteien eine Ausfertigung der Vereinbarung bekommen.

ACHTUNG

VORSICHT, DER WORTLAUT SOLLTE ÜBEREINSTIMMEN

Gerade bei „spontan" ausgehandelten Absprachen liegt es nahe, dass jede Seite mit ihren eigenen Worten die Vereinbarung festhält und von der Gegenseite unterschreiben lässt. Wenn jedoch zwei abweichende Versionen existieren, besteht die Gefahr, dass die Vereinbarung unwirksam ist. Im eigenen Interesse achten Sie also darauf, dass die Formulierungen wortwörtlich übereinstimmen.

Individuelle Vereinbarungen sind keine „Geheimwaffe"

Zwar sind Sie als Vermieter mit einer individuellen Vereinbarung in einer stärkeren Position als wenn Sie den gleichen Punkt im Formular geregelt hätten. Und doch sollten Sie sich vor der recht verbreiteten Annahme hüten, die Individualvereinbarung sei eine Art „Geheimwaffe", die es Ihnen erlaubt, alles Mögliche in den Vertrag hineinzunehmen.

Zwar ist es im Prinzip richtig, dass Sie mit Ihrem Mieter alles Mögliche „individuell vereinbaren" können. Voraussetzung ist allerdings, dass die Vertragsparteien diese Vereinbarung individuell „ausgehandelt" haben. Das klingt zwar nach einer ziemlich wachsweichen Bestimmung, doch die Gerichte legen da strenge Maßstäbe an. Es muss erkennbar sein, dass der Mieter an der Vereinbarung in irgendeiner Weise mitgewirkt und seine Interessen eingebracht hat. Das muss an der Vereinbarung selbst ablesbar sein. Etwa indem Sie Ihrerseits dem Mieter etwas zusichern. Die zugehörige Formulierung könnte etwa lauten: „Der Mieter hat das Recht ..."

Vermieter, die ihren Mieter vorgefertigte Erklärungen unterschreiben lassen („Hiermit bestätige ich, dass folgende Vereinbarungen ausgehandelt wurden“), gewinnen dadurch nichts. Im Gegenteil. Solche Erklärungen bestärken das Gericht eher in der Auffassung, dass der Mieter keinerlei Möglichkeit hatte, die Vereinbarung zu gestalten. Und schon gar nicht lässt sich ein Gericht dadurch täuschen, wenn ein Formularvertrag von Hand abgeschrieben als „individuelle Vereinbarung“ ausgegeben werden soll.

Vertragsklausel nichtig – was tun?

Vielleicht stellen Sie bei der Lektüre dieses Buchs fest, dass die eine oder andere Vereinbarung in Ihrem Mietvertrag nichtig ist. Vermutlich weiß Ihr Mieter gar nichts davon. Die Wahrscheinlichkeit ist hoch, dass er sich dennoch an die Regelung hält, obwohl sie unwirksam ist. Doch bleibt eine erhebliche Unsicherheit, die Sie gerne los wären.

Was also können Sie tun, um zu „gesicherten Verhältnissen“ zurückzukehren? Sollten Sie eine neue Vereinbarung schließen, den Mietvertrag ergänzen, vielleicht sogar einen ganz neuen Mietvertrag aufsetzen? Wenn Sie mit solchen Gedanken spielen, können wir Ihnen nur den Rat geben: Tun Sie am besten gar nichts.

Unwirksame Klauseln lassen sich nicht „reparieren"

Was unwirksam ist, das bleibt unwirksam. Sie können solche Klauseln nicht im Nachhinein noch reparieren. Im Ernstfall muss sich der Mieter nicht daran halten. Es gelten dann entweder die mieterfreundlichen gesetzlichen Bestimmungen (z. B. bei den Nebenkosten, Schönheitsreparaturen, Kündigungsfristen) oder aber die Regelung fällt ganz unter den Tisch. Wenn Sie beispielsweise Ihren Mieter verpflichtet haben, das Treppenhaus zu reinigen und diese Vereinbarung unwirksam ist, dann muss er das Treppenhaus eben gar nicht reinigen. Es ist so, als hätten Sie gar keine Vereinbarung getroffen.

ACHTUNG **NACHTRÄGLICHE VEREINBARUNGEN SCHADEN MEISTENS NUR**

Herr Hingst vermietet an Frau Groß eine teilrenovierte Wohnung. Vertraglich hat er Frau Groß verpflichtet, bei ihrem Auszug die Wohnung komplett zu renovieren. Diese Klausel ist nach heutiger Rechtsprechung unwirksam. Eigentlich wäre Frau Groß also gar nicht verpflichtet zu renovieren. Herr Hingst setzt eine neue Vereinbarung auf: Frau Groß müsste nur die Räume streichen und tapezieren, die sie in renoviertem Zustand übernommen hat. Frau Groß ist einverstanden und freut sich zunächst über das vermeintliche Entgegenkommen ihres Vermieters. Sie unterschreibt die Vereinbarung.

Doch irgendwie ist sie misstrauisch geworden. Sie informiert sich beim örtlichen Mieterverein und erfährt, dass die alte Klausel unwirksam war. Die neue Vereinbarung hilft Herrn Hingst allerdings wenig. Denn sie ist erst recht unwirksam. Herr Hingst hat sie sich ja regelrecht erschlichen und Frau Groß über die wahren Hintergründe der Vereinbarung getäuscht.

Abwarten und es beim nächsten Mal besser machen

Auch wenn die Unsicherheit belastend sein mag – warten Sie einfach ab, was geschieht. Vielleicht ist Ihr Mieter ja genauso ahnungslos, wie Sie es waren, bevor Sie dieses Buch zur Hand nahmen, und hält sich an die – möglicherweise unwirksame – Vereinbarung. Dann haben Sie Glück gehabt und sollten die Klausel beim nächsten Mietvertrag entsprechend ändern. Oder eben einen aktuellen Formularvertrag verwenden.

Den Mieter in die Pflicht nehmen?

Angesichts der unsicheren Situation sind einige Vermieter auf der Suche nach einer rettenden Hintertür. Manche meinen sich auf besonders raffinierte Weise zu schützen: Sie lassen von ihrem Mieter eine Erklärung unterzeichnen, dass er mit den Vertragsbedingungen einverstanden ist und eine Klausel des Vertrages auch dann gelten soll, wenn sie unwirksam ist. Auch gibt es Konstruktionen, die dem Mieter eine Mitverantwortung für die Wirksamkeit aufladen wollen. Mag sein, dass sich rechtsunkundige Mieter von solchen „Vereinbarungen" beeindrucken lassen. Im Ernstfall bedeuten sie keinerlei Verpflichtung für den Mieter. Denn wenn eine Klausel unwirksam ist, dann bleibt sie unwirksam. Basta. Wer mit solchen Erklärungen oder Zusatzvereinbarungen arbeitet, macht keinen seriösen Eindruck. Lassen Sie also die Finger davon.

WICHTIGE KLAUSELN, DIE SIE DOCH „REPARIEREN" SOLLTEN ... ACHTUNG

In einem Fall könnte es sich allerdings doch lohnen, mit dem Mieter eine nachträgliche Vereinbarung zu treffen, die dann für beide Seiten auch bindend ist: Wenn Sie nämlich feststellen, dass eine wichtige Klausel wie die über die Nebenkosten oder die Schönheitsreparaturen unwirksam ist und Sie die Miete erhöhen müssten, wenn die Klausel unwirksam bliebe. In so einem Fall versuchen Sie ja nicht Ihren Mieter zu täuschen: Sie informieren ihn über den Sachverhalt und bieten ihm an, auf die Mieterhöhung zu verzichten, wenn er mit Ihnen die nachträgliche Vereinbarung trifft, die dann auch bindend ist.

Basics für den Mietvertrag

Bevor Sie den Mietvertrag aufsetzen, sollten Sie sich über einige Dinge klar werden. Zum Beispiel ob Sie Ihren Mietvertrag befristen können. Ob es für Sie günstiger ist, mit einem oder mehreren Mietern den Vertrag abzuschließen. Welche Art der Mieterhöhung Sie wählen sollten (→ S. 160). Welche Pflichten Sie dem Mieter auferlegen können. Und was Sie alles vermieten wollen (Gartenanteil, Garage, Küchenausstattung).

Unbefristet oder Zeitmietvertrag?

Im Normalfall gilt ein Mietvertrag für Wohnraum „unbefristet". Das heißt, er gilt so lange, bis er von einer Seite – unter Einhaltung der Kündigungsfristen (→ S. 192) – gekündigt wird. Sie können den Mietvertrag allerdings auch von vornherein zeitlich befristen, wobei der Zeitmietvertrag neuerdings an eine Reihe von Bedingungen gebunden ist. Sind die nicht gegeben, kommt der befristete Mietvertrag nicht in Frage. Es besteht also *keine uneingeschränkte* Wahlfreiheit mehr zwischen dem unbefristeten und dem Zeitmietvertrag.

„Einfache" Zeitmietverträge gibt es nicht mehr

Bis zur jüngsten Mietrechtsreform gab es die Unterscheidung zwischen dem „einfachen“ und dem „qualifizierten“ oder „echten“ Zeitmietvertrag. Der einfache Mietvertrag war zunächst an keine bestimmten Voraussetzungen geknüpft. Doch anders als sein Name vermuten lässt, war er etwas kompliziert - für Mieter und Vermieter. So konnte der Mieter bis zu zwei Monate vor Ablauf des Vertrages schriftlich die Verlängerung des Vertrages verlangen - und zwar auf unbestimmte Zeit. Aus dem „einfachen“ Zeitmietvertrag wurde dann ein unbefristeter Mietvertrag. Der Vermieter konnte sich diesem Begehren nur dann entziehen, wenn er ein „berechtigtes Interesse“ an der Beendigung des Mietverhältnisses geltend machen konnte, zum Beispiel Eigenbedarf (→ S. 196).

Nur noch mit schriftlicher Begründung

Seit dem 1. September 2001 sind solche „einfachen“ Zeitmietverträge nun nicht mehr möglich. Vielmehr muss es für die Befristung einen bestimmten Grund geben. Und dieser Grund muss dem Mieter bei Abschluss des Vertrages *schriftlich mitgeteilt* werden. Am zweckmäßigsten im Mietvertrag selbst, wenngleich das nicht zwingend erforderlich ist.

Es kommt nur einer der folgenden drei Gründe in Frage: Nach Ablauf der Frist will der Vermieter die Wohnräume

- für sich, einen Familienangehörigen oder Angehörigen seines Haushalts nutzen (Eigenbedarf).
- beseitigen, erheblich umgestalten oder sanieren. Wobei diese Maßnahmen durch eine Fortsetzung des Mietverhätnisses wesentlich beeinträchtigt würden.
- an einen „zur Dienstleistung Verpflichteten“ (z. B. Hausmeister, Angestellten) vermieten. Bei Werkswohnungen: Die Räume sollen (wieder) an einen Werksangehörigen vermietet werden.

Die Gründe müssen konkret benannt werden, damit der Mieter die Möglichkeit hat, später nachzuprüfen, ob sie überhaupt eingetreten sind. Es genügt also nicht anzugeben „wegen Eigenbedarfs" oder „wegen Sanierungsarbeiten". Ihr Mieter hat Anspruch darauf, es schon etwas genauer zu erfahren. Beispielsweise, *wer* dort einziehen soll. Und welcher Art die Sanierungsarbeiten sind. Denn kleinere Sanierungsarbeiten wie „neue Fenster" würden nicht ausreichen, den Anspruch auf Befristung zu begründen.

Verlängerung? Mieter muss aktiv werden

Seit neuestem ist der Mieter in der Pflicht. Er kann vom Vermieter frühestens vier Monate vor Ablauf der Frist Auskunft darüber verlangen, ob der angegebene Grund noch besteht (§ 575 Abs. 2 BGB). Der Vermieter hat dann einen Monat Zeit zu antworten. Vorher musste der Vermieter drei Monate vor Fristende seinen Mieter darauf hinweisen, dass der Grund noch besteht.

Und wenn sich die Sache verzögert?

Möglicherweise dauert es noch ein wenig länger, bis Sie die Wohnräume sanieren oder selbst einziehen wollen. Vielleicht kann die Werkswohnung noch immer nicht an einen Werksangehörigen vermietet werden. In solchen Fällen *kann* der Mieter eine entsprechende Verlängerung verlangen (§ 575 Abs. 3 BGB).

Der angegebene Grund entfällt – was jetzt?

Vielleicht besteht der angegebene Grund auch gar nicht mehr. Ihre Sanierungspläne haben sich erledigt oder Ihre Tochter, für die Sie die Wohnung brauchten, lebt jetzt in einer anderen Stadt. Darüber müssen Sie Ihren Mieter informieren. Dann *kann* er verlangen, dass die Befristung entfällt. Wenn sich der Mieter jedoch gar nicht rührt, dann ist das ein Hinweis darauf, dass er zum vereinbarten Zeitpunkt ausziehen will.

Die Beweislast trägt der Vermieter

Meldet der Mieter jedoch Interesse an, auch weiterhin in der Wohnung zu bleiben, so müssen Sie als Vermieter belegen, dass der Befristungsgrund tatsächlich eingetreten ist (oder eintreten wird). Besteht jetzt ein anderer Grund – Ihre Tochter zieht zwar nicht ein, dafür wollen Sie jetzt sanieren –, so haben Sie keine guten Karten. Auch können Sie keine Gründe austauschen oder nachliefern. Wenn also die im Mietvertrag genannten Gründe unwirksam sind, so können Sie die Sache nicht wieder „gutmachen", indem Sie jetzt stichhaltige Gründe geltend machen. Das hindert Sie freilich nicht daran, im Fall des Falles „ganz normal" auf Eigenbedarf zu kündigen (→ S. 196). Und noch etwas: Wenn sich der Grund nur geringfügig ändert – statt Ihrer Tochter zieht Ihr Sohn ein –, dann gilt die Befristung dennoch.

ACHTUNG **SOZIALKLAUSEL ENTFÄLLT**

Ein sehr gewichtiges Argument für den befristeten Mietvertrag: Der Mieter kann sich nicht mehr auf soziale Gründe berufen, um eine Verlängerung zu erwirken. Deshalb ist es auf jeden Fall sicherer, einen befristeten Mietvertrag abzuschließen als den Mieter mit einer Eigenbedarfskündigung zum Auszug zu bewegen.

Keine Höchstdauer mehr

Vor dem 1. September 2001 mussten die Zeitmietverträge auf längstens fünf Jahre befristet werden. Wollte man länger abschließen, so musste man sich mit mehreren Verträgen „durchhangeln". Diese Einschränkung besteht nun nicht mehr.

Einen oder mehrere Mieter?

Eine entscheidende Frage, die Sie klären müssen: Mit wem machen Sie eigentlich den Mietvertrag? Wer soll ihn unterschreiben? Ziehen mehrere (volljährige) Personen ein, so ist zu entscheiden: Schließen Sie mit allen den Vertrag oder nur mit einem einzigen, dem so genannten Hauptmieter?

Viele Mieter, viel Aufwand

Ein wichtiges Argument, die Anzahl der Mieter möglichst klein zu halten: Je mehr Mieter Sie haben, desto komplizierter wird die ganze Sache. Sie müssen dafür sorgen, dass alle Mieter Ihre Anschreiben erhalten. Wenn Sie eine Vereinbarung schließen, müssen alle Vertragsparteien zustimmen, also auch alle Mieter. Bei Mieterhöhungen, Sanierungsvorhaben oder gar Kündigungen kann das sehr viele Nerven kosten.

Der breiten Rücken des Hauptmieters

Auf der anderen Seite gibt es auch ein Argument, das dafür spricht, nicht nur einen Mieter in die Pflicht zu nehmen: Alle Ansprüche können Sie nämlich nur gegen den Hauptmieter geltend machen. Er ist Ihnen gegenüber dafür verantwortlich, dass die Miete rechtzeitig auf Ihrem Konto eingeht und die Wohnräume in einem guten Zustand bleiben.

Das macht die Sache übersichtlicher. Sie müssen sich nicht mit jedem Bewohner einzeln und dann noch mit allen gemeinsam herumärgern. Doch wenn Ihr Hauptmieter zum sozialen Härtefall wird, dann kann sich die Situation ändern. Ihre Ansprüche können Sie ja nur ihm gegenüber geltend machen. Ist er zahlungsunfähig, gehen Sie in aller Regel leer aus.

LASSEN SIE BEI (EHE-)PAAREN BEIDE UNTERSCHREIBEN ACHTUNG

Vor allem bei Ehepaaren oder anderen festen Lebensgemeinschaften kann es sinnvoll sein, mit beiden Partnern den Vertrag abzuschließen. Dann haben Sie nämlich auch dann noch Ansprüche, wenn der eine dem anderen bedeutende Teile seines Vermögens überschrieben hat.

Kaution und erste Miete vor der Übergabe fällig

Sie können in Ihrem Mietvertrag durchaus vereinbaren, dass die erste Rate der Kaution und die erste Miete vor der Übergabe bei Ihnen eingegangen sein müssen. Das heißt für Sie: Solange noch nichts auf Ihrem Konto ist, gibt es keine Schlüssel. Ohne diese Klausel wäre die Miete erst am dritten Werktag des betreffenden Monats fällig. Dass eine solche Vereinbarung den Mieter nicht unangemessen benachteiligt, hat das Landgericht Bonn im April 2009 festgestellt (Az. 6 T 25/09).

Was vermieten Sie überhaupt?

Im Mietvertrag sollte genau verzeichnet sein, was alles zu Ihrer Mietsache hinzugehört: Räume, Nebenräume, Kellerabteile, Stellplatz, Gartenanteil und so weiter. Außerdem sollten Sie den Zustand und die Ausstattung festhalten. Dies am besten im so genannten Übergabeprotokoll (→ S. 60), das Sie sinnvollerweise als Teil des Mietvertrags deklarieren.

Aus dieser Aufzählung ergeben sich für Ihren Mieter bestimmte Rechte und Pflichten. So ist es ein gewaltiger Unterschied, ob Sie ihm beispielsweise den Garten vermieten oder ihm nur die „Gartennutzung" gestatten. Im ersten Fall können Sie ihm durchaus die Gartenpflege vertraglich auferlegen, müssen aber auch eine gewisse Freiheit bei der Gestaltung akzeptieren. Bei einer simplen „Nutzung" sind die Grenzen wesentlich enger gezogen und Sie können nicht erwarten, dass Ihr Mieter gartenpflegerisch tätig wird.

ACHTUNG

SIE MÜSSEN DIE KÜCHE NICHT MITVERMIETEN

Angenommen, in Ihrer Wohnung steht eine passable Einbauküche. Selbstverständlich können Sie die mit sämtlichen Geräten „mitvermieten" und eine etwas höhere Miete verlangen. Sie sollten dann nur wissen: Wenn ein Gerät kaputtgeht, dann müssen Sie für die Reparatur aufkommen oder gar für Ersatz sorgen. Es sei denn, Ihr Mieter hat das Gerät unsachgemäß benutzt oder gar beschädigt, was Sie ihm aber erst einmal nachweisen müssen.

Das Gleiche gilt für den gut ausgestatteten Geräteschuppen mit Rasenmäher oder die Gefriertruhe im Vorratsraum. Mitvermieten? Das muss nicht sein. Sie können diese Ausstattungsgegenstände Ihrem Mieter nämlich auch gegen Zahlung eines bestimmten „Abstandes" überlassen. Das hat den Vorteil, dass Sie sich nicht mehr darum kümmern müssen. Obendrein ist vielleicht auch Ihr Mieter dafür dankbar, dass er die Gegenstände nicht noch selbst anschaffen muss.

Der Vertragsabschluss

Wir haben es bereits angesprochen: Es ist ratsam, alle Besonderheiten des Mietvertrages vorher anzusprechen: Ist der Mietvertrag befristet, gibt es eine Vereinbarung zur Staffelmiete (→ S. 143), ist die Nutzung eingeschränkt? Tun Sie das nicht, dann riskieren Sie, dass der Mieter abspringt. Oder Sie müssen bei Vertragsabschluss noch um die Details feilschen. Natürlich kann es Ihnen passieren, dass auch ein Interessent, der sich vorher mit allen Bedingungen einverstanden erklärt hat, plötzlich eigene Ansprüche stellt. Auf diesen Fall sollten Sie vorbereitet sein und genau wissen, was Sie dann tun: Einen Kompromiss aushandeln oder androhen, den Vertrag platzen zu lassen.

Oftmals ist es ganz hilfreich, wenn Sie noch einen oder zwei Kandidaten in der Hinterhand haben, die dann notfalls einspringen können. Solange der Mietvertrag nicht unterschrieben ist, sollten Sie keinem Interessenten „endgültig" absagen, sofern er ebenfalls infrage kommt.

Im Normalfall werden Sie es aber kaum erleben, dass Ihr Mieter bei Vertragsabschluss noch anfängt nachzuverhandeln. Er ist genauso wie Sie an einem Vertragsabschluss interessiert und dürfte wenig Neigung haben, den Vertrag noch aufs Spiel zu setzen.

Im Interesse aller Beteiligten ist es ratsam, den Vertrag möglichst zügig unter Dach und Fach zu bringen. Nichts spricht dagegen, noch am selben Tag, an dem Sie sich für einen bestimmten Bewerber entschieden haben, den Vertrag zu unterzeichnen.

Bereiten Sie die Verträge vor

Sie sollten nicht erst anfangen, die Vertragsformulare auszufüllen, wenn Ihr Mieter Ihnen gegenübersitzt. Vielmehr sollten Sie alles vorbereitet haben: Zwei vollständig ausgefüllte Verträge, in die Sie nur noch die Namen und die (aktuelle) Adresse des Mieters eintragen müssen. Beides entnehmen Sie dem Personalausweis oder dem Reisepass. Es ist durchaus nicht unüblich, dass sich der Mieter bei Vertragsabschluss ausweist. Unter Umständen sollten Sie Ihren Mieter darauf vorher noch mal hinweisen.

Gehen Sie gemeinsam den Vertrag durch

Vor der Unterzeichnung sollten Sie den Vertrag noch mal gemeinsam durchgehen. Punkt für Punkt. Auf Fragen und Einwände müssen Sie vorbereitet sein. Erst wenn alles geklärt ist, unterzeichnen Sie den Vertrag. Achten Sie darauf, dass alle (!) Vertragsparteien unterschreiben. Sonst ist der Vertrag unwirksam. Das gilt im Übrigen nicht nur für die Mieterseite. Auch alle Vermieter müssen ihre Unterschrift unter den Vertrag setzen. Es sei denn, Sie haben sich durch entsprechende Vollmachten abgesichert.

Vereinbaren Sie einen Übergabetermin

Vergessen Sie nicht, den Termin der offiziellen „Übergabe“ zu vereinbaren. An diesem Termin händigen Sie dem Mieter sämtliche Schlüssel aus, lesen die Zählerstände ab und überprüfen gemeinsam den Zustand der Räume. Dazu brauchen Sie ein Übergabeprotokoll. Am zweckmäßigsten ist es, wenn die Rückgabe der Wohnung durch den Vormieter kurz zuvor stattgefunden hat. In einigen Fällen wird es sogar möglich sein, Abnahme und Übergabe zusammenzulegen.

Hilfreich für beide Seiten – das Übergabeprotokoll

Sicher ist sicher, das gilt für Mieter und Vermieter gleichermaßen. Deshalb empfiehlt es sich, bei Bezug und Auszug ein Übergabe-, bzw. Abnahmeprotokoll anzufertigen, das beide Parteien unterschreiben müssen und von dem beide ein identisches Exemplar erhalten.

Wichtig ist, dass Sie den Zustand der Wohnräume möglichst genau dokumentieren. Halten Sie alles fest, was später wichtig werden könnte, auch Kleinigkeiten:

- Ob der betreffende Raum frisch gestrichen/tapeziert wurde,
- ob die Kacheln im Badezimmer oder in der Küche Bohrlöcher oder Sprünge haben und wie viele,
- ob es Farbkleckse auf dem Boden gibt oder
- ein Fenster sich nicht richtig schließen lässt.

Fragen Sie Ihren Mieter, ob ihm etwas auffällt. Immerhin dient das Protokoll ja auch seiner Absicherung. Vergisst er einen wesentlichen Punkt, so wird er Mühe haben, glaubhaft zu machen, der betreffende Mangel habe bereits vorher bestanden. Auf der anderen Seite hilft Ihnen ein gründliches Protokoll, etwaige Ansprüche abzusichern.

Übereinstimmung erforderlich

Damit das Übergabeprotokoll seinen Zweck erfüllt, sollten Sie noch einmal nachprüfen, ob beide Ausfertigungen des Formulars wirklich übereinstimmen. Und selbstverständlich müssen beide Parteien beide Protokolle auch unterzeichnen.

MACHEN SIE FOTOS ACHTUNG

Sie können den Zustand der Räume noch zusätzlich durch Fotos dokumentieren. Allerdings sind solche Fotos nicht geeignet, das Protokoll zu ersetzen. Vielmehr kommen sie nur als Ergänzung in Frage.

Wie Sie die Nebenkosten richtig abrechnen

MIETER STELLT PLÖTZLICH NEBENKOSTENZAHLUNG EIN BEISPIEL

Frau Bandura ist außer sich: Jahrelang hat sie für ihre Mieter die Nebenkosten immer nach dem gleichen Prinzip abgerechnet. Doch dann zieht dieser Herr Wolf ein und schickt ihr die erste Nebenkostenabrechnung prompt zurück. Außerdem hat er bis auf weiteres seine Vorauszahlungen für die Nebenkosten eingestellt. Frau Bandura droht mit der Kündigung. Herr Wolf bleibt ungerührt. Die Vermieterin konsultiert einen Anwalt und erfährt zu ihrem Erstaunen, dass ihr Mieter vollkommen im Recht ist. Die Abrechnung ist tatsächlich nicht in Ordnung. Jahrelang hat sie falsch abgerechnet! Nun hat Frau Bandura Angst, dass sich das herumspricht und ihre anderen Mieter rückwirkend Ersatzansprüche geltend machen.

Die Nebenkostenabrechnung – das unterschätzte Risiko

Sicherlich gibt es angenehmere Beschäftigungen, als jedes Jahr die verschiedenen „Betriebskosten“ abzurechnen. Und dennoch lohnt es sich, Bescheid zu wissen. Denn wenn es ein Thema gibt, für das die Mieter in den letzten Jahren besonders sensibilisiert worden sind, so ist das die Abrechnung ihrer Neben-/Betriebskosten. Aus den Medien ist zu erfahren, dass jede dritte oder vierte Abrechnung fehlerhaft ist. Unter Überschriften wie „So holen Sie sich Ihr Geld zurück“ versprechen die Magazine und Zeitschriften schnelle Hilfe. Vertrauen Sie also nicht darauf, dass Ihr Mieter die Nebenkosten bis jetzt immer anstandslos bezahlt hat. Das kann sich schnell ändern.

Bei steigender Belastung mit kommunalen Gebühren und höheren Energiepreisen schauen die Mieter schon etwas genauer hin, was sie da zahlen sollen. Wenn Sie sich also nicht die Mühe machen wollen, Ihre Abrechnung zu überprüfen: Ihr Mieter tut es bestimmt.

Dürfen Sie überhaupt Nebenkosten einfordern?

Die erste Überraschung für viele Vermieter: Von Haus aus sind die Nebenkosten keineswegs die sprichwörtliche „zweite Miete", die der Mieter noch zusätzlich zur „eigentlichen" Miete aufbringen muss. Vielmehr sind die Nebenkosten durchaus Bestandteil der Miete – wenn nichts anderes vereinbart worden ist. Im Klartext: Wenn Sie in Ihrem Mietvertrag nicht ausdrücklich etwas Anderes vereinbart haben, muss Ihr Mieter nur die Heiz- und Warmwasserkosten eigens übernehmen und für seinen Stromverbrauch aufkommen (wenn er denn mit eigenem Zähler erfasst wird). Alle anderen Kosten sind mit der Miete bereits abgegolten!

In der Praxis heißt das: Ihr Mieter kommt um die Zahlung der Nebenkosten herum,

- wenn Sie mit ihm keinen schriftlichen Mietvertrag geschlossen haben,
- wenn Sie im Formularmietvertrag die Felder, die für die Nebenkosten vorgesehen sind, nicht ausgefüllt haben oder
- wenn die Vereinbarungen im Mietvertrag missverständlich, ungenau oder irreführend sind.

Keine Chance für schwammige Formulierungen

Klauseln, die sich ohne weiteres zu Fall bringen lassen, sind zum Beispiel: „Der Mieter trägt die Nebenkosten." Oder: „Zusätzlich übernimmt der Mieter die Hausgebühren." Solche Formulierungen lassen für den Mieter nicht erkennen, was an Nebenkosten auf ihn zukommt. Das ist jedoch Voraussetzung, wenn Sie eine gültige Vereinbarung mit Ihrem Mieter treffen wollen.

Legen Sie alle Kosten offen

Auch die Floskel „und so weiter" hilft Ihnen als Vermieter nicht wirklich weiter. Heißt es im Vertrag: „Der Mieter trägt die Nebenkosten wie die Kosten für Heizung, Strom, Warmwasser, Treppenreinigung usw.", so dürfen Sie nur die genannten Kosten abrechnen. Denn es bleibt der Phantasie von Mieter und Vermieter überlassen, was sie sich unter der Formulierung „und so weiter" vorstellen (LG Braunschweig, WM 1982, S. 300). Je präziser Sie Art und Umfang der Nebenkosten im Mietvertrag aufführen, umso weniger kann sie der Mieter anfechten. Voraussetzung ist natürlich, dass es sich um tatsächlich umlagefähige Kosten handelt (siehe unten).

Nebenkosten vergessen? Was tun?

Vielleicht stellen Sie fest, dass in Ihrem Mietvertrag einige umlagefähigen Nebenkosten fehlen. Zum Beispiel die Grundsteuer. Oder Sie haben die Umlage für bestimmte Gemeinschaftseinrichtungen (Sauna, Müllschlucker, Hausmeister, Antenne) vergessen. Dann haben Sie leider keine Möglichkeit, das noch zu ändern.

Sie dürften sich sogar schaden, wenn Sie Ihrem Mieter nach Vertragsabschluss eine korrigierte Vereinbarung der Nebenkosten präsentieren, die er dann unterschreiben soll. Solche „Neuregelungen", die erkennbar zum Nachteil des Mieters ausgelegt sind, haben vor Gericht keine Chance.

Die einzige Möglichkeit, die Sie haben, die entgangenen Nebenkosten wieder hereinzuholen: Sie müssen die Miete erhöhen (→ S. 160). Aber auch da sind enge Grenzen gesetzt und manchmal ist Ihnen sogar dieser Weg versperrt – zum Beispiel, wenn Sie eine Staffelmietvereinbarung (→ S. 143) haben.

Sämtliche Nebenkosten in einem Satz

In diesem Zusammenhang ist es schon ein wenig überraschend, dass es für die Vermieter eine sehr bequeme Lösung gibt, alle umlagefähigen Nebenkosten in einem Satz zu erfassen. Nach einem Rechtsentscheid des Bayerischen Obersten Landesgerichts genügt bereits der Hinweis, dass der Mieter „die Betriebskosten nach Anlage 3 zu § 27 der II. Berechnungsverordnung" zu tragen hat (WM 1984, S. 104).

Mit Wirkung vom 1. Januar 2004 wird diese „Anlage 3" allerdings ersetzt durch die Betriebskostenverordnung. Inhaltlich ändert sich jedoch so gut wie gar nichts. Die neue Verordnung ist vielleicht etwas verständlicher formuliert und beseitigt mögliche Unklarheiten des alten Textes. Auf jeden Fall gilt: Wenn Sie nach dem 1. Januar 2004 einen Vertrag abschließen, müssen Sie nicht mehr auf die „Anlage 3" verweisen, sondern auf den § 2 der Betriebskostenverordnung. Die alten Verträge bleiben natürlich in Kraft.

Nach überwiegender Rechtsprechung genügt tatsächlich der pauschale Hinweis auf den Gesetzestext, den Sie nicht einmal im Wortlaut beifügen müssen (OLG Frankfurt, WM 2000, S. 411). Nun bezweifelt zwar der Mieterbund, dass diese Klausel wirklich wirksam ist, und verweist auf einen Rechtsentscheid des OLG Schleswig, wonach Vertragsklauseln unwirksam sind, die lediglich auf einen Paragrafen Bezug nehmen, ohne ihn zu erläutern (WM 1996, S. 85). Doch die beanstandete Klausel hat bislang Bestand. Wenn Sie jedoch auf der sicheren Seite sein wollen, führen Sie die Betriebskosten, die Sie umlegen wollen, einzeln auf. Sonstige Nebenkosten" (Position 17, S. 76) gelten ohnehin nur dann als vereinbart, wenn sie ausdrücklich im Mietvertrag genannt werden.

Betriebskosten – was lässt sich umlegen?

Der Begriff „Nebenkosten" ist zwar allgemein verbreitet, korrekter wäre es jedoch von „Betriebskosten" zu sprechen. Denn dabei handelt es sich um diejenigen Kosten, die Ihnen durch den „Gebrauch" Ihrer Wohnung laufend entstehen. Im Prinzip können Sie solche Kosten auf Ihren Mieter umlegen: Von der Grundsteuer über Schornsteinfegergebühren bis zu den Verbrauchskosten von Wasser, Strom und Gas.

Allerdings gibt es wichtige Ausnahmen: Einmalige oder außergewöhnliche Aufwendungen, Reparaturen oder Sanierungskosten sind keine Betriebskosten. Ebenso wenig zählen Verwaltungskosten, Kapitalkosten und die Beiträge für die private Haftpflicht- oder eine Rechtsschutzversicherung dazu.

Doch bleibt noch eine ganze Menge übrig. Die erwähnte „Anlage 3“ und ihre Nachfolgerin, die neue Betriebskostenverordnung, führen nicht weniger als 17 verschiedene Nebenkostenarten auf – darunter seltsamerweise nicht die Verbrauchskosten für Strom, die selbstverständlich ebenfalls umlagefähig sind.

1. Die Grundsteuer

Die „laufenden öffentlichen Lasten des Grundstücks, kurz: die Grundsteuer, dürfen Sie anteilig auf Ihre Mieter umlegen, in aller Regel gemäß der Grundfläche der vermieteten Wohnung (siehe unten „Verteilerschlüssel“, S. 67). Doch Achtung: Vermieten Sie in Ihrem Haus nicht nur Wohnungen, sondern auch Gewerberäume, dürfen Sie nicht von der gesamten Summe ausgehen, sondern müssen zwischen der Steuer für Wohn- und für Gewerberäume entscheiden. Der Grund: Die Steuer für Gewerberäume liegt meist wesentlich höher. Die Wohnungsmieter würden also einen Teil der höheren Kosten mittragen (vgl. LG Frankfurt WM 1986, S. 234).

EIGENE WOHNUNG NICHT VERGESSEN! ACHTUNG

Wenn Sie selbst mit im Haus wohnen, denken Sie daran, Ihren eigenen Anteil herauszurechnen. Sonst würden Ihre Mieter die Grundsteuer für Sie bezahlen. Und das ist natürlich nicht zulässig.

Wenn Sie nicht Besitzer eines ganzen Hauses, sondern nur einer Wohnung sind, haben Sie es leichter: Die gesuchte Summe finden Sie auf Ihrem Grundsteuerbescheid vom Finanzamt.

2. Kosten für die Wasserversorgung

Darunter fallen nicht nur die Kosten für den Wasserverbrauch, sondern auch Grundgebühren, Mietkosten von Wasserzählern (auch Zwischenzählern), Betriebskosten einer hausinternen Wasserversorgungs- oder Wasseraufbereitungsanlage. Die Kosten für Reparaturen oder Maßnahmen zum

Korrosionsschutz der Leitungen fallen hingegen *nicht* unter die Betriebskosten (vgl. AG Lörrach, WM 1995, S. 593).

Keinen Wasserzähler in der Wohnung?

Ältere Wohnungen verfügen häufig über keinen eigenen Wasserzähler. Dann müssen Sie die Gesamtkosten auf die einzelnen Mieter umlegen. Den Schlüssel können Sie selbst festlegen (siehe unten). Befindet sich die Wohnung hingegen in einer Wohnanlage, so können Sie die Kosten der Jahresabrechnung entnehmen, die Ihnen die Hausverwaltung zuschickt. Achten Sie darauf, dass Sie im Mietvertrag denselben Verteilerschlüssel vereinbart haben!

Verbrauch zu hoch – Kann Ihr Mieter die Abrechnung anfechten?

Ist der Wasserverbrauch außergewöhnlich hoch, dann kann Ihr Mieter die Abrechnung anfechten. Es genügt dann nicht, auf die Rechnung der Stadtwerke zu verweisen, denn prinzipiell sind Sie als Vermieter verpflichtet, die Ursachen solcher „Ausreißer" zu klären.

Liegt es beispielsweise daran, dass in einer Wohnung die WC-Spülung nicht in Ordnung war, so kommt es darauf an, ob der Mieter selbst diesen Schaden angezeigt hat. Ist das nicht der Fall, können Sie die Mehrkosten als Schadensersatz von ihm verlangen (vgl. LG Frankfurt WM 1990, S. 425). Wenn er Sie jedoch informiert hat und Sie nichts unternommen haben, müssen Sie für die Mehrkosten selbst aufkommen.

Komplizierter wird der Fall, wenn der Mehrverbrauch auf einen Hausbewohner zurückzuführen ist, an den Sie gar nicht vermieten. Auch dann kann sich Ihr Mieter weigern, die überhöhte Wasserrechnung zu bezahlen. Wenn tatsächlich ein Anderer für den hohen Verbrauch verantwortlich ist, hat er gute Aussichten, Recht zu bekommen. Für seinen „normalen Verbrauch" muss er natürlich zahlen.

Doch wie sollen Sie sich verhalten? Sie können dann nur versuchen, den Differenzbetrag vom Verursacher zurückzubekommen und mit Schadensersatzklage drohen. Ist der Verursacher nicht zweifelsfrei zu ermitteln, bleibt Ihnen wohl nichts anderes übrig als den Schaden selbst zu tragen.

VORSICHT VOR VERALTETEN MESSGERÄTEN! ACHTUNG

Kaltwasserzähler müssen Sie spätestens nach sechs Jahren nacheichen oder auswechseln lassen. Das Datum der letzten Eichung und die Frist können Sie an der Geräteplombe ablesen (Ihr Mieter übrigens auch). Halten Sie die Frist unbedingt ein. Stellt sich nämlich heraus, dass Ihre Messgeräte veraltet sind, ist die Abrechnung nichtig; außerdem droht Ihnen eine Geldbuße von bis zu 10.000 Euro.

Wasserschaden und Rohrbruch – wer trägt die Kosten?

Viele Vermieter wissen das nicht: Wenn die Leitungen undicht sind oder gar ein Rohr bricht, dann können Sie den erhöhten Verbrauch *nicht* auf den Mieter umlegen! Da sich schwerlich genau sagen lässt, wie viel Wasser da ausgelaufen ist, müssen Sie die Menge schätzen. Für die Kosten müssen im Regelfall Sie als Vermieter aufkommen (vgl. AG Hamburg, Az. 37 BC 608/96). Liegt die undichte Stelle allerdings außerhalb des Hauses, beispielsweise im Vorgarten, so können Sie den Schwarzen Peter gewissermaßen weiterreichen und sich gegenüber dem Wasserwerk weigern, den Mehrverbrauch zu bezahlen (vgl. LG Karlsruhe NJW-RR 1990, S. 1271).

NEUE MESSGERÄTE: MIETEN STATT KAUFEN ACHTUNG

Schaffen Sie neue Zähler an, so können Sie die Kosten nicht als Betriebskosten geltend machen. Vielmehr müssen Sie dann gemäß § 559 BGB wegen Modernisierung die Miete erhöhen (→ S. 156). Sie können die Geräte aber auch mieten. Dann können Sie die Miete direkt auf den Mieter umlegen.

3. Kosten für die Entwässerung

Damit sind die Gebühren für die öffentlichen Entwässerungsanlagen gemeint oder die Betriebskosten einer privaten Anlage und einer Entwässerungspumpe. Aber Achtung: Ist der Abfluss verstopft, so können Sie die

Reinigung nicht als Nebenkosten abrechnen, denn es handelt sich um eine Art von Reparatur und nicht um laufende Kosten.

4. Heizkosten

In unseren kühlen Breiten bilden die Heizkosten den größten Posten unter den Betriebskosten. Seit der Heizkostenverordnung von 1981 ist eine verbrauchsabhängige Abrechnung zwingend vorgeschrieben (Einzelheiten siehe unten, S. 92).

Die Heizkosten umfassen nicht nur die Kosten der verbrauchten Brennstoffe (z. B. Öl oder Gas), sondern auch die Lieferungskosten, den Betriebsstrom, die Kosten für Bedienung, Pflege und Überwachung der Heizung, die Kosten der regelmäßigen Prüfung der Betriebsbereitschaft und -sicherheit, Kosten für die Verbrauchserfassung, Einstellarbeiten, Reinigung, Immissionsschutz-Messungen, den Schornsteinfeger und die Mietkosten für Verbrauchserfassungsgeräte.

Worauf Sie beim Betriebsstrom achten sollten

Als Betriebsstrom gilt Strom für die Umwälzpumpe, die Pumpe im Brenner, die Regelungsanlage und die Beleuchtung im Heizungsraum. Achten Sie darauf, dass Sie den Strom nicht doppelt in Rechnung stellen, für die Heizung und als Strom für die Gemeinschaftsräume.

Vorsicht, Reparaturarbeiten!

Ein häufiger Fehler bei der Abrechnung: Bei einer Überprüfung der Heizung (umlagefähig) sind Reparaturen ausgeführt worden (nicht umlagefähig). Sie müssen die Kosten für die Reparatur herausrechnen und selbst tragen. Sonst kann Ihr Mieter die Abrechnung anfechten.

Wie werden die Heizkosten für die Gemeinschaftsräume abgerechnet?

Sie müssen die Heizkosten für Gemeinschaftsräume wie Flure, Treppenhäuser, Trocken- oder Partyräume nicht im Einzelnen erfassen oder ausweisen. Vielmehr ergibt sich dieser Posten oftmals daraus, was am Ende „noch übrig bleibt", wenn der Einzelverbrauch aller Wohnungen vom Gesamtverbrauch abgerechnet wird. Diese Differenz wird auf die einzelnen Wohnungen verteilt – und zwar gemäß deren Verbrauch. Anders gesagt: Wer einen hohen Heizkostenverbrauch in seiner Wohnung hat, der trägt auch einen höheren Anteil an den gemeinsamen Kosten.

AUSNAHME SAUNA ACHTUNG

Aber Achtung: Diese Regelung gilt *nicht* für Gemeinschaftsräume mit hohem Wärme- oder Warmwasserverbrauch wie Schwimmbad oder Sauna. Hier wird der Verbrauch genau erfasst und nach einem festen Schlüssel auf die Hausbewohner umgelegt.

5. Kosten für Warmwasser

Hierzu zählen die Kosten für die Erwärmung, für den Verbrauch (sofern er nicht schon unter 2. erfasst wurde), für Grundgebühren, Zählermiete, für Reinigung und Wartung der Geräte sowie für Einstellarbeiten.

Für die Warmwasserzähler gilt im Prinzip das Gleiche wie für die Geräte, die den Kaltwasserverbrauch messen: Sie müssen sogar alle *fünf* Jahre (Kaltwasserzähler: sechs Jahre) geeicht oder ausgetauscht werden. Und auch hier können Sie die Anschaffungskosten nicht als Betriebskosten geltend machen, sondern müssen die Miete erhöhen.

6. Die Kosten für verbundene Heizungs- und Warmwasserversorgungsanlagen

Natürlich ist es auch möglich, die Betriebskosten auf den Mieter umzulegen, wenn Heizung und Warmwasserversorgung in einer Anlage verbunden sind.

7. Die Kosten für den Fahrstuhl

Verfügt Ihr Haus über einen Aufzug, dann können Sie die Kosten für den Betriebsstrom, die Einstellung, Beaufsichtigung, Bedienung, Überwachung, Pflege und Reinigung der Anlage als Betriebskosten abrechnen. Ebenfalls umlagefähig sind die Kosten für die regelmäßige Prüfung der Betriebsbereitschaft und -sicherheit durch den TÜV.

Vorsicht, Vollwartungsvertrag!

Haben Sie mit einer Firma einen Vollwartungsvertrag abgeschlossen, müssen Sie aufpassen: Die Kosten sind nicht voll umlagefähig. Es gibt pingelige Mieter, die nur darauf warten, die Nebenkostenabrechnung an dieser Stelle anzufechten. Sichern Sie sich ab und rechnen Sie die Reparaturkosten heraus. Auf jeden Fall sollten Sie Ihre Rechnung belegen können. Ansonsten gehen die Gerichte davon aus, dass nur 50 % der Kosten als Wartungskosten umlagefähig sind (LG Essen WM 1991, S. 702), bzw. 65 % (LG Berlin GE 1988, S. 463).

Wohnt Ihr Mieter im Erdgeschoss? Muss er trotzdem für den Aufzug zahlen?

Eine heftig umstrittene Frage. Manche Gerichte vertreten die Ansicht, dass der Mieter nur dann die Kosten tragen muss, wenn er den Aufzug sinnvoll nutzen kann, zum Beispiel um in den Keller zu gelangen oder auf den Trockenboden (vgl. LG Berlin WM 1990, S. 558, AG Braunschweig WM 1996, S. 284, LG Hamburg WM 1988, S. 170). Als Vermieter einer Erdgeschoss-Wohnung kann es Ihnen also passieren, dass Sie an den laufenden Kosten für den Fahrstuhl, der ja Gemeinschaftseigentum ist, beteiligt werden, Ihr Mieter jedoch von diesen Kosten freigestellt wird.

Allerdings vertreten einige Gerichte eine andere Position und meinen, der Mieter muss für den Fahrstuhl im Haus zahlen (LG Duisburg WM 1991, S. 597, AG Freiburg WM 1993, S. 745). Dies gilt allerdings nicht für Aufzüge, die der Mieter nicht nutzt, weil sie sich im Nachbargebäude befinden. Auch wenn mehrere Häuser eine Wirtschaftseinheit bilden, muss über die Aufzugsanlagen in verschiedenen Gebäuden gesondert abgerechnet werden (LG Berlin GE 1990, S. 651).

8. Kosten für Straßenreinigung und Müllabfuhr

Die städtischen Gebühren für Straßenreinigung und Müllabfuhr sind voll umlagefähig, den Schlüssel legen Sie im Mietvertrag fest. Sperrmüll ist ebenfalls umlagefähig. Die Kosten entstehen zwar nicht regelmäßig, auch nicht unbedingt jedes Jahr, aber doch immer wieder. Insoweit handelt es sich um „laufende Kosten“. Und die sind auch dann umlagefähig, wenn der Sperrmüll von Unbekannten einfach auf Ihrem Grundstück abgeladen wurde (BGH, Urteil vom 13. Januar 2010, WM 2010, S. 153).

Die Kosten für einen Müllcontainer, um Bauschutt oder Gartenabfälle wegzuschaffen, können Sie hingegen nicht abrechnen.

9. Kosten für Hausreinigung und Ungezieferbekämpfung

Werden die Treppen, Zugänge, Flure, Keller, Fahrstühle oder Gemeinschaftsräume von Reinigungskräften regelmäßig gesäubert, so können Sie alle damit verbundenen Kosten umlegen, einschließlich Weihnachtsgeld und Berufsgenossenschaft. Übernehmen Sie selbst die Reinigung, können Sie dafür Ihren Mietern einen bestimmten Betrag in Rechnung stellen, der allerdings nicht höher sein darf als das ortsübliche Entgelt (AG Lörrach WM 1994, S. 19).

Allerdings müssen diese Regelungen im Mietvertrag festgehalten sein. Haben Sie vereinbart, dass der Mieter die Treppe reinigt, können Sie nicht ohne weiteres eine Reinigungskraft verpflichten und die Kosten auf Ihren Mieter abwälzen - auch nicht, indem Sie eine „neue Hausordnung“ erlassen (vgl. AG Frankfurt/oder WM 1997, S. 432).

Bei der Ungezieferbekämpfung können Sie nur die Kosten für regelmäßige Maßnahmen umlegen.

10. Kosten für Gartenpflege und Spielplätze

Ebenfalls ein beliebter Streitpunkt. Umlagefähig sind alle Kosten für die Pflege „gärtnerisch angelegter Flächen“, von Spielplätzen und nichtöffentlichen Zufahrten, die zum Haus oder zur Wohnanlage gehören. Nicht umlagefähig sind alle Maßnahmen zur „Instandhaltung“.

GARTENPFLEGE = UMLAGEFÄHIG	INSTANDHALTUNG = NICHT UMLAGEFÄHIG
• Hecken schneiden, Rasen mähen, Unkraut jäten • Neuanlegen des Rasens, Anpflanzung neuer Pflanzen • Neuer Sand für die Sandkiste • Reparatur von Spiel- und Gartengeräten	• Erneuern von Gehwegplatten • Umgestaltung, Neuanlage des Gartens, • Neue Spielgeräte für den Spielplatz • Neuanschaffung von Gartengeräten

Kritische Frage: Ist die Neubepflanzung erforderlich?

Vorsicht vor allzu ehrgeizigen Neubepflanzungen. Zwar ist die „Erneuerung" der Pflanzen im Prinzip umlagefähig. Wenn Ihr Mieter allerdings die „Erforderlichkeit" der Maßnahmen bestreitet, müssen Sie nach einem Urteil des Amtsgerichts Tübingen die Erforderlichkeit nachweisen (WM 1991, S. 122).

Ihr Mieter nutzt den Garten nicht. Muss er zahlen?

Wenn Ihr Mieter den Garten nutzen könnte, die Möglichkeit aber nicht nutzt, so liegt der Fall klar: Er muss zahlen. Auch für die Pflege des Vorgartens muss er aufkommen, sogar wenn er ihn nicht betreten kann. Denn der Vorgarten schmückt das Haus. Etwas anderes gilt, wenn der Vorgarten (oder andere Teile des Gartens) dem Vermieter oder anderen Mietern vorbehalten ist. Dann muss der Mieter nicht zahlen. Ebenso wenig können Sie die Kosten für einen Dachgarten oder eine Dachbegrünung auf Mieter umlegen, die diese Begrünung gar nicht nutzen können.

11. Kosten für die Beleuchtung

Den Strom für die Außenbeleuchtung können Sie als Betriebskosten abrechnen. Ebenso für die Beleuchtung der Gebäudeteile, die von den Bewohnern gemeinsam genutzt werden. Für die Beleuchtung des Garagenhofs und der Tiefgarage müssen die Garagenmieter aufkommen.

12. Kosten für die Schornsteinreinigung

Die Heizkostenverordnung erlaubt es Ihnen, die Aufwendungen für den Schornsteinfeger auch unter Punkt 4 mit den Heizkosten abzurechnen. Sie müssen dann nur aufpassen, dass Sie die Belege nicht doppelt erheben.

13. Sach- und Haftpflichtversicherung

Beiträge für Gebäudeversicherungen gegen Feuer-, Sturm- und Wasserschäden, Glasversicherung, Haftpflichtversicherung für das Gebäude, den Öltank und den Aufzug können Sie umlegen. Nicht hingegen Beiträge für eine Rechtsschutzversicherung des Vermieters oder gar eine Versicherung gegen Mietausfall.

Prämien zu hoch? Ihr Mieter kann die Abrechnung anfechten

Wenn die Beiträge für eine Feuerversicherung ungewöhnlich hoch sind, weil sich im Haus besonders gefährdete Gewerberäume befinden, dann müssen Sie die höheren Kosten vollständig auf den betreffenden Gewerbemieter umlegen.

14. Hausmeister

Misstrauische Mieter durchmustern diesen Posten sehr genau, ob hier nicht Kosten doppelt abgerechnet werden. Denn wenn sich der Hausmeister um die Gartenarbeit und die Wartung der Heizung kümmert, dann müssen die Kosten jeweils herausgerechnet werden. Zahlt der Mieter außerdem noch für die Gartenpflege, Schneeräumen und Hausreinigung, dann stellt sich die Frage, welche Aufgaben der Hausmeister überhaupt wahrnimmt. Wird der Hausmeister für Reparaturen, Instandsetzungen und Aufgaben der Hausverwaltung entlohnt, steht dieser Posten auf wackeligen Füßen. Diese Kosten sind nämlich nicht umlagefähig und müssen herausgerechnet werden.

Einige Gerichte haben die Hausmeisterkosten in der Betriebskostenabrechnung drastisch herunter gekürzt: um die Hälfte (LG Köln WM 1997, S. 230) oder sogar um zwei Drittel (LG Mannheim 4 S 103/90)! Dabei kommt es immer auf den Einzelfall an. Doch sind von solchen Kürzungen nicht nur die Lohnkosten, sondern auch die Sozialbeiträge betroffen, die Sie dann nicht mehr voll über die Betriebskosten abdecken können.

15.–17. Gemeinschaftsantenne, Betriebskosten für „maschinelle Wascheinrichtungen" und „sonstige" Kosten

Die letzten drei Posten wollen wir knapp zusammenfassen. Für sie gilt im Prinzip das gleiche, was wir bereits angesprochen haben. Haben Sie für die Gemeinschaftsantenne einen Wartungsvertrag abgeschlossen, müssen Sie etwaige Reparaturkosten herausrechnen. Beim Kabelanschluss sind Wartungskosten und die monatliche Grundgebühr umlagefähig, nach der neuen Betriebskostenverordnung auch die Gebühren, die nach dem Urheberrechtsgesetz für die „Kabelweitersendung" entstehen. Die Anschlussgebühr hat hingegen in einer Nebenkostenabrechnung nichts zu suchen.

Unter die „sonstigen" Betriebskosten fallen in erster Linie die Kosten für Gemeinschaftseinrichtungen wie Müllschlucker, Prüfgebühren für Feuerlöscher, laufende Kosten für das Schwimmbad oder die Sauna. Damit sie umlagefähig sind, müssen Sie diese Kostenarten in Ihrem Mietvertrag unbedingt nennen. Mit dem pauschalen Hinweis auf die „sonstigen Nebenkosten" ist es nicht getan.

Achtung, nicht umlagefähig!

In den Abrechnungen tauchen immer wieder einige „sonstige Nebenkosten" auf, die dort nicht hineingehören. Dazu zählen etwa die Bankgebühren für das Konto, auf dem die Mieten eingehen, diverse Portokosten oder eine Gebühr für die Erstellung der Abrechnung. Auch wenn es Sie viel Mühe kostet: Diesen Dienst erbringen Sie vollkommen kostenlos.

Nebenkostenpauschale, Vorauszahlung oder Teilinklusivmiete?

Grundsätzlich stehen Ihnen drei verschiedene Abrechnungsarten zu Verfügung, die Sie in Ihrem Mietvertrag festlegen müssen.

- Entweder erheben Sie für alle anfallenden Betriebskosten (mit Ausnahme der Kosten für Heizung und Warmwasser!) eine monatliche Pauschale.
- Oder Sie fordern eine monatliche Vorauszahlung ein, wobei Sie einmal im Jahr abrechnen müssen.
- Es gibt auch Mischformen, dann spricht man von einer „Teilinklusivmiete". Für einen Teil der Kosten wird eine Pauschale erhoben (hauptsächlich für „fixe Kosten" wie Hausmeister, Antenne, Müllgebühren), während ein anderer Teil als Vorauszahlung abgerechnet wird, nämlich in der Regel die verbrauchsabhängigen Kosten.

Die Pauschale: Bequemlichkeit hat ihren Preis

Das wichtigste Argument für die Pauschale: Sie ist die bequemste Lösung. Sie müssen nicht jedes Jahr eine detaillierte Abrechnung erstellen. Doch es gibt gewaltige Nachteile: Sie können keine Nachforderungen stellen; bei verbrauchsabhängigen Nebenkosten wird der Mieter nicht gerade zur Sparsamkeit angehalten und wenn die Betriebskosten einmal steigen, ist eine Erhöhung ähnlich aufwendig wie eine Mieterhöhung. Daher ist die monatliche Vorauszahlung oftmals die bessere Lösung. Alle Kosten sind transparent – für Sie und Ihren Mieter. Häufig bietet sich auch eine Mischform an, wenn es Ihnen lästig ist, alle Nebenkosten quadratzentimetergenau auf Ihre Mieter umrechnen zu müssen.

PAUSCHALE NUR BEI KURZFRISTIGEN MIETVERHÄLTNISSEN ACHTUNG

Eine reine „Pauschallösung" kommt vor allem dann in Frage, wenn die Kosten überschaubar sind und das Mietverhältnis eher kurzfristig angelegt ist. Etwa wenn Sie ein Studio an Studenten vermieten oder nur Zimmer untervermieten. Bei jedem Mieterwechsel eine komplette Abrechnung zu erstellen und die Kosten auseinander zu dividieren, ist sehr aufwendig.

Wann Pauschale, wann Vorauszahlung?

Maßgeblich ist der Mietvertrag. Sie können nicht zwischen den Abrechnungsarten wechseln. Und wenn Sie eine Mischform vereinbart haben, so müssen Sie bei dieser Mischform bleiben. Sie können also nicht in einem Jahr die Kosten für den Kabelanschluss als Teil der Pauschale abrechnen und im nächsten Jahr als Vorauszahlung.

In Ihrem Mietvertrag steht zwar Pauschale, aber …

Manche Mietverträge sind in diesem Punkt etwas irreführend. Da ist von einer „Nebenkostenpauschale" die Rede, während offensichtlich eine „Vorauszahlung" gemeint ist, weil nämlich auch eine jährliche „Abrechnung" oder Voraus- und Nachzahlungen angesprochen werden. In diesem Fall gilt das „wirklich Gemeinte". Sie können sich also die Abrechnungsart nicht einfach aussuchen und Ihr Mieter auch nicht. Eine „Pauschale", über die jährlich abgerechnet wird, ist eine Vorauszahlung. Lässt sich hingegen nicht klären, was „wirklich gemeint" ist, dann haben nicht Sie die Wahl, was gelten soll, sondern Ihr Mieter.

In Ihrem Mietvertrag steht zwar Vorauszahlung, aber …

Nehmen wir an, in Ihrem Mietvertrag haben Sie zwar Vorauszahlungen vereinbart, aber Sie rechnen jahrelang nicht ab, behandeln also die Vorauszahlungen wie eine Pauschale. Und der Mieter erhebt keinen Einspruch. Wird durch diese jahrelange Praxis die Vereinbarung im Mietvertrag hinfällig? Gilt jetzt die Pauschallösung? Das könnte ein folgenschwerer Irrtum sein. Denn maßgebend bleibt der Mietvertrag. Auch wenn sich Ihr Mieter jahrelang nicht „rührt", begründet das keine „stillschweigende Vereinbarung", dass nunmehr pauschal abgerechnet wird (LG Stuttgart NJW-RR 1991, S. 782).

Die überaus wichtigen Formalitäten

Über alle Betriebskosten, für die Sie keine Pauschale vereinbart haben, müssen Sie Rechenschaft geben – und zwar einmal jährlich. Ihre Abrechnung muss für den Mieter nachprüfbar und nachvollziehbar sein. Sonst kann er sie beanstanden und sich dabei auf die höchstrichterliche Rechtsprechung berufen (vgl. BGH WM 1982, S. 207; BVerfG WM 1994, S. 140). Am zweckmäßigsten ist eine tabellarische Aufstellung, aus der Ihr Mieter alle Informationen leicht entnehmen kann.

DARAUF SOLLTEN SIE BEI IHRER NEBENKOSTENABRECHNUNG ACHTEN CHECK

	ja	nein
Ist Ihre Abrechnung übersichtlich und vollständig?	☐	☐
Haben Sie den Abrechnungszeitraum angegeben und auf den Tag genau eingegrenzt?	☐	☐
Sind die Gesamtkosten (Haus/Wohnanlage) aufgeführt?	☐	☐
Haben Sie den Verteilerschlüssel angegeben?	☐	☐
Ist der Anteil des Mieters ersichtlich?	☐	☐
Haben Sie die geleisteten Vorauszahlungen aufgelistet?	☐	☐
Ist die Nachzahlung bzw. Kostenerstattung auf den ersten Blick zu erkennen?	☐	☐
Haben Sie eine neue Vorauszahlungssumme festgesetzt?	☐	☐

Der Abrechnungszeitraum

Sie müssen den Abrechnungszeitraum auf den Tag genau eingrenzen. Sonst kann Ihr Mieter nicht erkennen, welche Kosten Sie überhaupt erfasst haben. In aller Regel umfasst der Abrechnungszeitraum zwölf Monate, wobei es keine Rolle spielt, ob vom 1. Januar bis 31. Dezember eines Jahres oder vom 1. April bis 31. März des Folgejahres. Willkürliche Abrechnungszeiträume (etwa von 15 Monaten) sind unzulässig (AG Friedberg WM 1983, S. 239), geringfügige Abweichungen jedoch möglich.

Abfluss-Prinzip anerkannt

Manche Kosten sind zwar nicht während des Abrechnungszeitraums entstanden, aber Sie als Vermieter sind innerhalb dieser Zeit damit belastet worden. Also setzen Sie diese Kosten auch für die entsprechende Abrechnungsperiode an. Das klingt logisch, doch manche Mieter wehren sich gegen dieses „Abfluss-Prinzip" und beanstanden eine solche Nebenkostenabrechnung. Sie wollen nicht für Kosten aufkommen, die außerhalb der Abrechnungsperiode verursacht wurden.

Aus Mietersicht ist das zwar verständlich, aber eine Abrechnung rein nach dem Verursacherprinzip wäre kaum zu leisten. Und so hat der Bundesgerichtshof in einem Urteil vom 20. Februar 2008 das „Abfluss-Prinzip" im Grundsatz anerkannt (Az. VIII ZR 49/07). Voraussetzung ist allerdings, dass der Mieter nicht unbillig benachteiligt wird. Das wäre etwa der Fall, wenn der Mieter für den hohen Wasserverbrauch seines Vormieters aufkommen sollte.

Ihr Mieter zieht aus – wer zahlt die Zwischenablesung?

Wenn Ihr Mieter nicht gerade am Ende der Abrechnungsperiode auszieht, dann müssen Sie für ihn eine zusätzliche Abrechnung erstellen. Bei den verbrauchsabhängigen Nebenkosten ist eine Zwischenablesung erforderlich. Dafür wird meist eine Gebühr verlangt. Wer dafür aufkommen muss, ist vom Gesetzgeber nicht festgelegt. Wenn Ihr Mieter zahlen soll, muss der Betrag in der Schlussabrechnung auftauchen und darf nicht direkt beim Mieter kassiert werden. Zumindest umstritten ist, ob der Betrag auf alle Mieter des Hauses umgelegt werden darf und in der Jahresabrechnung unter der Position „Wärmemessdienstgebühr" erscheinen darf. Manche Amtsgerichte vertreten auch die Auffassung, dass der Vermieter die Gebühr als „Verwaltungskosten" übernehmen muss (AG Münster WM 1996, S. 231). Im Regelfall bekommt aber der ausziehende Mieter die Kosten in Rechnung gestellt, was nach einem Urteil des Amtsgerichts Coesfeld auch zulässig ist (WM 1994, S. 696).

Gesamtkosten und Schlüssel nicht vergessen

In Ihrer Abrechnung müssen Sie die Kosten für das gesamte Haus oder die Wohnanlage aufführen, und zwar jeden einzelnen Posten. Die Auflistung der jeweiligen Gesamtkosten ist zwingend erforderlich, damit der Mieter erkennen kann, wie hoch sein Anteil ist und ob Sie richtig gerechnet haben. Das kann er natürlich nur, wenn Sie auch den zugehörigen Verteilungsschlüssel angeben. Es genügt nicht, auf den Mietvertrag zu verweisen.

Welche Verteilerschlüssel sind möglich?

Es gibt unterschiedliche Kriterien, wie die Gesamtkosten zu verteilen sind. Dabei ist es durchaus nicht ungewöhnlich, dass für verschiedene Nebenkostenarten unterschiedliche Schlüssel gelten – je nachdem, was Ihnen am gerechtesten und praktikabelsten erscheint. Möglich sind die folgenden Schlüssel:

- Quadratmeter Wohnfläche. Der gebräuchlichste Maßstab (Achtung, ab 1. Januar 2004 gilt eine neue Verordnung zur Berechnung, s. u.)
- Verbrauch. Bei verbrauchsabhängigen Nebenkosten (Strom, Wasser, Gas) unbestritten der gerechteste Maßstab.
- Anzahl der zum Haushalt gehörenden Personen. Soll bei bestimmten Nebenkosten (Müllgebühren, Wasser) für mehr Gerechtigkeit sorgen. Ist jedoch nicht unproblematisch: Wie werden Besucher erfasst? Auch ist die Berechnung schwierig, wenn die Anzahl der Personen stark schwankt.
- Kubikmeter umbauter Raum. Wenn die Wohnungen Räume von unterschiedlicher Höhe haben (Halle, Räume über zwei Stockwerke), ist dieser Maßstab gerechter als die Wohnfläche.
- Höhe der Miete (Leerraummiete). Problematischer Maßstab, der einen Zusammenhang zwischen der Höhe der Betriebskosten und der Miete unterstellt. Unzulässig, wenn Eigentümer selbst im Haus wohnen.

Den Umlageschlüssel sollten Sie bereits in Ihrem Mietvertrag festlegen. Haben Sie das nicht getan, müssten Sie nämlich gemäß § 556a Abs. 1 BGB bei allen Nebenkosten, die Sie nicht verbrauchs- oder verursachungsabhängig abrechnen, die Wohnfläche als Schlüssel ansetzen.

So berechnen Sie Ihre Wohnfläche richtig

Seit dem 1. Januar 2004 gilt die neue Wohnflächenverordnung. Sie soll für Klarheit sorgen und schreibt fest, dass zur Wohnfläche auch Wintergärten, Schwimmbäder, Hobbyräume und ähnliche Räume zählen, die nach allen Seiten geschlossen sind. Sie werden jeweils zur Hälfte angerechnet. Balkone, Loggien, Dachgärten und Terrassen zählen hingegen zu einem Viertel. Wichtig ist, dass all diese Räume und Flächen ausschließlich zu der Wohnung gehören, also nicht etwa noch von anderen Parteien genutzt werden (§ 2, Abs. 2 Wohnflächenverordnung).

Weiterhin wichtig: Zubehörräume wie Keller, Waschküchen, Abstellräume oder Garagen werden bei der Berechnung der Wohnfläche nicht berücksichtigt. Bei Mansarden oder niedrigen Räumen gilt: Ab einer lichten Höhe von zwei Metern zählen die entsprechenden Flächen vollständig, unter zwei Metern zur Hälfte. Beträgt die lichte Höhe unter einem Meter, werden die entsprechenden Flächen nicht berücksichtigt.

Können Sie den Schlüssel noch ändern?

Liegt der Umlageschlüssel einmal fest, brauchen Sie schon einsichtige Gründe, um ihn zu ändern. Aber im Prinzip ist es möglich. Zum Beispiel wenn bei den Kosten für die Müllabfuhr durch den neuen Schlüssel gerechter erfasst wird, wer den Müll verursacht hat.

ACHTUNG

LEER STEHENDE WOHNUNGEN MÜSSEN MITERFASST WERDEN

Steht eine Wohnung leer, so müssen Sie die bei der Abrechnung unbedingt berücksichtigen. Die Betriebskosten für die leer stehende Wohnung müssen Sie selbst tragen.

Wie hoch ist der Anteil des Mieters?

Den Gesamtkosten stellen Sie jeweils die Kosten gegenüber, die Ihr Mieter zu tragen hat. Sinnvollerweise fassen Sie Gesamtkosten, Schlüssel und Anteil des Mieters in einer Liste zusammen, und zwar nach folgendem Muster:

KOSTENART	GESAMTKOSTEN	SCHLÜSSEL	MIETERANTEIL
HAUSMEISTER	10.750,00 Euro	80/2.150 qm	400,00 Euro
MÜLLGEBÜHREN	3.200,00 Euro	2/40 Personen	160,00 Euro

Am Ende addieren Sie die Kosten für den Mieter zusammen. Schließlich möchte Ihr Mieter wissen, wie hoch seine Betriebskostenrechnung insgesamt ist.

Wie Sie die Nachzahlung/Erstattung berechnen

Vom Mieteranteil ziehen Sie die Vorauszahlungen ab, die er bereits geleistet hat. Dabei müssen Sie die Vorauszahlungen jedes Mieters einzeln berücksichtigen, dürfen also nicht die Zahlungen aller Mieter zusammenfassen. In manchen Abrechnungen werden die gesamten Betriebskosten den gesamten Vorauszahlungen gegenübergestellt. Dieses Verfahren ist unzulässig – und ungerecht, denn es bestraft diejenigen, die am meisten vorausgezahlt haben, und belohnt diejenigen, die säumig geblieben sind.

Es empfiehlt sich, zum Schluss noch einmal klipp und klar das Ergebnis festzuhalten. Etwa nach folgendem Muster: „Daraus ergibt sich für Sie eine Nachzahlung in Höhe von 190,30 Euro. Bitte überweisen Sie den Betrag bis spätestens zum 10. Mai 2002 auf unser Konto."

ZAHLUNGSFRIST NICHT UNTER EINEM MONAT ACHTUNG

Ihr Mieter hat etwa einen Monat lang Zeit, Ihre Abrechnung zu prüfen. Setzen Sie daher für eine Nachzahlung eine ausreichende Frist.

Setzen Sie einen neuen Vorauszahlungsbetrag fest

Wenn sich eine nennenswerte Nachzahlung oder Erstattung ergeben hat, sollten Sie den Betrag der künftigen Vorauszahlungen korrigieren. Dabei handeln Sie im eigenen Interesse, denn

- bei einer hohen Nachzahlung haben Sie einen Teil der Nebenkosten für Ihren Mieter zinslos vorfinanziert. Was er Ihnen aber vermutlich kaum danken wird, denn für den Mieter sind hohe Nachzahlungen erst einmal ein Schock. Unter Umständen kann er die Summe gar nicht aufbringen und gerät in Zahlungsschwierigkeiten.
- eine hohe Erstattung dürfte Ihren Mieter zwar erfreuen, jedoch wird er erwarten, dass der Vorauszahlungsbetrag kräftig nach unten gesetzt wird. Ansonsten liegt der Verdacht nahe, dass Sie die Vorauszahlungen Ihrer Mieter dazu nutzen, sich selbst zinslose Kredite zu verschaffen. Und das kann Ihr Mieter ohne weiteres beanstanden.

Bis wann müssen Sie abrechnen?

Eine zügige Abrechnung ist eigentlich im Interesse aller Beteiligten. Sie gewinnen nichts dadurch, dass Sie sie immer weiter aufschieben. Innerhalb von *zwölf Monaten nach Ende* der Abrechnungsperiode müssen Sie abgerechnet haben. Rechnen Sie also für das Kalenderjahr ab, so haben Sie für die Abrechnung des Jahres 2001 bis zum 31. Dezember 2002 Zeit. Das sollte ausreichen.

Legen Sie bis dahin keine Abrechnung vor, können Sie keine Nachforderung mehr stellen – es sei denn, Sie haben die Verzögerung nicht selbst zu vertreten, sondern beispielsweise der Verwalter. Außerdem kann Ihr Mieter Druck ausüben, indem er seine Vorauszahlungen einstellt. Bis er eine ordnungsgemäße Abrechnung bekommt. Die Grundmiete darf er allerdings nicht zurückhalten. Und es gibt eine natürliche Grenze: Er darf maximal die Summe zurückhalten, die den Vorschüssen im fraglichen Abrechnungszeitraum entspricht. Darüber hinaus kann Ihr Mieter Sie verklagen abzurechnen, denn er hat einen Rechtsanspruch auf eine Abrechnung.

DIE VORAUSZAHLUNGEN ERHÖHEN! ACHTUNG

Sie dürfen auch bei verspäteter Abrechnung die Vorauszahlungen erhöhen! Wenn Sie die 12-Monatsfrist überschreiten, dürfen Sie zwar keine Nachforderungen stellen. Doch immerhin dürfen Sie die Vorauszahlungen anheben, die Ihr Mieter zu leisten hat. Natürlich nur um einen Betrag, der sich auf die betreffende Abrechnungsperiode bezieht. Sie dürfen also nicht auf diesem Wege die entgangenen Nachforderungen eintreiben. Zumal auch hier gilt: Die Höhe der Vorauszahlung muss sich aus der betreffenden Abrechnung ergeben. Sonst kann Ihr Mieter die Sache anfechten (vgl. BGH, Urteil vom 16.6.2010, WM 2010, S. 490).

Die Jahresabrechnung über das Hausgeld

Als Besitzer einer Eigentumswohnung bekommen Sie von Ihrer Hausverwaltung eine Jahresabrechnung über das Hausgeld. Nun muss man zwar Hausgeld und Betriebskosten auseinanderhalten, doch vereinfacht die Abrechnung über das Hausgeld Ihre Abrechnung über die Betriebskosten ganz erheblich. Sie können nämlich eine ganze Reihe von Zahlen direkt übernehmen. Voraussetzung ist natürlich, dass Sie in Ihrem Mietvertrag keine abweichenden Vereinbarungen getroffen haben.

Verwaltungskosten und Instandhaltungsrücklage herausrechnen

Was auf Ihrer Hausgeldabrechnung auftaucht, können Sie nicht komplett übernehmen. Eine solche „Nebenkostenabrechnung" kann Ihnen Ihr Mieter postwendend wieder zurückschicken. Sie ist unzulässig, denn die Abrechnung über das Hausgeld enthält in der Regel mehrere Posten, die nicht umlagefähig sind. Zumindest vier Dinge müssen Sie dabei im Auge behalten:

- Alle Verwaltungskosten (Hausverwaltung, Verwaltungsbeirat, eventuell anteilig Hausmeister)
- Reparaturen (außer laufende Routinereparaturen)

- Maßnahmen zur Modernisierung bzw. Erneuerung
- und die Instandhaltungsrücklage

können Sie *nicht* auf Ihren Mieter umlegen. Rechnen Sie diese Posten aus Ihrer Jahresabrechnung heraus. Wenn Sie Zweifel haben, sollten Sie bei Ihrer Hausverwaltung nachfragen. Eine erfahrene Verwaltung weiß im Allgemeinen sehr gut Bescheid, welche Kosten Sie umlegen können und welche nicht.

Und wenn die Hausverwaltung nicht korrekt abrechnet?

Als Vermieter sind Sie Ihrem Mieter gegenüber für die Abrechnung der Betriebskosten verantwortlich – und nicht die Hausverwaltung. Wenn Ihr Mieter die Abrechnung beanstandet, müssen Sie sich damit auseinandersetzen, auch wenn Sie gar kein Verschulden trifft.

Allerdings können Sie die Hausverwaltung auf Schadensersatz verklagen, wenn sie falsch oder gar nicht abrechnet. Nebenbei bemerkt ist eine fehlerhafte oder unterlassene Abrechnung eine schwere Pflichtverletzung, die auch die vorzeitige Abberufung des Verwalters rechtfertigt. Sie können den Druck auf einen säumigen Verwalter erheblich steigern, wenn Sie sich mit mehreren Vermietern der Wohnanlage zusammentun und gemeinsam eine Klage androhen.

Vorsicht, Verjährung!

Nach der Schuldrechtsreform verjähren Nachforderungen und Erstattungsansprüche grundsätzlich nach drei Jahren (vorher: nach vier Jahren), wobei für den Mieter die Frist erst zu laufen beginnt, wenn ihm die Abrechnung zugeht. Allerdings können Ihre Ansprüche auf Nachzahlung bereits viel früher „verwirkt“ sein. Wenn Sie nämlich die erwähnte Zwölf-Monats-Frist überschreiten und Ihr Mieter darauf „vertrauen“ konnte, dass keine Nachforderung auf ihn zukommt.

Wenn Sie die Zwölf-Monats-Frist überschreiten, heißt das freilich nicht, dass Sie nun nicht mehr abzurechnen brauchen. Wir haben es bereits erwähnt: Ihr Mieter hat einen Rechtsanspruch auf die Nebenkostenabrechnung. Er kann Sie gerichtlich zwingen, eine Abrechnung zu erstellen. Sind Sie dazu nicht in der Lage, setzt das Gericht die Nebenkosten fest.

ZÜGIG NEU ABRECHNEN! ACHTUNG

Ganz besonders müssen Sie aufpassen, wenn Ihr Mieter die Abrechnung erfolgreich beanstandet hat (ihm ein Gericht Recht gegeben hat oder Sie selbst die Abrechnung zurückziehen). Dann sollten Sie zügig eine neue Abrechnung vorlegen.

Beachten Sie unbedingt, dass die Zwölf-Monats-Frist, die Ihnen zur Abrechnung gegeben wird, eine Ausschlussfrist ist. Haben Sie bis dahin keine ordnungsgemäße Abrechnung vorgelegt, können Sie keine Nachforderung mehr stellen – auch wenn Sie eine korrigierte Abrechnung vorlegen. Halten Sie die Frist also unbedingt ein.

Schuldrechtsreform 2002: Hemmung statt Unterbrechung

Die Schuldrechtsreform, die zum 1. Januar 2002 in Kraft getreten ist, bringt in der Frage der Verjährung eine weitere wichtige Neuerung gegenüber der bisherigen Regelung. Bislang wurde nämlich zwischen Unterbrechung und Hemmung der Verjährung unterschieden. Die so genannte „Unterbrechung“ war bislang der Regelfall. Dabei *begann* die Verjährung erst nach Beendigung der Unterbrechung. Wenn Sie also nach zwei Jahren Klage erhoben haben, so begann die (damals vierjährige) Verjährungsfrist erst nach Erledigung des Verfahrens zu laufen.

Nun hat sich das geändert. Die so genannte „Hemmung“ ist nunmehr der Regelfall: Dabei wird gewissermaßen die Uhr nicht auf Null gestellt wie bei der „Unterbrechung“, sondern nur angehalten. Anders gesagt: Die Verjährung läuft nur noch über die verbleibende Zeit. Und beginnt nicht wieder von vorn.

ACHTUNG

HEMMUNG ENDET 6 MONATE NACH ABSCHLUSS DES VERFAHRENS

Bei Klageerhebung, Zustellung eines Mahnbescheids oder Zustellung eines Antrags auf Durchführung eines selbstständigen Beweisverfahrens ist für die Dauer des Verfahrens die Verjährung „gehemmt". Die Hemmung endet sechs Monate, nachdem die gerichtliche Entscheidung rechtskräftig ist oder das Verfahren anderweitig abgeschlossen ist (vgl. § 204 BGB).

Wie Sie nach einer Mietminderung korrekt abrechnen

Viele Vermieter fallen aus allen Wolken, wenn sie hören: Eine Mietminderung (→ Seite 121) muss bei der Abrechnung der Nebenkosten berücksichtigt werden. Natürlich nur, soweit die Mietminderung unstrittig ist. Doch das ist durchaus der Fall, wenn Sie die Sache zähneknirschend akzeptiert haben. Dann müssen Sie Ihre Abrechnung entsprechend anpassen.

Eine Mietminderung bezieht sich nämlich auf die Gesamtmiete, also die Miete einschließlich sämtlicher Nebenkosten – soweit sie über den Vermieter abgerechnet werden. Der Mieter zahlt also nicht nur eine niedrigere „Kaltmiete", er reduziert auch seine Vorauszahlungen für die Nebenkosten. Als Vermieter können Sie jetzt nicht die Nebenkosten in voller Höhe geltend machen – auch wenn die zweifelsfrei angefallen sind. Sie müssen den Anteil herausrechnen, um den Ihr Mieter die Gesamtmiete gemindert hat (BGH, Urteil vom 13. April 2011, Az. VIII ZR 223/10).

BEISPIEL

MIETMINDERUNG BERÜCKSICHTIGEN

Familie Hummelt bezahlt eine monatliche Kaltmiete von 1.000 Euro. Die Vorauszahlungen für die Nebenkosten betragen 200 Euro. Wegen einer defekten Heizung hat die Familie die Miete drei Monate um 20% gemindert und nur 960 Euro Gesamtmiete bezahlt. Laut Abrechnung müssten Hummelts 480 Euro nachbezahlen.

Ihr Vermieter darf nach zwei Methoden abrechnen: Bezogen auf einen Abrechnungszeitraum von 12 Monaten entsprechen die drei Monate einem Viertel. Ein

Viertel von 20% sind 5%. Die Nachzahlung muss um 5% reduziert werden: 5% von 480 Euro sind 24 Euro. Mithin muss die Familie nur 456 Euro nachzahlen.

Alternativ kann der Vermieter die 480 Euro auf die 12 Monate verteilen. Das ergibt einen monatlichen Nachzahlungsbetrag von 40 Euro. Drei Monate zahlt die Familie jedoch 20% weniger, nämlich 32 Euro. Das Ergebnis (neun Monate à 40 Euro, drei Monate à 32 Euro) beträgt gleichfalls 456 Euro. Diese Methode empfiehlt sich, wenn der Mieter variabel gemindert hat, also in einem Monat 12%, im nächsten 15%, dann 10%.

Ihr Mieter will Belege sehen

Eine Abrechnung, die sich im Zweifelsfall nicht lückenlos belegen lässt, steht auf wackeligen Füßen. Daher sollten Sie alle Belege aufbewahren. Ihr Mieter hat nämlich das Recht, Einblick in die Belege zu nehmen. Datenschutzgründe können Sie nicht geltend machen. Ihr Mieter kann auch von Ihnen verlangen, dass Sie ihm die fotokopierten Belege zuschicken. Allerdings nur, wenn ihm nicht zugemutet werden kann, die Belege bei Ihnen einzusehen – zum Beispiel, weil Sie in einer anderen Stadt wohnen oder Ihr Mieter mittlerweile umgezogen ist (BGH, Urteil vom 8.3.2006, WM 2006, S. 200). Außerdem muss Ihr Mieter dann für Ihre Auslagen aufkommen. Ein Betrag um 0,30 Euro pro Kopie wird von den Gerichten allgemein anerkannt; 0,50 EUR halten hingegen manche Gerichte für zu hoch.

Der Mieter fechtet die Abrechnung an – was tun?

Wenn der Mieter Ihre Abrechnung beanstandet, so muss er dafür Gründe nennen. Dabei muss es nicht immer um falsche Zahlen oder unberechtigte Forderungen gehen, er kann Ihre Abrechnung auch dann zurückweisen, wenn sie für ihn „unverständlich" ist. Aber auch diesen Ablehnungsgrund muss er Ihnen mitteilen, damit Sie überhaupt reagieren können.

Prüfen Sie seine Gründe

Viele Vermieter fallen aus allen Wolken, wenn Ihr Mieter plötzlich die Betriebskostenabrechnung beanstandet. Manche meinen, sie müssten sich „revanchieren", auf „stur schalten" oder gar unbestimmte Drohungen aussprechen. Das ist allerdings das Ungünstigste, was Sie tun können. Erst recht wenn Ihr Mieter im Unrecht ist. Bleiben Sie gelassen, dann ist alles halb so schlimm. Schauen Sie sich vielmehr an, was er zu bemängeln hat.

Die Abrechnung ist unverständlich oder nicht nachvollziehbar

Der Vorwurf, dass die Abrechnung unverständlich oder nicht nachvollziehbar sei, ist zwar etwas pauschal, doch vielleicht hat Ihr Mieter ja Recht. Schauen Sie sich noch mal Ihre Aufstellung an. Ist tatsächlich alles verständlich? Wenn nicht, dann korrigieren Sie die Abrechnung und schicken sie ihm ein zweites Mal. Wenn Sie sich allerdings an unsere Vorgaben (→ S. 63) gehalten haben, dann sollte Ihre Abrechnung verständlich sein. Es besteht der Verdacht, dass Ihr Mieter die Beanstandung nur vorgeschoben hat. Vielleicht um Zeit zu gewinnen.

Fordern Sie ihn also auf, genauer zu erläutern, was ihm denn unverständlich erscheint. Kann er das nicht oder weigert er sich, das zu tun, fordern Sie ihn auf zu zahlen. Vergessen Sie nicht, ihm eine Frist zu setzen. Kündigen Sie an, dass Sie nicht zögern werden, Ihre Ansprüche gerichtlich gegen ihn geltend zu machen. Erfolgt dann keine Reaktion, sollten Sie die ausstehenden Nebenkosten einklagen.

Beachten Sie bitte: Ihre Abrechnung kann vor allem durch formale Fehler unwirksam werden, denn sie betreffen die gesamte Abrechnung. Seien Sie daher besonders sensibel für Formfehler.

Ihr Mieter hält die Abrechnung für zu hoch

Als Vermieter müssen Sie sich an den Grundsatz der Wirtschaftlichkeit halten (§ 556 Abs.3 BGB). Überhöhte Kosten kann Ihr Mieter beanstanden. Allerdings muss er darlegen, welche Kosten er im Einzelnen für unangemessen hält und warum. Zum Beispiel muss er angeben, bei welchem Anbieter Sie diese Leistung hätten günstiger beziehen können oder wie Sie diese Kosten hätten vermeiden können. Darüber hinaus kommt es auch darauf an, welche Art von Objekt Sie vermieten: Für ein Luxusapartment sind andere Betriebskosten angemessen als für eine einfache Einzimmerwohnung. Und noch etwas sollten Sie wissen: Es genügt keineswegs, wenn Ihr Mieter sich bei seinem Widerspruch auf einen überregionalen Betriebskostenspiegel beruft, wie ihn beispielsweise der Deutsche Mieterbund herausgibt. Eine solche Begründung ist zu pauschal (BGH, Urteil vom 6.7.2011, Az. VIII ZR 314/10).

Ihr Mieter beanstandet einen einzelnen Posten

Wir haben viele Gründe angesprochen, warum Ihr Mieter einen bestimmten Posten (erfolgreich) anfechten kann. Manchmal ist es auch eine Ermessenssache (z. B. Gartenarbeiten, Hausmeister, Fahrstuhl). Auf jeden Fall sollten Sie prüfen, ob der Einwand berechtigt ist. Wenn das so ist, dann sollten Sie keine Zeit verlieren: Schicken Sie Ihrem Mieter zügig die korrigierte Abrechnung.

Ihr Mieter sucht sich irgendein unwesentliches Detail

Seien Sie nicht überrascht, wenn Ihr Mieter irgendeine Kleinigkeit beanstandet. Zum Beispiel, dass der Hausmeister eine so hohe Telefonrechnung hat oder einen neuen Rasensprenger angeschafft hat. Manche Mieter glauben, dass sie so lange nichts nachzahlen müssten, wie einzelne Punkte strittig sind. Das ist aber nicht so. Was Ihr Mieter nicht beanstandet, dafür muss er zahlen.

STREIT UM 4 EURO BEISPIEL

Herr Frommelt soll 300 Euro nachzahlen und beanstandet, dass der Hausmeister „Schädlingsbekämpfungsmittel" für 100 Euro angeschafft hat. Bei einem Umlageschlüssel von 80/2000 beträgt sein Anteil 4 Euro. Trotz seiner Beanstandung muss Herr Frommelt 296 Euro nachzahlen. Tut er es nicht, kann sein Vermieter die Summe einklagen.

Vor Gericht ziehen?

Gerade bei einer strittigen Nebenkostenabrechnung gilt der Hinweis: Passen Sie auf, dass die Situation nicht eskaliert. Ein ausgleichendes Gespräch oder ein Telefonat kommt meist für beide Seite erheblich billiger als ein Gerichtsverfahren. Nur wenn Ihr Mieter da „auf stur schaltet" und Sie um Ihr gutes Recht bringt, sollten Sie einen Anwalt einschalten und klagen.

Kündigen können Sie Ihrem Mieter übrigens nicht, egal wie hoch Ihre Nachforderung bzw. die Rückstände sind. Denn die Begleichung der Betriebskosten gilt *nicht* als Mietschuld (OLG Koblenz RE WM 1984, S. 269). Sie haben also keine andere Wahl als zu klagen – wenn Ihr Mieter sich hartnäckig weigert, die Nebenkosten zu bezahlen.

Kann Ihr Mieter noch nachträglich die Abrechnung anfechten?

Stellen Sie sich vor, Ihr Mieter leistet seine Nachzahlung. Zwei Wochen später schreibt er Ihnen, dass er die Abrechnung anfechtet und Sie auffordert, den Betrag umgehend an ihn zurück zu überweisen, bis Sie eine „ordnungsgemäße Abrechnung" nachreichen. Wenn Sie das nicht tun, wird er Sie verklagen. Würden Sie es darauf ankommen lassen?

Sie können gelassen bleiben. Hat Ihr Mieter eine Nachforderung ohne Vorbehalte bezahlt, dann gilt die Abrechnung als anerkannt. Er hatte ausreichend Zeit, die Abrechnung zu prüfen, und kann nicht im Nachhinein noch einen Formfehler geltend machen. Insoweit brauchen Sie sich auch keine Sorgen zu machen, dass eine Flut von Nachforderungen auf Sie zukommen könnte, wenn sich herausstellt, dass Ihre Abrechnungen schon seit Jahren anfechtbar wären. Sie gelten als ordnungsgemäß. Inhaltliche Fehler hingegen (z. B. zu Unrecht abgerechnete Nebenkosten) kann Ihr Mieter noch beanstanden. Die Abrechnung aber wird dadurch nicht gefährdet.

Die Heizkostenabrechnung

Ein besonders umstrittenes Feld sind die Heizkosten. Seit 1981 gilt die Heizkostenverordnung. Sie schreibt vor, dass Sie die Kosten für Heizung und Warmwasser zu einem gewissen Anteil *verbrauchsabhängig* abrechnen *müssen*. Eine Pauschale ist unzulässig, entsprechende Klauseln im Mietvertrag sind nichtig.

Ausnahmen sind in fünf Fällen möglich

- Die Gebrauchserfassung ist technisch nicht möglich oder wirtschaftlich unzumutbar.
- Es handelt sich um ein Appartement in einem Alters- oder Pflegeheim, Studenten- oder Lehrlingsheim.
- Es handelt sich um eine Wohnung, deren Wärmeverbrauch sich von den Mietern nicht regeln lässt.
- Es wird eine besonders energiesparende Heizungsanlage betrieben (Wärmepumpe oder Solaranlage).
- Es handelt sich um ein Haus mit zwei Wohnungen, von denen eine der Vermieter bewohnt (Zweifamilienhaus oder Einfamilienhaus mit Einliegerwohnung)

Ihr Mieter kann die verbrauchsabhängige Abrechnung erzwingen

Sofern nicht einer der fünf Ausnahmefälle vorliegt, hat der Mieter einen Anspruch darauf, dass Sie verbrauchsabhängig abrechnen. Er kann Sie gerichtlich dazu zwingen, Wärmemessgeräte einzubauen –auch wenn alle anderen Mieter dagegen sind. Es genügt, dass ein einziger Mieter die verbrauchsabhängige Abrechnung einfordert.

Sie können diesen Anspruch auch nicht dadurch aushebeln, dass Sie im Mietvertrag eine Klausel aufnehmen, nach der Ihr Mieter mit einer Pauschale einverstanden ist. Diese Klausel ist unwirksam. Um seiner Forderung Nachdruck zu verleihen, darf Ihr Mieter seinen Heizkosten- und Warmwasseranteil pauschal um 15 % kürzen. Die Kürzung braucht er nicht einmal anzukündigen.

Wann darf der Mieter kürzen?

Dieses Kürzungsrecht um 15 % steht dem Mieter auch dann zu, wenn Sie bei einem Mieterwechsel keine Zwischenablesung durchführen lassen, wenn die Erfassungsgeräte nicht in Ordnung sind oder wenn die Ablesung nicht ordnungsgemäß erfolgt ist.

Eigene Heizungsanlage oder Zentralheizung?

Der einfachste Fall: Die Wohnung verfügt über eine eigene Heizungsanlage. Dann lassen Sie die Zählerstände ablesen, addieren die „weiteren Betriebskosten" der Heizung hinzu und rechnen ohne größeren Aufwand ordnungsgemäß ab. Bei einer zentralen Heizungsanlage sieht die Sache anders aus. Hier müssen Sie eine ganze Reihe von Dingen beachten, damit Ihr Mieter die Heizkostenabrechnung nicht wieder zurückschickt.

Die Mischkalkulation bei der Zentralheizung

Bei einer zentralen Heizungsanlage unterscheidet die Heizkostenverordnung einen verbrauchsabhängigen und einen verbrauchsunabhängigen Kostenanteil. Mindestens 50 % und höchstens 70 % der Heizkosten müssen Sie verbrauchsabhängig abrechnen. Zwar können Sie im Mietvertrag auch einen höheren Anteil vereinbaren, doch kommt das in der Praxis kaum vor.

Ein höherer Anteil ist auch nicht unbedingt „gerechter", denn er geht zu Lasten derjenigen Mieter, die mehr heizen müssen, weil ihre Wohnung einen höheren Wärmeverlust hat als Wohnung mit weniger Außenwänden, die gewissermaßen von den Nachbarn „mitgeheizt" werden.

Wenn Ihr Mieter gar nicht geheizt hat

Es gibt Mieter, die gar nicht heizen und sich auf den Standpunkt stellen, dann müssten sie gar keine Heizkosten bezahlen. Doch das ist ein Irrtum – wenigstens bei der Zentralheizung. Bei einer gerichtlichen Auseinandersetzung haben diese rigorosen „Energiesparer" kaum Aussicht, Recht zu bekommen.

SO RECHNEN SIE KONKRET AB ACHTUNG

Zunächst erfassen Sie die Gesamtkosten der Heizung. Diesen Betrag teilen Sie in zwei Teile: Einen verbrauchsabhängigen (50-70 %) und einen verbrauchsunabhängigen (30-50 %). Es versteht sich, dass Sie die Aufteilung nicht von Jahr zu Jahr variieren können. Doch immerhin in den ersten drei Jahren haben Sie das Recht, die Aufteilung zu verändern. Allerdings nie rückwirkend oder während der laufenden Heizperiode, sondern immer nur zu deren Beginn. Sehr verbreitet ist übrigens ist die fifty-fifty-Lösung, also zur Hälfte nach dem Verbrauch abzurechnen.

Den verbrauchsabhängigen Anteil der Kosten legen Sie gemäß dem Verbrauch der einzelnen Hausbewohner um. Den unabhängigen Anteil verteilen Sie nach einem festen Schlüssel, meist nach den Quadratmetern Wohnfläche, besser noch nach den Kubikmetern umbauten Raums. Wer eine große Wohnung gar nicht heizt, muss also unter Umständen mehr Heizkosten zahlen als jemand, der sein kleines Appartement sehr warm hält.

HEIZKOSTENABRECHNUNG BEI DREI MIETPARTEIEN BEISPIEL

In einem Haus gibt es drei Mietparteien: Herr Apel, Frau Born und Familie Dehn. Die Heizkosten betragen 2.000 Euro. Herr Apel hat nur 10 % der Energie verbraucht, Frau Born 50 % und Familie Dehn 40 %. Die Wohnungen von Herrn Apel und Frau Born sind jeweils 60 qm groß, die Wohnung von Familie Dehn 120 qm.

Der Vermieter verteilt die Kosten nach dem 50-50 Prinzip: 1.000 Euro werden nach dem Verbrauch abgerechnet: Herr Apel zahlt davon 100 Euro, Frau Born 500 Euro, Familie Dehn 400 Euro. Die verbleibenden 1.000 Euro rechnet der Vermieter nach der Wohnfläche ab: Herr Apel bewohnt 60 von 240 qm, übernimmt also ein Viertel der Kosten, nämlich 250 Euro. Den gleichen Anteil zahlt Frau Born, während Familie Dehn 500 Euro übernehmen muss. Insgesamt beträgt die Heizkostenrechnung von Herrn Apel 350 Euro, von Frau Born zahlt 750 Euro und Familie Dehn 900 Euro.

Die Verbrauchserfassungsgeräte

Wenn Sie keine Zwischenzähler anbringen lassen können oder wollen, empfiehlt es sich, die Abrechnung einer Wärmemessdienstfirma zu übertragen. Diese Firma rüstet alle Heizkörper mit Erfassungsgeräten aus, liest einmal im Jahr den Verbrauch ab und erstellt eine Abrechnung. Das heißt aber nicht, dass Sie als Vermieter aus der Verantwortung für eine ordnungsgemäße Abrechnung entlassen wären. Der Mieter darf und muss sich bei Reklamationen an Sie (oder die Hausverwaltung) wenden und nicht an den Messdienst, der in Ihrem Auftrag handelt.

Wenn der Mieter reklamiert

Anlass für Reklamationen ist immer wieder die vermeintliche Unzuverlässigkeit der Erfassungsgeräte. Denn die beliebtesten Geräte, die „Verdunstungsröhrchen", sind nicht nur die preiswertesten, sondern auch die ungenauesten. Sie liefern kein „objektives" Messergebnis, sondern nur einen Indikator. Gemessen wird nämlich nicht der Verbrauch der Heizenergie, sondern die Verdunstung der gefärbten Flüssigkeit im Röhrchen. Zwar gibt dieser Wert Aufschluss über die Temperatur der Heizkörper, doch sitzt das Misstrauen mancher Mieter gegenüber diesen Geräten tief. Mit zwei Einwänden sollten Sie rechnen:

- Die Messflüssigkeit steigt zum Rand hin an. Wenn zu Anfang oben und dann unten abgelesen wird, erscheint der Verbrauch höher, als er tatsächlich ist.
- Auch wenn gar nicht geheizt wird, gibt es immer auch eine natürliche Verdunstung. Die wird insoweit berücksichtigt, als die Röhrchen entsprechend höher aufgefüllt werden. Das bedeuet aber: Zieht ein Mieter während der Heizperiode aus, kommt er bei der Zwischenablesung in den Genuss der Bonusflüssgigkeit. Sein Nachmieter muss mehr bezahlen – und kann die Abrechnung deshalb anfechten.

LASSEN SIE DIE MESSUNG PROTOKOLLIEREN ACHTUNG

Informieren Sie sich bei der Messfirma, wie sie die Messungen handhabt. Hat Ihr Mieter ein Messprotokoll unterschrieben, haben seine nachträglichen Einwände wenig Aussicht auf Erfolg.

Genauigkeit hat ihren Preis

Sprechen Sie mit Ihrem Mieter offen über die Problematik. Genauere Messmethoden sind möglich, nur sind sie eben auch teurer. Die Kosten trägt letztlich der Mieter, denn Sie können die Installation von Wärmezählern als Modernisierungsmaßnahme auf Ihre Mieter umlegen (→ Mieterhöhung, S. 156). Wenn Sie die Geräte mieten oder leasen, trägt die Kosten ebenfalls der Mieter – dafür brauchen Sie allerdings seine Zustimmung. Aber wenn er keine genaueren Messmethoden akzeptiert, stehen seine Einwände auch auf wackeligen Füßen. Und noch etwas sollte bei aller Kritik nicht vergessen werden: Der Bundesgerichtshof hat die Verdunstungsröhrchen als zulässig anerkannt (WM 1986, S. 214).

ABLESETERMIN RECHTZEITIG ANKÜNDIGEN ACHTUNG

Im eigenen Interesse sollten Sie den Termin der jährlichen Ablesung frühzeitig ankündigen, mindestens eine Woche, besser noch drei, vier Wochen vorher. Ebenso müssen Sie sicherstellen, dass der Mieter die Information auch bekommt.

Was tun, wenn der Mieter den Ableser nicht in die Wohnung lässt?

Ihr Mieter ist verpflichtet, die Ablesung zu dulden. Wenn er selbst dabei nicht anwesend sein kann, muss er dafür sorgen, dass der Ableser Zugang zu den Messgeräten hat. Unterlässt er das, ist ein neuer Ablesetermin nötig. Die Kosten dafür, dass der Messdienst eigens für eine einzelne Wohnung anfahren muss, trägt der Mieter.

In einzelnen Fällen kommt es vor, dass der Messdienst trotz vorheriger Ankündigung einfach nicht in die Wohnung gelassen wird. Manche Vermieter schätzen dann einfach den Verbrauch. Doch das ist nicht so ohne weiteres zulässig (vgl. LG Köln, Urteil vom 27. Oktober 1988, 1 S 81/88). Vielmehr müssen Sie Ihren Anspruch gerichtlich auf dem Wege einer „einstweiligen Verfügung" durchsetzen. Dazu brauchen Sie einen Anwalt.

Wenn Sie die Kosten schätzen müssen

In Sonderfällen dürfen die Heizkosten geschätzt werden. Oder sagen wir treffender: sie müssen geschätzt werden. Zum Beispiel wenn ein oder zwei Verdunstungsröhrchen zu Bruch gegangen sind oder der Mieter die Erfassungsgeräte beschädigt hat.

Dann können Sie zwischen zwei unterschiedlichen Schätzverfahren auswählen:

- Sie ziehen die Verbrauchszahlen der vergangenen Jahre heran. Wie hoch war der Verbrauch in den betreffenden Räumen? Sie müssen aber auch die Witterungsverhältnisse berücksichtigen. Ein Jahr mit einem milden Winter können Sie schlecht vergleichen mit einem Jahr mit Dauerfrost.
- Sie greifen auf die Verbrauchszahlen in vergleichbaren Räumen innerhalb des Hauses zurück.

Allerdings sind Ihren Schätzungen enge Grenzen gezogen. Wenn der Verbrauch bei mehr als einem Viertel der Wohnfläche geschätzt werden muss, kann nicht mehr von einer „verbrauchsabhängigen Abrechnung" die Rede sein. In diesem Fall dürfen Sie Ihrem Mieter auch keine Kosten für die Verbrauchserfassung in Rechnung stellen (LG Hannover WM 1991, S. 540).

Heizkostenabrechnung beim Mieterwechsel

Kommt es während der Abrechnungsperiode zu einem Mieterwechsel, ist eine Zwischenablesung (→ S. 80) fällig. Doch damit wird ja nur der verbrauchsabhängige Anteil der Heizkosten erfasst. Die verbrauchsunabhängigen Kosten können entweder *zeitanteilig* oder nach den „Gradzahlen" verteilt werden. Die Gradzahlmethode berücksichtigt, dass in den Wintermonaten i. A. wesentlich stärker geheizt wird als im Sommer.

Die Wertung der Monate nach der Gradzahlmethode

Januar	17 %	Juli	1,3 %
Februar	15 %	August	1,3 %
März	13 %	September	3 %
April	8 %	Oktober	8 %
Mai	4 %	November	12 %
Juni	1,3 %	Dezember	16 %

Der Anteil, den der Mieter zahlen muss, richtet sich nach den Monaten, in denen er die Wohnung bewohnt hat.

SORGFALT BEI DER ABRECHNUNG LOHNT SICH! ACHTUNG

Die Abrechnung der Nebenkosten ist eine komplexe Materie. Manche Vermieter erstellen aus Bequemlichkeit eine etwas improvisierte Abrechnung. Doch Nachlässigkeit kann sich bitter rächten. Jede dritte Rechtsberatung bei den örtlichen Mietervereinen dreht sich mittlerweile um das Thema Nebenkosten. Rechnen Sie also sorgfältig ab. Wenn Sie auf alle Eventualitäten vorbereitet sein wollen, empfehlen wir Ihnen unseren Ratgeber zu den Nebenkosten, der ebenfalls in der Ersten-Hilfe-Reihe erschienen ist.

Wärmecontracting – die bequeme Alternative

Wer sich die Mühe mit der Heizkostenabrechnung sparen möchte, für den stellt das so genannte „Wärmecontracting" vielleicht eine Alternative dar. Dabei übertragen Sie als Vermieter alles, was mit Heizung und Warmwasser zu tun hat, an ein Unternehmen, den „Contractor“. Im Allgemeinen baut der eine neue Heizung ein, die sein Eigentum bleibt. Damit sich für ihn dieser Einbau auch lohnt, schließt er mit Ihnen einen langfristigen Vertrag. Sie brauchen sich um die Anschaffung der neuen Heizung, die Reparaturen und die Wartung nicht zu kümmern. Auch die Abrechnung übernimmt der Contractor.

Bis vor kurzem war es häufig nicht ganz einfach, bei einem laufenden Mietverhältnis auf Contracting umzustellen. Das hat sich durch die Mietrechtsreform vom Mai 2013 geändert. Nun müssen Sie nicht mehr den Mieter um Erlaubnis fragen, ob er mit einer Umstellung auf Contracting einverstanden ist. Sie dürfen sogar gegen seinen Willen umstellen, wenn drei Voraussetzungen erfüllt sind (§ 556c BGB):

- Im Mietvertrag muss vereinbart sein, dass der Mieter die Kosten für Heizung und Warmwasser tragen muss (das dürfte fast immer gegeben sein).
- Die neue Anlage muss effizienter sein als die alte (auch das sollte sich von selbst verstehen).
- Der Grundsatz der Kostenneutralität muss eingehalten werden. Ihr Mieter sollte für sein Heizen nach der Umstellung nicht mehr bezahlen als vorher.

Doppelt ankündigen hält besser

Zwar müssen Sie den Mieter nicht mehr um Erlaubnis bitten, um auf Wärmecontracting umzustellen. Doch ankündigen müssen Sie die Änderung schon. Und zwar mindestens drei Monate vorher. Weil für die Umstellung auch eine neue Heizanlage eingebaut werden muss, ist es erforderlich, diese Maßnahme als Modernisierung anzukündigen. Auch hier gilt es eine Frist zu beachten: Mindestens drei Monate, bevor die Arbeiten beginnen. Dann muss Ihr Mieter nämlich den Einbau „dulden“ (siehe auch Seite 157 „Duldungspflicht des Mieters“). Dabei ist es durchaus möglich, beide Ankündigungen in einem Schreiben zusammenzufassen.

Wenn der Mieter seine Miete nicht bezahlt

MIETER WIRD ZAHLUNGSUNFÄHIG BEISPIEL

Bis jetzt hat Herr Vogler immer pünktlich seine Miete gezahlt. Umso mehr wundert sich seine Vermieterin Frau Grimm, als die Zahlung eines Tages ausbleibt. Sie wartet noch eine Woche und ruft dann bei Herrn Vogler an. Der zeigt sich völlig überrascht und verspricht, die Miete umgehend zu überweisen. Nach zwei Wochen ist die Miete auf dem Konto. Auch die nächste Zahlung geht verspätet ein. Im kommenden Monat überweist Herr Vogler nur noch einen Teilbetrag. Frau Grimm droht ihm mit der Kündigung. Daraufhin stellt Herr Vogler seine Zahlungen ganz ein. Frau Grimm kündigt ihm fristlos. Doch Herr Vogler bleibt weiter in der Wohnung. Er eröffnet ihr, dass er zahlungsunfähig ist, und bietet ihr an, im nächsten Monat auszuziehen, wenn sie auf die ausstehenden Mietforderungen verzichtet. Andernfalls werde er in der Wohnung bleiben.

Reagieren Sie prompt und klären Sie die Gründe

Wenn die Miete nicht pünktlich bei Ihnen eingeht, so kann das die unterschiedlichsten Ursachen haben: Nachlässigkeit, „technische Probleme" wie Fehlbuchungen, vielleicht macht Ihr Mieter eine „Mietminderung" geltend (→ S. 121) oder er will einfach mal ausprobieren, ob er seine Zahlungen nicht ein wenig „strecken" kann. Oder er ist in Zahlungsschwierigkeiten. Was immer die Ursache ist, für Sie kommt es darauf an, sich schnellstens Klarheit zu verschaffen. Umso besser können Sie nämlich darauf reagieren. Es ist ein Unterschied, ob Ihr Mieter zahlungsunfähig, zahlungsunwillig, nachlässig, fehlinformiert – oder vielleicht im Recht ist. Darüber hinaus ist es nur gut, wenn Ihr Mieter den Eindruck gewinnt, dass Sie die Dinge nicht vor sich herschieben.

Ein schwerer Verstoß gegen die Hauptpflichten des Mieters

Manchen Vermietern ist es regelrecht unangenehm, ihre Mieter an ihre Zahlungspflichten zu erinnern. Lieber warten sie noch ein Weilchen, ob der Mieter wirklich nicht zahlt. Doch damit gewinnen sie nichts. Im Gegenteil, sie schwächen dadurch nur ihre eigene Position. Denn der Mieter muss dann ja annehmen, der pünktliche Eingang der Zahlung sei ihnen nicht so wichtig.

Doch auch wenn es manche Mieter nicht so sehen: Zahlungsverzug ist ein schwer wiegender Verstoß gegen den Mietvertrag. Wie es § 535 Abs. 2 BGB festlegt, ist der Mieter „verpflichtet, dem Vermieter die vereinbarte Miete zu entrichten". Tut er das nicht, zahlt er gar nicht, zu spät oder zu wenig, verstößt er damit gegen seine mietvertraglichen Hauptpflichten.

Wann ist Ihr Mieter überhaupt in Verzug?

Nach den meisten Mietverträgen und nach dem neuen Mietrecht ist der Mieter verpflichtet, seine Miete im Voraus zu bezahlen und zwar spätestens bis zum 3. Werktag des betreffenden Monats. Wichtig: Maßgeblich ist der Termin, an dem Ihr Mieter den ausstehenden Betrag *abschickt*, und *nicht* wann das Geld auf Ihrem Konto ist. Das bedeutet: Kalkulieren Sie immer einen gewissen „Sicherheitsabstand" mit ein.

Einfach mal anrufen?

Ist die Mietzahlung eine Woche in Verzug, sollten Sie handeln. Wie Sie dabei am besten vorgehen, hängt von Ihrem Temperament ab und natürlich von Ihrem Mieter. In vielen Fällen empfiehlt es sich, Ihren Mieter einfach anzurufen. Manchmal löst sich dadurch das Problem von selbst. In jedem Fall aber bekommen Sie auf diese Weise am schnellsten Klarheit.

Auf der anderen Seite ist ein solches Telefonat „unverbindlicher" als ein Schreiben. Wenn Sie irgendetwas vereinbaren, sollten Sie sich das auf jeden Fall von Ihrem Mieter noch einmal schriftlich bestätigen lassen.

Oder lieber gleich schreiben?

Nicht jedem liegen solche Telefonate, die manchmal auch etwas Fingerspitzengefühl erfordern. Vielleicht entgleist die Situation, vielleicht lassen

Sie sich aber auch von Ihrem Mieter „einwickeln“, was Ihnen aber erst später klar wird. Dann ist es besser, wenn Sie an Ihren Mieter ein Schreiben richten, ihn auf seinen Mietrückstand aufmerksam machen und ihn auffordern, sofort zu zahlen.

Damit Sie keine Zeit verlieren, ist es ratsam, dass Sie solche „Standard-Schreiben“ für alle Fälle bereithalten. Denn wenn solche Probleme auftreten, hat man oft gerade keine Zeit oder den Kopf nicht frei.

MUSTER: MIETRÜCKSTAND

Sehr geehrter (Mieter),

bis jetzt haben Sie Ihre Miete für den Monat .... noch nicht bezahlt. Nach unserem Mietvertrag ist die Miete jedoch spätestens am 3. Werktag jeden Monats fällig. Bitte begleichen Sie umgehend den Betrag, da ich sonst gezwungen bin, ein gerichtliches Mahnverfahren einzuleiten.

Mit freundlichen Grüßen

Die Gründe Ihres Mieters – und wie Sie darauf reagieren sollten

Nun ist Ihr Mieter am Zug. Wenn er hingegen *gar nicht* reagiert, besteht Anlass zur Sorge. Dann sollten Sie die Gangart verschärfen, zum frühestmöglichen Zeitpunkt kündigen und Räumungsklage erheben (siehe unten). Wesentlich häufiger werden Sie jedoch mit einem der folgenden Gründe konfrontiert.

„Es war ein Versehen!"

Handelt es sich um einen einmaligen Vorfall, ein Versehen oder eine kleine Liquiditätslücke und Ihr Mieter begleicht den ausstehenden Betrag, sollten Sie die Sache auf sich beruhen lassen. Auf die Erhebung von Mahnkosten oder Verzugszinsen (abhängig von den aktuellen Zinssätzen) sollten Sie verzichten. Diese können Sie ohnehin nur dann geltend machen, wenn Sie nachweisen können, dass Ihnen durch den Zahlungsverzug ein Schaden in dieser Höhe entstanden ist. Doch sollten Sie nicht den Eindruck entstehen lassen, die ganze Sache sei eine Lappalie. Die Mieter soll vielmehr merken, dass Sie sehr aufmerksam den Zahlungseingang überwachen und beim nächsten Mal weniger verständnisvoll reagieren.

„Es ist nicht meine Schuld"

Ein oft gehörtes Argument: Der Mieter hat die verspätete Zahlung nicht selbst verschuldet, sondern die Bank, der Arbeitgeber, das Arbeitsamt oder das Sozialamt. Sofern es sich nicht um eine einmalige Ausnahme handelt, brauchen Sie diese Begründung nicht gelten zu lassen. Ihr Mieter ist Ihnen gegenüber für die fristgerechte Zahlung verantwortlich. Auch wenn er seinen Geldmangel nicht „selbst verschuldet" hat, muss er doch dafür sorgen, dass Sie rechtzeitig Ihre Miete bekommen.

Mietminderung

Macht Ihr Mieter eine „Mietminderung" geltend, so sollten Sie sich mit seinen Argumenten auseinandersetzen und im Fall des Falles den Schaden beheben. Handelt es sich allerdings nur um ein vorgeschobenes Argument, so können Sie ihm unter Umständen fristlos kündigen (siehe unten). Allerdings sollten Sie nicht vorschnell handeln, da solche fristlosen Kündigungen gerichtlich oft wieder aufgehoben werden – wenn sich nämlich herausstellt, dass die gerügten Mängel doch vorhanden sind. Prüfen Sie daher genau, was Ihr Mieter zu beanstanden hat und ob er zu einer „Mietminderung" in dieser Höhe überhaupt berechtigt ist. Näheres finden Sie im Kapitel zur Mietminderung (→ S. 121).

„Die Miete ist erst zum Monatsende fällig"

Bei Mietverträgen, die vor dem 1. September 2001 abgeschlossen worden sind und damit noch unter das alte Mietrecht fallen, könnte Ihr Mieter mit dieser Begründung sogar Recht haben. Nämlich wenn in Ihrem Mietvertrag nicht ausdrücklich vereinbart worden ist, dass die Miete im Voraus fällig ist. Oder wenn die Vorauszahlungsklausel unwirksam ist. Dann müssen Sie die „verspätete Mietzahlung" zum Monatsende auch in Zukunft hinnehmen (§ 551 Abs. 1 Satz 1 BGB alte Fassung).

Bei neuen Verträgen (ab dem 1.9.2001) ist die Miete hingegen generell im Voraus fällig. Vielleicht ist Ihr Mieter einfach noch nicht auf dem neuesten Stand. Das muss ihm nicht immer zum Nachteil gereichen, wie Sie beim nächsten Punkt sehen werden.

Unverschuldeter Rechtsirrtum

Sogar wenn Ihr Mieter im Unrecht ist, berechtigt Sie dies noch nicht ohne weiteres zu einer Kündigung. Es kann nämlich sein, dass er sich in einem „unverschuldeten Rechtsirrtum" befindet. Dies ist der Fall, wenn er sich falsch informiert hat oder falsch beraten wurde. Aber Achtung: Ahnungslosigkeit oder pure Unwissenheit wird selbstverständlich nicht geschützt. Ihr Mieter darf die Gründe, die zu seinem Irrtum geführt haben, *nicht selbst zu vertreten* haben. Sondern er hat beispielsweise mit einem Berater gesprochen (den er allerdings vollständig informiert haben muss), oder er hat die fragliche Information einem Fachbuch entnommen. Wichtig: Ein „unverschuldeter Rechtsirrtum" kann auch vorliegen, wenn Ihr Mieter eine überzogene Mietminderung geltend machen will.

Das Amt zahlt zu spät

Bekommt Ihr Mieter staatliche Unterstützung, lautet die Begründung womöglich: Die staatlichen Stellen haben sich mit der Überweisung etwas Zeit gelassen. Ist das tatsächlich so, dann haben Sie schlechte Karten. Nach einem Urteil des Bundesgerichtshofs vom Oktober 2009 muss sich der Mieter das Verschulden einer staatlichen Behörde *nicht* zurechnen lassen (Az. VIII ZR 64/09). Das heißt aber auch: Wird das Geld nicht direkt von den betreffenden Stellen auf Ihr Konto überwiesen, muss der Mieter Ihnen gegenüber nachweisen, dass ihn kein Verschulden trifft. Sondern die Behörde die verspätete Zahlung zu vertreten hat. Das sollte er mit einem Kontoauszug belegen können. Kann er das nicht, liegt der Verdacht nahe, dass die Begründung nur vorgeschoben ist. Dann können Sie so verfahren wie in allen andern Fällen auch.

Ist die schlechte Zahlungsmoral jedoch der Behörde anzulasten, dann müssen Sie sich an eben diese Behörde wenden. Die ist zwar im Prinzip verpflichtet, die Miete rechtzeitig zu überweisen. Doch kann es geschehen, dass sie dieser Verpflichtung nicht nachkommt (wie in dem Fall, mit dem sich der Bundesgerichtshof befassen musste). Was dann zu tun ist, hat mit dem Mietrecht nichts mehr zu tun. In jedem Fall brauchen Sie anwaltlichen Rat. Aber Ihr Mieter hat mit der ganzen Sache nichts mehr zu tun.

Ihr Mieter ist zahlungsunfähig

Der ungünstigste Fall: Denn wo „nichts mehr zu holen" ist, werden Sie auch nichts bekommen. Schlimmer noch, wenn der Mieter einfach bei Ihnen wohnen bleibt – trotz Kündigung und Räumungstitel. Das kann sehr teuer werden, denn alle Kosten bleiben erst einmal an Ihnen hängen.

Vielleicht gibt es aber noch die Möglichkeit, dass Sie sich mit Ihrem Mieter „im Guten" einigen. Sie sollten zumindest den Versuch machen, eine Vereinbarung zu treffen. Zum Beispiel dass der Mieter den ausstehenden Betrag zu einem bestimmten Zeitpunkt nachzahlt und zu einem festgelegten Termin auszieht.

Das Problem ist allerdings, dass Sie einem Mieter, der bereits völlig überschuldet ist, gar nicht so viel anbieten können. Das einzige Druckmittel, das Sie haben, ist der so genannte „Offenbarungseid" (→ S. 31). Hat Ihr Mieter den allerdings schon abgelegt, bleibt Ihnen vermutlich keine andere Wahl als möglichst schnell Klage zu erheben. Denn eines sollten Sie auf jeden Fall vermeiden: Dass Ihr Mieter Sie weiter hinhält.

So leiten Sie ein gerichtliches Mahnverfahren ein

Vielfach bewegt bereits die Androhung eines gerichtlichen Mahnverfahrens den säumigen Mieter zu zahlen. Ansonsten ist es gar nicht so kompliziert, das Mahnverfahren einzuleiten. Ihren Antrag stellen Sie bei dem zentralen Mahngericht des Bundeslandes, in dem die vermietete Wohnung liegt. So ist in Baden-Württemberg etwa das Amtsgericht Stuttgart zuständig, in Bayern das Amtgericht Coburg; das Amtsgericht Hamburg-

Mitte ist gleich für zwei Länder zuständig, nämlich für Hamburg und Mecklenburg-Vorpommern. Auch alle anderen Länder haben mittlerweile ihre Mahngerichte zentralisiert. Die Adressen erfahren Sie schnell im Internet, wenn Sie „zentrale Mahngerichte“ googeln.

Für Ihren Antrag füllen Sie ein Formular aus, das Sie in jedem Schreibwarenladen bekommen können. Noch schneller und unkomplizierter geht es, wenn Sie eine „Online-Mahnung“ nutzen, wie sie mittlerweile einige der zuständigen Gerichte anbieten. Wie Sie da vorgehen müssen, erfahren Sie auf der Homepage des jeweiligen Gerichts.

Das Amtsgericht leitet den Mahnbescheid an Ihren Mieter weiter, der innerhalb von zwei Wochen Widerspruch einlegen kann. Eine Begründung ist für den Widerspruch nicht erforderlich. Legt er keinen Widerspruch ein, bekommen Sie vom Gericht Nachricht und werden aufgefordert, den *Vollstreckungsbescheid* zu beantragen. Auch gegen den Vollstreckungsbescheid kann der Mieter innerhalb von zwei Wochen nach Zustellung Widerspruch einlegen.

Was geschieht, wenn der Mieter Widerspruch einlegt?

Die Folge des Einspruchs: Es kommt zu einem „streitigen Verfahren“, also zu einer gerichtlichen Verhandlung. Spätestens jetzt sollten Sie einen Anwalt einschalten. Damit Sie auch sicher sein können, dass Sie den Vollstreckungstitel bekommen.

Wenn der Mieter keinen Widerspruch einlegt?

Hat der Mieter keinen Widerspruch eingelegt, bekommen Sie einen „vollstreckbaren Titel“, der Sie berechtigt, innerhalb der nächsten dreißig Jahre die ausstehenden Mietschulden einzutreiben. Dies dürfen Sie allerdings nicht selbst tun, sondern Sie beauftragen den Gerichtsvollzieher damit, der auch berechtigt ist, Pfändungen vorzunehmen.

Allerdings muss man sagen, dass ein Mieter, der bis zu diesem Stadium geht, in den seltensten Fällen noch zahlungsfähig ist. Die Folge: Sie haben Recht bekommen, aber nicht Ihr Geld.

Ein weiteres Problem kommt hinzu: Sie haben nur einen Titel über die anfänglichen Mietschulden. In der Zwischenzeit sind vermutlich weitere

Schulden aufgelaufen. Um auch an dieses Geld zu kommen, müssten Sie ein weiteres Verfahren anstrengen. All das kostet natürlich Geld. Auch wenn ein Titel über dreißig Jahre läuft, stellt sich die Frage, wie sinnvoll es ist, fünfstellige Forderungen an Ihren Mieter aufzutürmen. Viel wichtiger ist, dass Sie einen zahlungsunfähigen Mieter aus der Wohnung bekommen.

ACHTUNG

RECHTSBERATUNG – AUF MIETERKOSTEN

Wenn Sie sich unsicher fühlen, dann können Sie sich jetzt anwaltlichen Rat holen. Nicht für das Mahnverfahren, aber für den nächsten entscheidenden Schritt: Die fristlose Kündigung. Die Kosten für Ihren Anwalt muss der Mieter tragen (LG Heidelberg, GE 2009, S. 117). Ist der Mieter allerdings nicht zahlungsfähig, bleiben diese Kosten an Ihnen hängen.

Die fristlose Kündigung

Unabhängig von allen gerichtlichen Mahnverfahren empfiehlt es sich, dem säumigen Mieter umgehend die fristlose Kündigung schicken, sobald die Voraussetzungen dafür erfüllt sind. Doch welche Voraussetzungen müssen überhaupt erfüllt sein?

Müssen Sie Ihren Mieter vorher abmahnen?

In den meisten Fällen sind Sie gehalten, Ihren Mieter vorher abzumahnen, ehe Sie ihm fristlos kündigen können. Eine solche Abmahnung brauchen Sie etwa, wenn Ihr Mieter „vertragswidrigen Gebrauch" von der Mietsache macht, also zum Beispiel unerlaubterweise untervermietet (→ S. 181), Tiere hält, den Dachboden ausbaut oder ein Gewerbe ausübt (welches auch immer). Beim Zahlungsverzug ist dies anders. Entgegen einer weit verbreiteten Auffassung ist eine formelle Abmahnung nicht unbedingt erforderlich.

Dennoch ist eine Abmahnung in vielen Fällen ratsam. Sie signalisiert, dass es Ihnen ernst ist, Ihre Ansprüche durchzusetzen. Als „letzte Warnung" ist sie häufig geeignet, Ihren Mieter doch noch zur Zahlung zu bewegen. Und diese Aussicht ist auf jeden Fall angenehmer als eine gerichtliche Auseinandersetzung.

Damit Sie jedoch keine Zeit verlieren, sollten Sie nicht erst abmahnen, wenn Sie schon die Voraussetzungen für eine fristlose Kündigung erfüllt sind, sondern bereits etwas früher. Ihr Schreiben könnte zum Beispiel so aussehen:

MUSTER: UNPÜNKTLICHE ZAHLUNG

MUSTER

> Sehr geehrter (Mieter),
>
> seit mehreren Monaten bezahlen Sie die Miete unpünktlich. Laut Mietvertrag sind Sie verpflichtet, die Miete spätestens bis zum 3. Werktag jeden Monats zu bezahlen. Die Beträge gehen aber unregelmäßig, teils Mitte des Monats, manchmal sogar erst am Monatsende ein.
>
> Ich mahne Sie daher, künftig die Miete pünktlich zu bezahlen, da ich ansonsten gezwungen bin, das Mietverhältnis fristlos zu kündigen.
>
> Mit freundlichen Grüßen.

Wann können Sie Ihrem Mieter fristlos kündigen?

Eine fristlose Kündigung wegen Zahlungsverzugs können Sie nur dann aussprechen, wenn eine der beiden Bedingungen erfüllt ist:

- Ihr Mieter ist an zwei aufeinander folgenden Terminen mit der Miete oder einem erheblichen Teil der Miete in Verzug.
- Ihr Mieter ist über einen Zeitraum von mehr als zwei Terminen mit einem Betrag in Höhe von zwei Monatsmieten in Verzug.

Dabei müssen Sie Folgendes beachten: Nebenkostenvorauszahlungen gelten als Teil der Miete! Sie dürfen Ihrer Berechnung also nicht allein die Kaltmiete zugrunde legen. Weiterhin sollten Sie auf keinen Fall zu früh Ihre Kündigung aussprechen. Dann ist sie nämlich unwirksam. Denken Sie daran: Maßgeblich ist der Termin, an dem der Mieter den Betrag abschickt, und nicht wann er bei Ihnen eingeht. Es sei denn, Sie haben in Ihrem Mietvertrag eine entsprechende Vereinbarung getroffen.

Kündigung bei Nichtzahlung der Kaution

Durch die Mietrechtsreform 2013 ist es nun auch möglich, dem Mieter fristlos zu kündigen, wenn er seine Kaution nicht bezahlt. Manche Gerichte haben solche Kündigungen zwar auch schon vorher anerkannt, aber nun steht es im Gesetz (§ 569 Abs. 2a BGB) und ist damit verbindlich. Die Regelung betrifft alle Mietverträge, die nach dem 1. Mai 2013 geschlossen wurden. Und um die dürfte es ja im Wesentlichen gehen. Denn die Kaution ist ja mit dem Mietbeginn fällig. Genauer gesagt, die erste Rate.

Der Gesetzgeber erlaubt dem Mieter, seine Kaution in drei gleichen Raten zu zahlen (§ 551 Abs. 2 BGB. Rate Nummer 1 muss mit Mietbeginn gezahlt werden, die zweite Rate spätestens bis zum dritten Werktag des zweiten Mietmonats und am dritten Werktag des dritten Mietmonats ist auch die dritte Rate fällig. Haben Sie drei Monatsmieten als Kaution vereinbart, ist der Mieter bereits am vierten Werktag des zweiten Monats in Verzug – wenn er noch keine Kaution gezahlt hat. Denn zwei Monatsmieten Verzug rechtfertigen die fristlose Kündigung. Sie brauchen den Mieter nicht einmal abzumahnen.

Wie soll die fristlose Kündigung aussehen?

Damit sie wirksam werden kann, muss Ihre Kündigung eine Reihe von formalen Anforderungen erfüllen, die hin und wieder vergessen werden.

- Sie müssen die Kündigung schriftlich aussprechen und selbst unterschreiben.

- Bei mehreren Vermietern müssen alle die Kündigung schriftlich aussprechen und unterschreiben. Möglich ist auch eine Vollmacht. Sie müssen aber Ihrer Kündigung die Originalvollmacht beilegen.
- Sie müssen die Kündigung allen Mietern gegenüber aussprechen. Da bei Ehepaaren zumindest umstritten ist, ob nicht automatisch beide Mieter sind (gleichgültig, wer den Mietvertrag unterschrieben hat), sollten Sie in jedem Fall gegenüber beiden Partnern die Kündigung aussprechen.
- Sie müssen auf jeden Fall den Grund Ihrer fristlosen Kündigung nennen.

Wenn nur *eine* dieser Voraussetzungen nicht erfüllt ist, kann Ihr Mieter die fristlose Kündigung zurückweisen – und damit ist sie unwirksam. Weist er sie allerdings nicht zurück, ist sie trotz Formfehlers wirksam.

Bei der Formulierung können Sie sich an einen der folgenden Musterbriefe halten.

Wenn der Mieter zwei aufeinander folgende Zahlungstermine nicht eingehalten hat

MUSTER: KÜNDIGUNG 1

Sehr geehrter (Mieter),

für den vergangenen Monat haben Sie bisher keine Miete bezahlt. Nach unserem Mietvertrag ist die Miete jedoch spätestens am 3. Werktag jedes Kalendermonats fällig. Inzwischen haben wir bereits den ..... des neuen Monats, und auch die inzwischen fällige Miete haben Sie nicht beglichen.

Deshalb bin ich nach § 543 Abs. 2 Satz 3 Nr. 3a BGB berechtigt, den Mietvertrag mit Ihnen fristlos zu kündigen, was hiermit geschieht.

Ich fordere Sie auf, die Wohnung unverzüglich zu räumen und in einem vertragsgemäßen Zustand mit sämtlichen Schlüsseln bis spätestens .... (ca. 14 Tage nach Erhalt des Schreibens) an mich zurückzugeben. Sollte eine fristgerechte Räumung nicht erfolgen, werde ich ohne weitere Ankündigung Räumungsklage erheben. Selbstverständlich entbindet Sie diese fristlos Kündigung nicht von der Verpflichtung, die ausstehende Miete umgehend zu bezahlen. Einer Fortsetzung des Mietverhältnisses über den Kündigungszeitpunkt hinaus im Sinne von § 545 BGB wird bereits heute ausdrücklich widersprochen.

Mit freundlichen Grüßen

Wenn ein erheblicher Teil der Miete (mehr als eine Monatsmiete) für zwei aufeinander folgende Zahlungstermine aussteht

Das Schreiben bleibt im Wesentlichen gleich. Sie ersetzen nur den ersten Absatz. Den zweiten können Sie unverändert übernehmen. Denken Sie daran: Die Nebenkostenvorauszahlung gilt hier als Teil der Miete!

MUSTER

MUSTER: KÜNDIGUNG 2

Sehr geehrter (Mieter),

von der monatlichen Miete in Höhe von .... haben Sie im vergangenen Monat einen Teilbetrag in Höhe von .... und in diesem Monat nur .... überwiesen. Damit beträgt Ihr Zahlungsrückstand mehr als eine Monatsmiete.

Gemäß §§ 543 Abs. 2 Ziffer 3a, 569 Abs. 3 Ziffer 1 BGB bin ich berechtigt, das Mietverhältnis fristlos zu kündigen, was hiermit geschieht.

Mit freundlichen Grüßen

Wenn Ihr Mieter mit einem Betrag von mehr als zwei Monatsmieten in Rückstand ist

Auch hier brauchen Sie nur den ersten Absatz des ersten Schreibens zu verändern.

MUSTER: KÜNDIGUNG 3

> Sehr geehrter (Mieter),
>
> seit .... zahlen Sie Ihre Miete nur teilweise und unregelmäßig. Mittlerweile sind Sie mit ..... Euro im Rückstand. Dieser Betrag entspricht einer Summe von (mehr als) zwei Monatsmieten. Ihr Gesamtrückstand berechnet sich folgendermaßen:
>
> (Sie listen alle Zahlungseingänge auf; stellen die Mietforderungen gegenüber).
>
> Gemäß § 543 Abs.2 Ziffer 3b bin ich berechtigt, das Mietverhältnis fristlos zu kündigen, was hiermit geschieht.
>
> Mit freundlichen Grüßen

Wie Sie sicherstellen, dass die Kündigung Ihren Mieter garantiert erreicht

Für manche Mieter, die in Zahlungsverzug geraten sind, geht es vor allem um eines: Zeit zu gewinnen. Sie müssen damit rechnen, dass alle Widerspruchsmöglichkeiten ausgeschöpft werden. Und alle Ihre Schreiben „verloren gegangen" sind. Das Problem ist, dass Sie das Gegenteil schlecht beweisen können. Wie schaffen Sie es also, dass Ihre fristlose Kündigung so einen Mieter auch erreicht? Viele Vermieter sind überzeugt, sie müssten ihre Kündigung als Einschreiben mit Rückschein aufgeben. Doch das ist ein Irrtum. Ihr Mieter braucht das Einschreiben einfach nicht anzunehmen oder nicht abzuholen.

Und sogar wenn Sie einen Rückschein vorweisen können – beweiskräftig ist der noch lange nicht. Was tun Sie denn, wenn Ihr Mieter beteuert, er hätte einen leeren Umschlag von Ihnen bekommen?

Kurz gesagt, das Porto für das Einschreiben können Sie sich sparen. Der einzige sichere Weg führt über das Amtsgericht. Die Kündigung lassen Sie vom Gerichtsvollzieher zustellen. Das kostet nur unwesentlich mehr als das Einschreiben, Ihre Kündigung ist aber hieb- und stichfest.

Und wenn Ihr Mieter nie so sehr in Verzug gerät, dass Sie ihm fristlos kündigen können?

Wenn Ihr Mieter seine Zahlungen so einrichtet, dass er zwar ständig in Verzug ist, aber nie die kritische Grenze erreicht, dürfen Sie ihm tatsächlich nicht fristlos kündigen. Allerdings müssen Sie sein Verhalten auch nicht hinnehmen, denn durch den ständigen Zahlungsverzug hat er seine vertraglichen Pflichten „nicht unerheblich" verletzt, wie es im Juristendeutsch heißt. Schicken Sie ihm eine Kündigung – keine fristlose, sondern eine „ordentliche". Dabei müssen Sie die gleichen formalen Anforderungen einhalten wie bei der fristlosen Kündigung, zusätzlich aber die *Kündigungsfristen* berücksichtigen (→ S. 192). Ihr Schreiben könnte so aussehen:

MUSTER: KÜNDIGUNG 4

Sehr geehrter (Mieter),

seit ..... zahlen Sie Ihre Mieter immer wieder unregelmäßig, verspätet oder nur teilweise. Im Einzelnen haben Sie folgende Zahlungstermine nicht eingehalten:

(Hier folgt eine Gegenüberstellung der Zahlungstermine und der Zahlungseingänge)

Deshalb kündige ich hiermit das Mietverhältnis fristgerecht zum .... Ich bin nach § 573 Abs. 2 Ziffer 1 BGB zu dieser Kündigung berechtigt. Mit Ihrem Verhalten haben Sie Ihre vertragliche Zahlungspflicht erheblich verletzt. Ich habe daher ein besonderes Interesse an einer Beendigung des Mietverhältnisses. In diesem Zusammenhang weise ich Sie darauf hin, dass Ihnen nach § 574 BGB ein Widerspruchsrecht zusteht. Spätestens zwei Monate vor Beendigung des

Mitverhältnisses müsste Ihr Widerspruch mir gegenüber erklärt werden. In diesem Fall wäre Ihr Widerspruch im Einzelnen zu begründen.

Mit freundlichen Grüßen

Muss der Mieter nach der fristlosen Kündigung sofort ausziehen?

Eigentlich ist mit einer fristlosen Kündigung das Mietverhältnis *mit sofortiger Wirkung* beendet. Doch faktisch tritt dieser Fall so gut wie nie ein. Sogar wenn Ihr Mieter die fristlose Kündigung akzeptiert, müssen Sie ihm eine angemessene Frist einräumen, damit er ausziehen kann. Zwei Wochen gelten als ausreichend.

Wenn Ihr Mieter dann tatsächlich auszieht, sind Sie noch vergleichsweise glimpflich davongekommen. Denn der Gesetzgeber hat für Ihren säumigen Mieter noch eine breite Hintertür geöffnet: Wenn er auf einen Schlag den gesamten Mietrückstand bezahlt oder veranlasst, dass eine öffentliche Stelle (wie das Sozialamt) die Zahlung übernimmt, ist die fristlose Kündigung *unwirksam.*

Ist Ihr Mieter nach der von Ihnen gesetzten Frist noch nicht ausgezogen, sollten Sie unverzüglich eine Räumungsklage beim zuständigen Amtsgericht (wie beim Mahnbescheid) einreichen. Nach Zustellung der Räumungsklage hat Ihr Mieter noch zwei Monate Gelegenheit, die Kündigung abzuwenden. Indem er Ihnen wie erwähnt den gesamten Betrag erstattet – oder erstatten lässt.

Die Zwei-Monatsfrist gilt im Übrigen auch für die Kündigung wegen Nichtzahlung der Kaution. Allerdings kann der Mieter die Kündigung nur dann rückgängig machen, indem er sämtliche Rückstände begleicht – Miete und Kaution. Diese Regelung gilt mit einer geringfügigen Einschränkung: Wenn Sie Ihrem Mieter innerhalb der letzten zwei Jahre schon einmal wegen Zahlungsverzugs fristlos gekündigt haben, darf er von dieser Möglichkeit keinen Gebrauch machen.

Ihr Mieter ignoriert die Kündigung und bleibt wohnen

Wenn Ihr Mieter seine Schulden restlos begleicht, um wohnen zu bleiben, dann ist das ja gar nicht so ungünstig. Er muss Ihnen nämlich auch alle bis dahin entstandenen Kosten (Gerichts- und Anwaltskosten) erstatten. Weit schlechter sieht es aus, wenn Ihr Mieter die Kündigung schlicht und einfach ignoriert.

Sie sollten wissen: Trotz fristloser Kündigung kann der Mietvertrag wieder „aufleben" und sich auf unbestimmte Zeit verlängern, wenn der Mieter wohnen bleibt und Sie als Vermieter ihm nicht innerhalb von zwei Wochen erklären, dass Sie damit nicht einverstanden sind. Deshalb sollte in Ihrer Kündigung wie in unseren Beispielen der Satz auftauchen: „Einer Fortsetzung des Mietverhältnisses über den Kündigungszeitpunkt hinaus wird nach § 545 BGB bereits heute ausdrücklich widersprochen."

ACHTUNG

RÄUMUNGSKLAGE UND ZAHLUNGSKLAGE VERBINDEN?

Wenn Sie gegen Ihren Mieter prozessieren müssen, können Sie die Räumungsklage mit der Zahlungsklage verbinden. Das spart Gerichts- und Anwaltskosten, die ja erst einmal an Ihnen hängen bleiben. Allerdings hat die Sache einen Haken: Wenn es Ihr Mieter darauf anlegt, kann er durch allerlei Winkelzüge das Verfahren in die Länge ziehen. Zum Beispiel, indem er behauptet, die Wohnräume seien unbewohnbar und er hätte die Miete „gemindert". Oder die Miete sei „überhöht". Auch wenn diese Vorwürfe völlig aus der Luft gegriffen sind, muss das Gericht ihnen nachgehen. Der Vorteil für den Mieter: Er kann länger in der Wohnung bleiben – selbstverständlich ohne zu bezahlen. Wenn Sie Ihren Mieter so einschätzen, dann sollten Sie zunächst nur auf Räumung klagen – und erst danach auf die rückständige Miete.

Und noch etwas sollten Sie wissen: Nach einer Entscheidung des BGH können Sie auch darauf klagen, dass der Mieter sämtliche Kosten bis zur Räumung trägt. Also auch die Miete, die bei Erhebung der Klage noch gar nicht fällig ist. Voraussetzung ist allerdings, dass der Mieter mit seinen Zahlungen erheblich im Rückstand ist und daher zu befürchten ist, dass er auch künftig nicht zahlt (Urteil vom 4. Mai 2011, Az. VIII ZR 146/10).

Doppelt hält besser: die vorsorgliche Kündigung

Ihr Mieter kann zwar durch Zahlung der ausstehenden Summe verhindern, dass die fristlose Kündigung wirksam wird. Dieses Mittel hat er jedoch nicht bei einer „ordentlichen Kündigung“. Wenn Sie das Mietverhältnis also auf jeden Fall beenden wollen, sollten Sie in Ihrem Kündigungsschreiben den folgenden Absatz einschalten:

MUSTER: VORSORGLICHE KÜNDIGUNG

... Vorsorglich kündige ich zusätzlich das Mietverhältnis fristgerecht zum .... Zu dieser Kündigung bin ich nach § 573 Abs. 2 Ziffer 1 BGB berechtigt. Mit Ihrem Verhalten haben Sie Ihre vertragliche Zahlungspflicht erheblich verletzt. Ich habe daher ein besonderes Interesse an einer Beendigung des Mietverhältnisses. In diesem Zusammenhang weise ich Sie darauf hin, dass Ihnen nach § 574 BGB ein Widerspruchsrecht zusteht. Spätestens zwei Monate vor Beendigung des Mitverhältnisses müsste Ihr Widerspruch mir gegenüber schriftlich erklärt werden. In diesem Fall wäre Ihr Widerspruch im Einzelnen zu begründen.

Wenn nichts mehr hilft: die Zwangsräumung

Vor einem Prozess sollten Sie auf jeden Fall fachkundigen Rat einholen, in der Regel bei einem Anwalt. Beim Prozess gibt es zwar keinen Anwaltszwang, Sie müssen sich also nicht von einem Anwalt vertreten lassen, doch meist ist es ratsam, das zu tun.

Hat Ihre Räumungsklage Erfolg, erhalten Sie einen vollstreckbaren Räumungstitel. Der Mieter hat allerdings die Möglichkeit, die Räumungsfrist aufzuschieben, wenn er Berufung gegen das Urteil einlegt. Denn die Räumungsfrist beginnt erst, wenn das Urteil rechtskräftig ist. Die Zeitspanne zwischen fristloser Kündigung und Räumung ist daher nicht kalkulierbar und kann beträchtlich sein.

Ist das Urteil rechtskräftig, setzt der Gerichtsvollzieher einen Räumungstermin an und fordert von Ihnen entweder einen Umzugskostenvorschuss oder stellt Ihnen anheim, selbst ein Speditionsunternehmen zum Räumungstermin zu beauftragen. In den meisten Fällen kommt es jedoch gar nicht erst zur Räumung, weil der Mieter vorher auszieht.

Berliner Räumung hilft Kosten sparen

Durch die Mietrechtsreform 2013 ist nun die so genannte „Berliner Räumung“ im Gesetz verankert worden (§ 885a ZPO). Dabei beschränken Sie sich darauf, den Mieter vom Gerichtsvollzieher vor die Tür setzen zu lassen. Die Gegenstände, die sich noch in der Wohnung befinden, werden nicht geräumt, sondern Sie machen von Ihrem „Vermieterpfandrecht“ Gebrauch. Dadurch wird die Räumung für Vermieter wesentlich günstiger.

Bei der „Berliner Räumung“ protokolliert der Gerichtsvollzieher, welche Gegenstände sich in welchem Zustand in der Wohnung befunden haben. Dazu kann er auch Fotos von den Gegenständen machen. Als Vermieter müssen sie die Besitztümer Ihres Mieters „verwahren“, Unrat dürfen Sie wegwerfen. Einen Monat lang läuft die Aufbewahrungspflicht. Danach dürfen Sie sie „verwerten“, das heißt, zu Geld machen. Den Betrag müssen Sie bei einer öffentlichen Stelle hinterlegen, zum Beispiel beim Amtsgericht des Bezirks, in dem die Wohnung liegt.

Ihr Mieter braucht ein Dach über dem Kopf

Zugleich wird der Gerichtsvollzieher die Stadt bzw. Gemeinde informieren, um zu klären, ob dem Mieter ein Ersatzwohnraum zu Verfügung gestellt werden kann. Ist dies nicht der Fall, kann die Behörde Ihren Mieter zwangsweise in Ihre Wohnung einweisen! Allerdings nur für maximal sechs Monate. Während dieser Zeit übernimmt die Stadt (oder die Gemeinde) die gesamte Miete. Diese Regelung kommt für einen alleinstehenden Mieter allerdings kaum infrage. Er muss damit rechnen, in einem Obdachlosenasyl untergebracht zu werden.

SCHLIEßEN SIE EINE RECHTSSCHUTZVERSICHERUNG AB ACHTUNG

Ein zahlungsunfähiger Mieter kann Sie finanziell ruinieren. Einen gewissen Schutz dagegen bietet eine Rechtsschutzversicherung für Vermieter. Aber Sie sollten wissen: Die Prämien sind saftig und nicht jedes Risiko ist mitversichert. Sie müssen gut die Hälfte einer Monatsbruttomiete als Jahresprämie rechnen.

Handeln Sie nicht eigenmächtig!

Wenn die Mühlen der Justiz allzu langsam mahlen und Ihr Mieter nichts unversucht lässt, die Sache auf Ihre Kosten weiter in die Länge zu ziehen, dann mag es für manche Vermieter nahe liegen, die Dinge selbst in die Hand zu nehmen. Den Mieter zur Rede zu stellen und ihn mehr oder minder nachdrücklich zum Auszug zu „bewegen".

Vor solchen Aktionen kann nur dringend gewarnt werden. Auch wenn er keine Miete mehr bezahlt, das Recht auf eine geschützte Wohnung bleibt Ihrem Mieter uneingeschränkt erhalten. Er muss Sie nicht in die Wohnung lassen und Sie haben keinerlei Recht, sich zu „Ihrem" Wohneigentum Zutritt zu verschaffen. Sie dürfen nur – wie jeder andere auch – bis zu seiner Wohnungstür. Sie sollten ihn auch nicht nötigen (z. B. durch Sturmklingeln), Ihnen zu öffnen.

Tun Sie es dennoch oder bedrohen Sie Ihren Mieter sogar, dann riskieren Sie eine Gegenklage: Wegen Hausfriedensbruchs oder Nötigung. So verständlich Ihr Verhalten vielleicht sein mag, Sie verschlimmern Ihre Situation dadurch nur.

Wann dürfen Sie wieder in Ihre Wohnung?

Sie dürfen erst wieder in Ihre Wohnung hinein, wenn Ihr Mieter erkennbar ausgezogen ist. Oder wenn „Gefahr in Verzug" ist: Zum Beispiel weil Sie einen Wasserhahn rauschen hören (Überschwemmungsgefahr!) oder zu befürchten ist, dass die Heizung Schaden nimmt. Bevor Sie übereilt handeln, sprechen Sie unbedingt mit Ihrem Anwalt. Er sollte Ihnen sagen können, wann Sie sich Zutritt verschaffen dürfen.

Was tun bei Mietminderung?

BALKONTÜR DEFEKT: MIETERIN MINDERT DIE MIETE BEISPIEL

Brigitte Dammert ärgert sich. Die Balkontür schließt nicht richtig. Schriftlich fordert sie ihren Vermieter, Herrn Ahrens, auf, den Mangel zu beheben. Der reagiert nicht. Bei der nächsten Mietzahlung behält Frau Dammert 20 % der Miete ein. Keine Reaktion. Frau Dammert behält daraufhin 30 % ein. Herr Ahrens verspricht, den Schaden beheben zu lassen, fordert aber die einbehaltene Miete zurück. Frau Dammert weigert sich. Herr Ahrens droht mit Klage. Als die Balkontür repariert ist, zahlt Frau Dammert wieder die volle Miete. Doch die einbehaltene Summe will sie nicht zurückzahlen. Herr Ahrens unternimmt nichts. Einen Monat später steht ein Baugerüst vor dem Haus, Frau Dammert zahlt nun 10 % weniger Miete.

Die große Verunsicherung

Fast jeder kennt sie, doch kaum jemand weiß wirklich über sie Bescheid: Die Mietminderung. Bei Mietern und Vermietern herrscht große Unsicherheit darüber, unter welchen Voraussetzungen und vor allen Dingen *um wie viel* die Miete gemindert werden darf.

Das ist nicht weiter verwunderlich, denn es gibt keine allgemein verbindlichen Richtlinien, sondern nur eine Fülle von Gerichtsurteilen, die für den konkreten Einzelfall einen bestimmten Prozentsatz definiert haben, der zulässig ist.

Erschwert wird die Orientierung durch den Umstand, dass die Urteile eine beträchtliche Spannweite aufweisen. Das liegt aber auch in der Natur der Sache, denn es geht immer um die Beurteilung der Gesamtsituation: In einem Luxusappartement gelten andere Maßstäbe als für eine preiswerte Studentenunterkunft.

Einschränkungen im „Gebrauch der Mietsache"

Eines Tages schließt das Fenster nicht mehr richtig, die Heizung geht kaputt, die Wände bekommen Risse oder Sanierungsarbeiten an der Fassade lassen es zeitweilig nicht zu, dass der Mieter sein Arbeitszimmer nutzt. Solche Einschränkungen im „Gebrauch der Mietsache" können dazu führen, dass Ihr Mieter seine Zahlungen um einen bestimmten Anteil kürzt.

Dieses Recht steht ihm nach § 536 BGB gesetzlich zu. Treten erhebliche Mängel auf, muss er nicht mehr die volle Miete zahlen. Gleichzeitig ist der Mieter aber auch verpflichtet, Sie über diese Mängel umgehend zu informieren. Die Mietminderung selbst muss er allerdings nicht ankündigen.

Ab wann darf Ihr Mieter die Miete mindern?

Das Recht zur Mietminderung besteht von dem Zeitpunkt an, zu dem der Mangel *festgestellt* wird. Das heißt, der Mieter muss Sie zwar informieren, darf aber schon mindern und muss nicht erst abwarten, bis Sie ausreichend Gelegenheit hatten, den Mangel zu beheben.

Wenn Sie der Mieter über den Mangel nicht informiert

Unterlässt es der Mieter, Sie zu informieren, dann müssen Sie seine Mietminderung in aller Regel nicht hinnehmen (§ 536 c BGB). Als Ausnahmen lassen Sie die Gerichte nur gelten, wenn keine Abhilfe möglich war (z. B. bei einer Überschwemmung) oder Sie von dem Mangel bereits wussten.

Wenn Sie den Mangel gar nicht verschuldet haben

Es hält sich hartnäckig die Ansicht, dass der Mieter nur dann mindern kann, wenn der Vermieter für den Mangel verantwortlich ist. Doch das ist nicht so. Schlimmer noch: Der Mieter kann sogar dann mindern, wenn Sie selbst gar keine Möglichkeit haben, den beanstandeten Mangel zu beheben. Zum Beispiel bei Baulärm in der Nachbarschaft oder Geruchsbelästigungen durch eine nahe gelegene Imbissbude.

Wenn der Mieter den Mangel verschuldet hat

Auch das kommt vor. Mieter beanstanden Mängel, für die sie selbst verantwortlich sind. So weit geht das Recht zur Mietminderung aber nun auch wieder nicht. Wenn Sie also plausibel machen können, dass der beanstandete Mangel auf den „unsachgemäßen Gebrauch" durch den Mieter zurückzuführen ist, darf er nicht mindern.

Welche Voraussetzungen müssen gegeben sein?

Außer den bereits erwähnten Punkten müssen noch drei weitere Bedingungen erfüllt sein.

- Der Mangel darf „nicht unerheblich" sein, also kein Bagatellschaden.
- Der Mangel darf bei Abschluss des Mietvertrages dem Mieter nicht schon bekannt gewesen sein. Es sei denn, der Vermieter hat die Beseitigung des Schadens zugesichert – und dann nicht gehandelt.
- Der Mieter darf nicht wegen eines Mangels, den er vorher widerspruchslos akzeptiert hat, plötzlich die Miete mindern.

Beim letzten Punkt müssen Sie allerdings beachten, dass Ihr Mieter nach einer Mieterhöhung auch wegen „altbekannter Mängel" die Miete mindern kann. Allerdings darf er dann die Miete höchstens um den Betrag der Mieterhöhung mindern.

Drei Monate keine Mietminderung bei energetischer Modernisierung

Ausdrücklich vom Recht auf Mietminderung ausgeschlossen sind alle Beeinträchtigungen, die sich aus Umbaumaßnahmen ergeben, durch die Energie eingespart wird (§ 536 Abs. 1a BGB). Dazu gehören Maßnahmen zur Wärmedämmung, Austausch von Fenstern, Heizkesseln oder Isolierung von Heiz- oder Warmwasserrohren. Wichtig: Maßnahmen, durch die Wasser eingespart wird oder die dem Klimaschutz dienen, fallen nicht darunter!

Ansonsten gilt eine Sperre von drei Monaten. Taggenau gerechnet ab dem Beginn der Bauarbeiten. Müssen die Bauarbeiten unterbrochen werden, so läuft die Frist dennoch weiter! Betroffen sind natürlich nur Minderungsgründe, die sich aus diesen Maßnahmen ergeben. Gibt es darüber hinaus andere Mängel, so darf der Mieter weiterhin mindern. Und eines sollten Sie noch wissen: Kann der Mieter seine Wohnung nicht nutzen, so hilft auch die beste energetische Maßnahme nichts. In dieser Zeit muss er keine Miete zahlen.

Mietminderung, einbehaltene Miete oder Miete unter Vorbehalt

Über den Sinn der Mietminderung herrscht vielfach Unklarheit: In der Praxis sieht es meist so aus, dass der Mieter seinen Vermieter auf einen bestimmten Mangel wiederholt aufmerksam gemacht hat, ehe er die Miete mindert. Der Vermieter soll unter Druck gesetzt werden, den Schaden zu beheben.

Doch eigentlich hat die Mietminderung einen anderen Hintergrund. Man kann sie eher mit einem Preisnachlass für mangelhafte Ware vergleichen, wobei sich allerdings der Käufer die Freiheit nimmt, den Preis selbst festzulegen. Weil die Mietsache nicht mehr in Ordnung ist, wird nicht der „volle Preis" dafür bezahlt. Ob der Vermieter den Schaden wieder in Ordnung bringt oder nicht, steht dabei nicht im Vordergrund. Ja, in manchen Fällen liegt es gar nicht in seinem Einfluss, den Mangel zu beheben. Dennoch darf der Mieter die Miete mindern. Und zwar so lange, wie der Mangel besteht.

Mietminderung ist kein Druckmittel

Eine (berechtigte) Mietminderung können Sie selbstverständlich *nicht zurückfordern*, wenn Sie den Mangel behoben haben. Für eine verkorkste Urlaubsreise würden Sie ja auch nicht den vollen Preis nachzahlen, wenn der Veranstalter nach Ihrer Abreise alles wieder in Ordnung bringt. Aber wenn Sie das nächste Mal wieder mit demselben Veranstalter verreisen und alles ist in Ordnung, werden Sie erst gar nichts vom Preis abziehen. Ebenso ist es bei der Mietminderung: Wenn alles wieder in Ordnung kommt, muss die volle Miete bezahlt werden.

Mietzahlung unter Vorbehalt

Manche Mieter wollen keinen Streit mit Ihrem Vermieter riskieren und zahlen nur „unter Vorbehalt". Damit bringen sie zum Ausdruck, dass sie einen bestimmten Mangel nicht akzeptieren. Früher oder später müssen Sie damit rechnen, dass die Miete gemindert oder Teile davon einbehalten werden. Sie bekommen aber eine Chance, ohne finanziellen Verlust den Schaden zu beheben. Diese Chance sollten Sie nutzen. Dass der Mieter „unter Vorbehalt" zahlt, heißt im Übrigen nicht, dass er seine Miete ohne weiteres zurückverlangen kann, wenn Sie nicht tätig werden. In diesem Fall hätte er nämlich die Miete einbehalten können.

Der Mieter behält Teile der Miete ein

Dies ist nun das eigentliche Druckmittel, mit dem der Mieter den Vermieter dazu veranlassen kann, einen Mangel zu beheben: Teile der Miete werden zurückbehalten. Und zwar so lange, bis der Vermieter handelt. Dieses „Zurückbehaltungsrecht" kann der Mieter zusätzlich zur Mietminderung geltend machen. Natürlich nur, wenn der Vermieter den Mangel auch beheben kann. Bevor der Mieter einen Teil der Miete einbehalten darf, muss er den Vermieter auffordern, den betreffenden Schaden zu beseitigen.

Um seinen Forderungen Nachdruck zu verleihen, kann der Mieter das Drei- bis Fünffache des Minderungsbetrages einbehalten. In schweren Fällen wird er die Mietzahlung komplett einstellen. Allerdings muss er alle zurückgehaltenen Beträge nachzahlen, sobald der Mangel behoben ist.

Auch kleine Mängel betroffen

Das Zurückbehaltungsrecht besteht unabhängig vom Recht auf Mietminderung. Vielmehr geht es dabei um den Anspruch des Mieters auf Mängelbeseitigung. Davon können auch kleinere Mängel betroffen sein, die keine Mietminderung begründen, die der Mieter aber dennoch nicht hinnehmen muss.

Der Mieter hat den Mangel bei Abschluss des Mietvertrages nicht bemerkt

Wie erwähnt darf der Mieter nur solche Mängel beanstanden, die ihm bei Abschluss des Mietvertrages noch nicht bekannt waren. Stellt sich ein bestimmter Mangel erst später heraus, darf er jedoch auch nicht in jedem Fall die Miete mindern. Nämlich dann nicht, wenn jedem einigermaßen aufmerksamen Mieter der Mangel hätte auffallen müssen. Ihr Mieter kann sich also nicht darauf herausreden, dass er einen offensichtlichen Mangel nicht bemerkt hat.

Wie lange darf Ihr Mieter mindern?

Eine Mietminderung kann nur so lange aufrechterhalten werden, wie der beanstandete Mangel besteht. Allerdings ist es zulässig, dass Ihr Mieter, wenn er seine Miete im Voraus zahlt (heute der Regelfall), die Kürzung im darauf folgenden Monat geltend macht. In der Konsequenz heißt das auch, dass Mietminderungen, auf deren Ursachen Sie keinen Einfluss haben, bis zum Sankt Nimmerleinstag fortbestehen können.

Darf Ihr Mieter den Schaden selbst beheben und Ihnen die Rechnung schicken?

Im Prinzip hat Ihr Mieter ein „Selbstbeseitigungsrecht". Das heißt, er muss nicht in jedem Fall abwarten, bis Sie dafür sorgen, dass der Mangel beseitigt wird. Allerdings muss er Ihnen eine angemessene Frist setzen, den Schaden zu beheben. Erst dann, wenn Sie diese Frist haben verstreichen lassen, also „in Verzug gesetzt" worden sind, darf er tätig werden.

Anders liegt der Fall, wenn „Gefahr in Verzug" ist, bei einem umgestürzten Baum oder einem Rohrbruch etwa. Dann darf – und wird hoffentlich – Ihr Mieter sofort selbst das Nötige veranlassen.

Handelt es sich um einen Schaden, für den Sie aufkommen müssen (was bei einer Mietminderung ja vorauszusetzen ist), haben Sie selbstverständlich die Kosten zu tragen, auch wenn Ihr Mieter als Auftraggeber aufgetreten ist. Allenfalls wenn Ihr Mieter eine besonders teuere Firma beauftragt hat, können Sie sich weigern, die volle Summe zu übernehmen. Gleiches gilt für den Fall, dass er noch die eine oder andere „Zusatzleistung" hat ausführen lassen. Oder von mehreren möglichen Varianten die teuerste ausgewählt hat.

Können Sie sich gegen Mietminderung absichern?

Mietminderung ist natürlich eine sehr unangenehme Sache. Deshalb versuchen viele Vermieter durch bestimmte Klauseln im Mietvertrag die Mietminderung zu erschweren oder gar auszuschließen. Beides hat der Gesetzgeber jedoch ausdrücklich für unzulässig erklärt (§ 536 d BGB).

Sie können eine Mietminderung auch nicht dadurch ausschließen, dass Sie Ihren Mieter bei Vertragsabschluss eine Erklärung unterschreiben lassen, die Wohnung sei mangelfrei - wenn tatsächlich Mängel bestehen. Solche Vereinbarungen sind eher geeignet, eine Mietminderung zu fördern als sie zu vereiteln.

Hilfe durch das Übergabeprotokoll

ÜBERGABEPROTOKOLL ACHTUNG

Einen gewissen Schutz vor unberechtigten Mietminderungen bietet Ihnen das Übergabeprotokoll.

Alle Mängel, die im Übergabeprotokoll aufgeführt sind, hat der Mieter bei Abschluss des Mietvertrages ja zur Kenntnis genommen und durch den Vertragsabschluss akzeptiert. Dies gilt natürlich nur, wenn sich der Vermieter nicht verpflichtet hat, diese Mängel zu beheben. Dann wäre das Protokoll vielmehr ein Argument für die Mietminderung.

Haben Sie eine Einzugsermächtigung?

Eine eher psychologisch als juristisch wirksame Barriere bietet eine Vereinbarung im Mietvertrag, die den Mieter verpflichtet, Ihnen eine Einzugsermächtigung zu erteilen. Er hat zwar das Recht, eine Abbuchung innerhalb von sechs Wochen wieder rückgängig zu machen. Doch dürfte die Schwelle, von dieser Möglichkeit Gebrauch zu machen, höher liegen als bei einer monatlichen Überweisung.

Im Unterschied dazu ist es nicht zulässig, den Mieter zu einem Abbuchungsverfahren (Dauerauftrag) zu verpflichten, denn hier hat er keine Möglichkeit, die Zahlung im Nachhinein zu stornieren. Hat Ihr Mieter dennoch einen Dauerauftrag eingerichtet? Herzlichen Glückwunsch. Allerdings kann er ihn jederzeit ohne Angabe von Gründen wieder rückgängig machen. Das Gleiche gilt für den Fall, dass Ihnen Ihr Mieter eine Einzugsermächtigung erteilt hat, ohne vertraglich dazu verpflichtet zu sein.

Der Mieter ist beweispflichtig

Ein sehr wichtiger Punkt: Für Ihren Mieter genügt es nicht, den Mangel einfach nur zu konstatieren und dann die Miete zu kürzen. Im Zweifelsfall muss er in der Lage sein, den Beweis zu erbringen – und zwar nicht nur, dass dieser Mangel tatsächlich besteht, sondern auch dass mit diesem Mangel auch eine (je nach Höhe der Mietminderung) mehr oder minder schwere *Beeinträchtigung* verbunden ist.

In bestimmten Fällen kann das Ihren Mieter durchaus in Verlegenheit bringen. Er muss nämlich hieb- und stichfeste Beweise vorlegen, unter Umständen Zeugen benennen oder sich auf ein Sachverständigengutachten stützen. Für manche Mieter scheint das zwar eher Ansporn als Hindernis zu sein, doch im Normalfall bringt das die Mieter häufig dazu, von einer Mietminderung abzusehen. Schließlich bedeutet es ja einen gewissen Aufwand, Protokoll darüber zu führen, wann der Hund von nebenan bellt (und in welcher Lautstärke) oder die Nachbarn im Innenhof den Grill anwerfen. Und dabei ist nicht einmal sicher, dass das Gericht solche Beweise überhaupt gelten lässt.

Welche Mängel werden geltend gemacht?

Es gibt kaum eine Beeinträchtigung des häuslichen Lebens, die nicht schon Anlass einer Mietminderung gewesen ist. Vom Kinderlärm (10 % Minderung), dem schlechten Fernsehempfang (10 %), streunenden Katzen

(15 %) oder den bereits erwähnten Imbissbuden in der Nachbarschaft (20 %) bis hin zu überschwemmten, feuchten oder formaldehydbelasteten Wohnräumen (20 bis 100 %). Bindende Berechnungsmethoden zur Ermittlung einer begründeten Mietminderung gibt es nicht. Unsere Tabelle ab Seite 107 kann Ihnen daher nur einen sehr vagen Anhaltspunkt geben, zumal die Gerichte keineswegs einheitlich entscheiden.

Außerdem sind folgende Kriterien entscheidend:

- Größe der Wohnung
- Qualität der Mieträume, Höhe der Miete
- Lage der Wohnung bzw. des Hauses
- „Ortsüblichkeit"
- Jahreszeit (bei Heizung, undichten Fenstern etc.)

Nicht jede Unannehmlichkeit muss gleich zu einer Mietminderung berechtigen. In einigen Fällen werden die Gerichte auch urteilen, dass der Mieter den Mangel schlicht hinnehmen muss. Dies gilt vor allem, wenn der Mangel „ortsüblich" ist: Gaststättenlärm in einem Kneipenviertel wird in aller Regel keine Mietminderung begründen, in einem reinen Wohnviertel dürfte das anders sein.

SPIELENDE KINDER ALS MIETMINDERUNGSGRUND? BEISPIEL

Es mag überraschend sein, zumal in einem Land, das nicht gerade mit Kinderreichtum gesegnet ist: Doch der „Lärm durch kinderreiche Mitmieter" (11 % Abschlag) oder der „Lärm durch einen angrenzenden Kindergarten" (15-20 %) sind durchaus gerichtlich anerkannte Gründe, die Miete zu mindern. Allerdings muss man hinzufügen, dass die Gerichte (wenn der Anschein nicht trügt) in jüngerer Zeit tendenziell etwas „kinderfreundlicher" urteilen.

Abschläge auf die Bruttomiete oder die „Kaltmiete"?

Als wenn die Situation nicht schon unklar genug wäre, ist schließlich noch umstritten, von welcher Miete die Minderung überhaupt abzurechnen ist: Von der Kaltmiete oder von der Miete mit allen Nebenkosten bzw. den Vorauszahlungen für die Nebenkosten? Zwar erscheint letzteres nur schwer nachvollziehbar, auch stellt sich dann das Problem, wie denn über die Nebenkosten noch korrekt abgerechnet soll. Und doch wurden gerichtlich schon beide Methoden angewandt.

Mietminderungstabelle

Die folgende Tabelle enthält Mietminderungsquoten, die von den Gerichten entweder bestätigt oder neu festgelegt wurden. Die Werte können nur einen sehr ungefähren Anhaltspunkt geben, manche „Ungereimtheiten" erklären sich dadurch, dass auch über sehr unterschiedliche Objekte geurteilt wurde.

TABELLE **MINDESTMINDERUNGSTABELLE**

MÄNGEL	MIETMINDERUNG IN % (ORIENTIERUNGSWERT)
Abwasserinstallation defekt, Austritt von Fäkalien aus WC und Badewanne	38 %
Backofen/Herd nicht nutzbar	3-5 %
Bad: undichte Rohre und schwergängige Fenster	10 %
Badewanne nicht nutzbar	20 %
Balkon nicht nutzbar wegen herumstreunender Katzen	15 %
Bauarbeiten (erhebliche) in und am Haus, Dauer: sechs Monate	22 %
Bauordnungsvorschriften nicht eingehalten	bis 33 %
Beheizung während Heizperiode mangelhaft	5-15 %
Briefkasten fehlt, Postzustellung deshalb nicht möglich	3 %
Durchfeuchtung (sehr stark) der gesamten Wohnung	93 %

MÄNGEL	**MIETMINDERUNG IN % (ORIENTIERUNGSWERT)**
Durchfeuchtung der Zimmerdecke	8 %
Durchschnittstemperatur nur 15° C	25-30 %
Dusche nicht betriebsbereit	16 %
Eingangstür (Treppenhaus) nicht abschließbar	5 %
Einsturzgefahr der Wohnzimmerdecke	30 %
Energieverschwendung durch überdimensionierten Heizkessel	10-15 %
Fenster blind wegen Feuchtigkeit	10 %
Fenster alle undicht, Wohnung deshalb feucht	50 %
Fenster luftdurchlässig und schwer schließbar	10 %
Fenster nicht verschließbar	10 %
Fenster und Haustür undicht	10 %
Fenster undicht	5 %
Fensterläden nachträglich entfernt	10 %
Feuchtigkeit (hohe) der Wohnung	20 %
Feuchtigkeit im Bad	10 %
Feuchtigkeit im Keller	5 %
Feuchtigkeit im Schlaf- und Kinderzimmer	10 %
Feuchtigkeit mit Schimmelpilzbefall	20 %
Fluglärm, erhebliche Lärmbelästigung	8,5-10 %
Formaldehyd-Konzentration gesundheitsgefährdend	56 %
Fußboden sehr kalt wegen mangelnder Wärmedämmung	30 %
Geräuschbelästigung durch defekte Maschinen	20 %
Geräusche aus Nachbarwohnung durch normales Wohnverhalten	0 %
Geringfügige Mängel	0 %
Hausmüllschlucker dauernd defekt	2,5 %
Heizung rauscht, kracht, klopft	10-17 %
Heizungsanlage ausgefallen	25 %
Heizungsausfall (Oktober)	20 %

MÄNGEL	MIETMINDERUNG IN % (ORIENTIERUNGSWERT)
Heizungsausfall (totaler) während der gesamten Heizperiode	100 %
Heizungsausfall im Schlafzimmer (Februar)	20 %
Herd/Backofen nicht nutzbar	3-5 %
Isolierung mangelhaft, 25 % Wärmeverlust	25 %
Kakerlaken- und Mäusebefall (monatelang)	10 %
Kinderspielplatz, Sandkiste nicht vorhanden	5 %
Lärm durch angrenzenden Kindergarten	15 %
Lärmbelästigung (erhebliche) durch Gaststätte bis 1 Uhr nachts	37 %
Lärmbelästigung durch Bauarbeiten	15-60 %
Lärmbelästigung durch Mitmieter	10 %
Leitungswasser rostig	10 %
Nachtruhestörung	20-30 %
Neubaufeuchtigkeit	0 %
Nitratgehalt im Wasser gesundheitsgefährdend	10 %
Prostitution im Haus	25 %
Regenwasser tropft durch Zimmerdecke	50 %
Schallisolierung teilweise mangelhaft	10 %
Schimmelbildung	10-15 %
Taubenhaltung auf dem Nachbargrundstück	25 %
Taubenhaltung des Vermieters, erhebliche Beeinträchtigung	25 %
Toilette ohne Fenster, Lüftung defekt	5 %
Überschwemmungsschaden, Teppichboden riecht unerträglich	80 %
Unbewohnbarkeit der Wohnung	100 %
Warmwasser fehlt	10-30 %
Waschküche und Trockenraum, keine Nutzungserlaubnis	5-10 %
Wasser dringt durch Zimmerdecke (Naturkatastrophe)	30 %
Wasserschaden (Wohnzimmerdecke und Wände)	25 %
Wohnungstür fehlt	15 %

MÄNGEL	MIETMINDERUNG IN % (ORIENTIERUNGSWERT)
Wohnzimmer unbenutzbar wegen eingedrungenen Wassers, Möbel müssen in anderen Räumen gelagert werden	50 %
Zugluft (starke) wegen undichter Fenster und Türen	20 %

Mietminderung nach der „Hamburger Tabelle"

Einen weiteren Anhaltspunkt, um wie viele Prozentpunkte Ihr Mieter mindern darf, liefert die so genannte „Hamburger Tabelle". Dabei wird für jeden Raum der Wohnung ein prozentualer Wohnwert festgelegt. Zum Beispiel nach folgendem Muster:

RAUM	WOHNWERT
• Wohnzimmer	28 %
• Arbeitszimmer	20 %
• Schlafzimmer	12 %
• Küche	10 %
• Bad	10 %
• Abstellräume	7 %
• Gäste-WC	3 %
• Balkon	10 %
Gesamt	100 %

Sind einzelne Räume nicht nutzbar, zum Beispiel weil sie sich nicht heizen lassen, so kann die Miete entsprechend gemindert werden. Lassen sich Räume immerhin eingeschränkt nutzen, so kann nur anteilig gemindert werden. Im Übrigen sollten Sie darauf bestehen, dass tagesgenau abgerechnet wird.

DIE HEIZUNG FÄLLT AUS

Mitten im Winter geht in einer Dreizimmerwohnung (Ausstattung wie in der Tabelle angegeben) die Heizung im Wohnzimmer kaputt. Nach zwei Wochen ist sie wieder funktionstüchtig. Nach der Hamburger Tabelle kann der Mieter die Monatsmiete um 14 % mindern.

Vielleicht merken Sie schon: Mietminderungen nach der „Hamburger Tabelle" fallen deutlich undramatischer aus. Weil aber der gesamte Wohnwert berücksichtigt werden muss, tun Sie gut daran, einige Prozentpunkte hinzuzurechnen. Doch letztlich geht es für Sie ja ohnehin nur darum zu entscheiden, ob die Mietminderung überhöht ist oder nicht.

Was tun, wenn die Mietminderung nicht berechtigt ist?

Als Erstes sollten Sie die Gründe Ihres Mieters ernsthaft überprüfen (siehe unten). Haben Sie Zweifel, ob sie stichhaltig sind? Dann setzen Sie sich mit ihm in Verbindung. Oft hilft ein Gespräch, Konflikte zu schlichten, Missverständnisse auszuräumen. Vielleicht finden Sie ja eine einvernehmliche Lösung. Oder der Mieter wollte einfach nur erreichen, dass Sie ihm Ihre Aufmerksamkeit schenken. Führt ein solches Gespräch jedoch zu keinem Ergebnis oder ist es gar nicht erst möglich, so sollten Sie Ihrem Mieter schriftlich eine Frist setzen, bis zu der er die ausstehende Miete zu zahlen hat. Ihr Schreiben könnte so aussehen:

MUSTER: ZURÜCKWEISUNG MIETMINDERUNG

Sehr geehrter (Mieter),

seit .... zahlen Sie Ihre Miete nur noch unvollständig. Anstatt .... Euro haben Sie nur .... Euro überwiesen. Als Begründung führen Sie eine Mietminde-

> rung an, und zwar wegen ....
>
> Das Recht auf Mietminderung steht Ihnen nach § 536 BGB jedoch nur zu, wenn an der Mietsache ein Fehler besteht, der ihre Tauglichkeit zum vertragsgemäßen Gebrauch aufhebt oder mindert. Eine unerhebliche Minderung bleibt außer Betracht.
>
> Daher kann ich Ihre Begründung nicht akzeptieren. Ich fordere Sie auf, die ausstehende Miete umgehend auf mein Konto zu überweisen, spätestens aber bis .... Sollte bis dahin die Miete nicht eingegangen sein, sehe ich mich gezwungen, die Miete gerichtlich einzuklagen, wobei Sie die Kosten zu tragen hätten.
>
> Mit freundlichen Grüßen

Zahlt er nicht, sollten Sie nicht zögern, ihn zu verklagen. Vor Gericht muss der Mieter nachweisen, dass der Mangel besteht und dass er ihn rechtzeitig angezeigt hat. Ihre Bemühungen hingegen sollten darauf abzielen zu zeigen, dass der Mangel unerheblich ist, dass der Mieter ihn selbst verschuldet oder dass er bereits bei Vertragsabschluss davon wusste.

Was tun, wenn die Mietminderung zu hoch ist?

Grundsätzlich ist die Mietminderung ein legitimes Mittel des Mieters, seine Ansprüche auf Mängelbeseitigung durchzusetzen. Halten Sie die Mietminderung in der Sache zwar für berechtigt, aber für überhöht, so gibt es zwei Möglichkeiten zu reagieren: Entweder einigen Sie sich mit Ihrem Mieter auf eine niedrigere Summe oder Sie lassen gerichtlich prüfen, welche Mietminderung angemessen ist.

Dürfen Sie dem Mieter kündigen?

Wegen einer Mietminderung dürfen Sie nicht kündigen. Auch nicht wenn Sie die Minderung für unberechtigt oder zu hoch halten. Etwas anderes gilt nur, wenn die Mietminderung offensichtlich vorgeschoben ist und es sich in Wahrheit um einen Zahlungsverzug (→ S. 102) handelt. Dann können Sie Ihrem Mieter unter Umständen sogar fristlos kündigen. Ein Kündigungsrecht haben Sie außerdem, wenn der Mieter „schuldhaft vollkommen überhöht" gemindert hat. Doch eine solche „schuldhafte" Überhöhung dürfte nicht leicht nachzuweisen sein.

Das beste Mittel gegen Mietminderung: Lassen Sie die Mängel beseitigen

Die Mängel sollten Sie durch Fachleute umgehend überprüfen und, soweit erforderlich, beheben lassen. So sind Sie auf der sicheren Seite und schaffen das Problem möglichst rasch aus der Welt. So halten Sie den Schaden geringer als wenn Sie gar nicht reagieren. Dadurch bringen Sie nämlich Ihren Mieter womöglich erst „auf den Geschmack" und er wird in Zukunft aus weit geringerem Anlass die Miete mindern.

Wenn Sie eine Mängelanzeige Ihres Mieters ignorieren, riskieren Sie eine Menge vermeidbaren Ärger: Vom Zurückbehaltungsrecht des Mieters war bereits die Rede (→ S. 121). Doch das ist noch nicht alles: In schwer wiegenden Fällen kann der Mieter Klage erheben und Sie gerichtlich zwingen, die Mängel zu beseitigen. Außerdem kann er fristlos kündigen und Sie unter Umständen zusätzlich auf Schadensersatz verklagen.

Wenn Sie den Mangel gar nicht abstellen können?

Besonders bitter ist die Situation, wenn Sie gar keine Abhilfe schaffen können. In diesem Fall sollten Sie besonders genau prüfen (lassen), ob eine Mietminderung in dieser Höhe berechtigt ist. Denn Sie riskieren, auf unabsehbare Zeit keine volle Miete zu erhalten. Daher empfiehlt es sich, fachkundigen Rat zu suchen oder auch einen Rechtsanwalt einzuschalten, der sich in diesen Fragen auskennt.

Zeichnet sich ab, dass die Mietminderung in dieser Höhe vom Gericht anerkannt werden dürfte, sollten Sie die Möglichkeit prüfen, den eigentlichen Verursacher des Mangels auf Schadensersatz zu verklagen. Das kann durchaus auch ein anderer Mieter sein. Haben Sie Erfolg, muss er Ihnen die volle Höhe der Mietminderung ersetzen. Einige dürften sich dadurch veranlasst sehen, den Mangel abzustellen. Ungünstig nur, wenn Sie niemanden verantwortlich machen können. Dann müssen Sie alleine für den Schaden aufkommen.

Sie wollen die Miete erhöhen

MIETERHÖHUNG LÄSST MIETER KALT BEISPIEL

Drei Jahre lang ist die Miete stabil geblieben. Dann will Wolfgang Sonner die Miete für seine Dreizimmerwohnung um 60 Euro anheben. Er kündigt die Mieterhöhung seinem Mieter, Herrn Jürgs, fristgerecht an, doch der ist nicht bereit, mehr zu bezahlen. Herr Sonner lässt durchblicken, dass er ihm kündigen werde, aber davon lässt sich der Mieter nicht beeindrucken. Herr Sonner droht an, die Mieterhöhung notfalls gerichtlich durchzusetzen, doch Herr Jürgs reagiert auch darauf nicht. Herr Sonner wendet sich an seinen Rechtsanwalt und erfährt, dass er mit seiner Mieterhöhung noch einmal ganz von vorne anfangen kann.

Die Miete steigt nicht von allein

Bekanntlich wird alles teurer. Also liegt es nahe, von Zeit zu Zeit auch die Miete dem gestiegenen Preisniveau anzupassen. Doch so einfach, wie manche Vermieter meinen, ist das gar nicht. Darauf werden sie oftmals erst dann aufmerksam, wenn ihr Mieter eine Mieterhöhung nicht hinnimmt. Dann geraten sie in Erklärungsnot und beginnen sich erst jetzt mit der Rechtslage zu befassen. Nicht selten werden solche Erhöhungsvorhaben dann abgeblasen. Keine günstigen Voraussetzungen für die nächste Mieterhöhung.

Wichtig: Die folgenden Regelungen gelten für das normale Mietverhältnis, das auf Dauer angelegt ist. Wenn Sie möblierte Zimmer oder Appartements in einem Wohnheim vermieten, haben die Bestimmungen für Sie keine Bedeutung.

Neues Recht

Bis zum 1. September 2001 galt ein eigenes Gesetz, das „Gesetz zur Regelung der Miethöhe“ (MHG). Nunmehr ist die Mieterhöhung im BGB geregelt (§§ 557-561). Die neuen Bestimmungen weichen nicht dramatisch vom alten MHG ab, das mit Einschränkungen noch für Mieterhöhungsverlangen gilt, die vor dem 1. September 2001 dem Mieter zugegangen sind.

Die vier Wege zur Mieterhöhung

Rechtlich stehen Ihnen damals wie heute vier Möglichkeiten offen, die Miete zu erhöhen. Und zwar durch

- eine einvernehmliche Vereinbarung,
- ein förmliches Mieterhöhungsverlangen
- die Festsetzung einer Staffelmiete oder
- die Festsetzung einer Indexmiete (Wertsicherungsklausel)

Welchen Weg Sie beschreiten wollen, müssen Sie bereits im Mietvertrag festlegen. Und Sie können nicht ohne weiteres von der einen zur anderen Methode wechseln. Hierzu müssten Sie Ihren Mietvertrag ändern oder ergänzen.

Die einvernehmliche Vereinbarung

Manchmal ist die Mieterhöhung ganz einfach: Wenn nämlich der Mieter damit einverstanden ist. Sie brauchen keinen Mietspiegel, keine Vergleichswohnungen, keinen Lebenshaltungskosten-Index und keine ausführlichen Berechnungen und Begründungen. Das Einzige, was Sie benötigen, ist ein vertrauensvolles Verhältnis zu Ihrem Mieter und seine Unterschrift unter einer Einverständniserklärung.

Den Mieter nicht überrumpeln

Sie sind jedoch gut beraten, Ihren Mieter mit so einer Erklärung nicht zu überfallen und ihm die Unterschrift abzunötigen. Abgesehen von dem wenig seriösen Vorgehen könnte sich Ihr Mieter veranlasst sehen, sein Einverständnis zu widerrufen – was nach dem „Gesetz über den Widerruf von Haustürgeschäften" zumindest denkbar wäre. Das Oberlandesgericht Koblenz hat jedenfalls in einem ähnlich gelagerten Fall eine Staffelmietvereinbarung unter Berufung auf das erwähnte Gesetz gekippt (WM 1994, S. 257).

Wenn Sie sichergehen wollen, müssen Sie Ihrem Mieter eine Woche Frist einräumen, sein Einverständnis schriftlich zu widerrufen. Über dieses Recht zum Widerruf müssen Sie Ihren Mieter schriftlich belehren. Unterlassen Sie das, könnte er theoretisch seine Zustimmung jederzeit wieder rückgängig machen.

Allerdings ist eine solche Absicherung nur dann am Platz, wenn Sie „geschäftsmäßig" handeln. Der Vermieter einer einzigen Wohnung, der in erster Linie als „Privatperson" tätig ist, dürfte kaum unter das „Gesetz über den Widerruf von Haustürgeschäften" fallen.

Warum sollte Ihr Mieter zustimmen?

Für den Vermieter ist die einvernehmliche Vereinbarung ohne Zweifel am attraktivsten. Es gibt nur einen Haken: Sie ist davon abhängig, dass der Mieter zustimmt. Doch weshalb sollte der Mieter überhaupt seine Zustimmung erteilen und freiwillig eine höhere Miete zahlen?

- Der Mieter kennt seine rechtlichen Möglichkeiten nicht.
- Der Mieter muss damit rechnen, dass er bei einer „förmlichen Mieterhöhung" ungünstiger abschneidet.

Auf die Ahnungslosigkeit Ihres Mieters sollten Sie sich nicht allzu sehr verlassen. Gerade wenn die Mieterhöhung etwas „happig" ausfällt, sollten Sie damit rechnen, dass Ihr Mieter mit Ihrem Schreiben mal unverbindlich bei der Mieterberatung vorbeischaut – und es dann in den Papierkorb wirft.

Der zweite Grund hat schon mehr Gewicht. Er setzt voraus, dass Sie ein halbwegs vertrauensvolles Verhältnis zu Ihrem Mieter haben und Ihre

Möglichkeiten tatsächlich nicht „voll ausreizen“, sondern nur moderat erhöhen. Denken Sie dabei an den Aufwand, der Ihnen erspart bleibt.

ACHTUNG

VEREINBAREN SIE EINE MIETBINDUNGSFRIST

Sie sollten also Ihrem Mieter ein wenig entgegenkommen. Das können Sie übrigens auch, indem Sie eine Mietbindungsfrist vereinbaren, also einen Zeitraum, in dem die Miete garantiert fix bleibt. Für Sie ergeben sich vermutlich keine größeren Nachteile, auf Ihren Mieter könnte eine solche Vereinbarung aber sehr beruhigend wirken.

Förmliches Mieterhöhungsverlangen

Gelingt es Ihnen nicht, zu einer „einvernehmlichen Lösung“ zu kommen, dann müssen Sie den steinigen Weg eines „förmlichen Mieterhöhungsverlangens“ gehen. Das heißt, Sie müssen alles genau darlegen und schriftlich begründen. Als Gründe kommen in Betracht:

- Modernisierung (§ 559 BGB)
- Erhöhung der Betriebskosten (§ 560 BGB)
- Erhöhung der Miete bis zur „ortsüblichen Vergleichsmiete“ (§ 558 BGB)

Auch hier muss der Mieter zustimmen, damit die Mieterhöhung wirksam werden kann. Anders aber als bei der „einvernehmlichen“ Lösung haben Sie hier einen Anspruch auf die Mieterhöhung, den Sie notfalls auch gerichtlich einklagen können, wenn der Mieter seine Zustimmung verweigert. Bei allen drei Fällen sind zahlreiche Dinge zu beachten. Daher sollen sie später einzeln beleuchtet werden.

Die Staffelmiete

Einige Vermieter legen die Mieterhöhungen schon im Voraus vertraglich fest. Durch einen Staffelmietvertrag, für den es nunmehr keine zeitliche Höchstgrenze gibt. Vor der Mietrechtsreform galten zehn Jahre als maximal zulässig. Diese Frist hat keinerlei Einfluss auf die Dauer des Vertrages. Ein Staffelmietvertrag ist nicht notwendigerweise ein Zeitmietvertrag, sondern nicht selten ein Vertrag auf unbestimmte Zeit. Mieter und Vermieter können ihn also unter Einhaltung der gesetzlichen Bestimmungen und Fristen jederzeit kündigen.

Zeitmietvertrag auf vier Jahre befristen

Die Staffelmiete kann auch mit einem Zeitmietvertrag verbunden werden. Dabei bleibt der Mieter jedoch höchstens für die Dauer von vier Jahren gebunden, darf in dieser Zeit also nicht „ordentlich" kündigen (sondern allenfalls von einem „Sonderkündigungsrecht" Gebrauch machen (→ S. 161). Für den Vermieter gilt diese Vierjahres-Höchstgrenze nicht.

Vorzüge der Staffelmiete

Die Staffelmiete ist eine bequeme Sache. Keinen Ärger mehr mit Mieterhöhungen, kein Gefeilsche und kein Gerechne. Die Miete steigt mäßig, aber vor allem regelmäßig. Mieter und Vermieter wissen auf lange Sicht ganz genau, was sie finanziell zu erwarten haben. Mit diesem Argument lässt sich die Staffelmiete auch manchen Mietern schmackhaft machen.

Der zweite Vorteil dürfte bei Ihrem Mieter allerdings auf weniger Sympathie stoßen: Die Miete ist nun nicht mehr an die Entwicklung der „ortsüblichen Vergleichsmiete" (→ S. 147) gebunden. Unter Umständen steigt sie also stärker als andere Wohnungsmieten und erreicht ein Niveau, das beträchtlich über dem „ortsüblichen" liegt. Solange sie nicht die etwas anrüchigen Höhen einer „preisüberhöhten Miete" (gemäß §5 Wirtschaftsstrafgesetz) oder gar einer „Wuchermiete" (gemäß § 302 Strafgesetzbuch) erreicht, ist das gesetzlich in Ordnung.

- Eine preisüberhöhte Miete liegt vor, wenn die ortsübliche Vergleichsmiete um 20 % überschritten wird. Das ist eine Ordnungswidrigkeit.
- Eine „Wuchermiete" übersteigt die ortsübliche Vergleichsmiete um mehr als 50 %. Sie gilt als Straftat.

Unabhängig von weiteren (strafrechtlichen) Konsequenzen würde die Miete auf das ortsübliche Niveau gesenkt und nicht auf einen gerade noch zulässigen Betrag.

Keine Garantie

In Zeiten anziehender Inflation und steigender Mieten kann sich dieser vermeintliche Vorteil für den Vermieter allerdings schnell umkehren. Sie sollten sich also gut überlegen, für wie viel Jahre Sie die Miete im Voraus festlegen wollen. Sicherer sind auf jeden Fall überschaubare Fristen. Und denken Sie daran: Ihr Mieter kommt im Ernstfall leichter aus einem nachteiligen Vertrag heraus als Sie.

So vereinbaren Sie die Staffelmiete

Eine Staffelmietvereinbarung ist Teil des Mietvertrages. In dieser Vereinbarung müssen Sie nach dem Datum entweder den steigenden Mietbetrag in voller Höhe ausweisen oder aber den jeweiligen Erhöhungsbetrag angeben. Formulierungen wie „erhöht sich die Miete um 8 %" sind nicht zulässig. Eine solche Staffelmietvereinbarung wäre unwirksam.

Außerdem ist es gesetzlich vorgeschrieben, dass die Miete mindestens ein Jahr unverändert bleiben muss. Es bleibt Ihnen natürlich unbenommen, die Miete erst nach zwei oder drei Jahren zu erhöhen. Die einzelnen „Staffeln" müssen auch nicht den gleichen Abstand haben.

FÜR GESCHÄFTSRÄUME GELTEN WENIGER STRENGE REGELUNGEN ACHTUNG

Alle angesprochenen Einschränkungen gelten nur für die Wohnraummiete. Vermieten Sie Geschäftsräume, können Sie in kürzeren Abständen die Miete erhöhen, dem Mieter steht kein Kündigungsrecht nach vier Jahren zu und es steht Ihnen frei, Ihre Mieterhöhungen in Prozenten auszudrücken.

Keine Mieterhöhungen wegen Modernisierung möglich

Auch das gilt es zu bedenken: Haben Sie eine Staffelmietvereinbarung getroffen, so können Sie nicht noch nach § 559 BGB wegen einer Modernisierung die Miete erhöhen. Eine Erhöhung wegen gestiegener Betriebskosten (§ 560 BGB) ist hingegen möglich.

Was gilt, wenn die Staffelmietvereinbarung ausläuft?

Ist die Frist abgelaufen, für die eine Staffelmiete vereinbart wurde, so haben die Vertragsparteien zwei Möglichkeiten:

- Sie verständigen sich auf eine neue Staffelmietvereinbarung.
- Mieterhöhungen sind nur noch durch einvernehmliche Vereinbarung, Erhöhung auf die „ortsübliche Vergleichsmiete“ oder Modernisierung möglich.

Weder Mieter noch Vermieter haben Anspruch darauf, dass eine neue Staffelmiete vereinbart wird.

Die Indexmiete

Bislang erfreut sie sich nur mäßiger Beliebtheit. Doch das könnte sich ändern, denn die etwas sperrigen und verwirrenden Bestimmungen des alten MHG sind mit dem neuen Mietrecht weggefallen.

Die Grundidee ist sehr einfach: Die Miethöhe wird an die Entwicklung der Lebenshaltungskosten angekoppelt. Ihrem Anspruch nach ist die Indexmiete eine besonders faire Lösung für Mieter und Vermieter. Denn im Unterschied zur Staffelmiete, bei der jede Partei das Risiko eingeht, sich auf lange Sicht übervorteilen zu lassen, berücksichtigt die Indexmiete unvorhergesehene Preisentwicklungen. Die Gefahr, dass sich bei steigender Inflation die Kostenschere immer weiter öffnet und Sie auf einer Niedrigpreismiete kleben bleiben, ist geringer.

Eine mieterfreundliche Lösung?

Auch für Ihren Mieter kann der Gedanke beruhigend sein, dass ihm die Miete nicht davon galoppieren kann, sondern an das allgemeine Preisniveau gebunden bleibt. Darüber hinaus kann es auch psychologisch von Vorteil sein, wenn die Miethöhe an einen vergleichsweise objektiven Maßstab gebunden wird und nicht von einer vermeintlichen „Vermieterwillkür" abhängt.

Vom Mietmarkt abgekoppelt

Das wichtigste Argument gegen eine Indexmiete: Nicht selten steigt das Mietniveau stärker als die allgemeinen Lebenshaltungskosten, die zudem eine recht abstrakte Größe sind. Auf dem Mietmarkt spielen hingegen lokale Einflussfaktoren eine entscheidende Rolle, die von dem deutschlandweiten Preisindex natürlich nicht erfasst werden. Das kann sich im Einzelfall natürlich auch mal positiv für den Vermieter auswirken. Wenn nämlich die lokalen Mietpreise stagnieren und die Lebenshaltungskosten (z. B. wegen gestiegener Energiepreise) nach oben schießen.

Was müssen Sie bei der Indexmiete beachten?

Wie die Staffelmiete müssen Sie die Indexmiete schriftlich vereinbaren. In aller Regel geschieht dies im Mietvertrag. Bislang musste der Vermieter für mindestens zehn Jahre (!) auf das Recht zur ordentlichen Kündigung verzichten. Diese Regelung besteht nicht mehr. Eine Mindestlaufzeit für die Indexmiete gibt es nicht.

In einem weiteren Punkt schafft das neue Mietrecht Vereinheitlichung. Bislang konnten nämlich alle möglichen Indices herangezogen werden; sie mussten nur vorher genau definiert worden sein. Nunmehr gilt nur noch der Preisindex für die „Lebenshaltungskosten aller privaten Haushalte in Deutschland" als maßgebend. Den können Sie beim Statistischen Bundesamt in Wiesbaden telefonisch erfragen (Tel. 06711-751).

Weiterhin gilt zu beachten: Sie können frühestens nach zwölf Monaten die Miete erhöhen. Mieterhöhungen wegen Modernisierung sind nur dann möglich, wenn die Maßnahmen nicht auf den Vermieter zurückgehen, sondern beispielsweise behördlichen Auflagen folgen. Wegen gestiegener Betriebskosten (§ 560 BGB) darf ohne Einschränkungen erhöht werden.

So erhöhen Sie die Miete

Zu Beginn der Vereinbarung legen Sie die Miete fest. Zugleich erfragen Sie die Indexzahl der Lebenshaltungskosten. Nach frühestens einem Jahr können Sie die Höhe der Indexzahl erneut erfragen. Ist sie um einen nennenswerten Betrag gestiegen, können Sie die Miete erhöhen. Selbstverständlich sind Sie nicht dazu verpflichtet. Das Ausmaß der Mieterhöhung entspricht exakt dem Anstieg der Lebenshaltungskosten. Sind sie um 7 % gestiegen, dürfen Sie die Miete um 7 % erhöhen.

Über die Mieterhöhung müssen Sie Ihren Mieter schriftlich informieren. In Ihrem Schreiben müssen alle relevanten Daten enthalten sein, so dass Ihr Mieter Ihre Rechnung auch nachvollziehen und notfalls überprüfen kann: Höhe der bisherigen Miete, Höhe der neuen Miete, alter Indexstand, neuer Indexstand. Eine Zustimmung Ihres Mieters ist nicht erforderlich. Die neue Miete muss Ihr Mieter mit Beginn des übernächsten Monats nach dem Zugang Ihres Schreibens zahlen. Erreicht ihn also Ihr Schreiben am 10. Juni wird die neue Miete ab August fällig.

Die Erhöhung auf die „ortsübliche Vergleichsmiete"

Auch nach Einführung des neuen Mietrechts dürfte dies der Normalfall bleiben: Der Vermieter setzt die Miete herauf mit der Begründung, sie der „ortsüblichen Vergleichsmiete" anzupassen. Damit ist die Miete gemeint, die „in der Gemeinde oder einer vergleichbaren Gemeinde für Wohnraum vergleichbarer Art, Größe, Ausstattung, Beschaffenheit und Lage in den letzten vier Jahren vereinbart worden" ist. Seit Mai 2013 muss auch die „energetische Ausstattung und Beschaffenheit" der Wohnung berücksichtigt werden. Soll heißen: Wie sieht ihre Energiebilanz aus? Die können Sie dem so genannten „Energieausweis" entnehmen.

Die Frage ist nur, wie bekommt man diesen Betrag heraus? Im Prinzip gibt es drei Methoden:

- Sie stützen sich auf einen Mietspiegel oder eine Mietdatenbank.
- Sie beauftragen einen öffentlich bestellten und vereidigten Sachverständigen, ein Wertgutachten zu erstellen.
- Sie geben drei vergleichbare Wohnungen an, bei denen eine entsprechende (oder höhere) Miete gezahlt wird.

Miete bleibt mindestens 15 Monate unverändert

Sie müssen darauf achten, dass die Miete, die Sie erhöhen wollen, seit einem Jahr unverändert geblieben ist – und zwar gerechnet von dem Zeitpunkt, an dem Ihr Schreiben den Mieter erreicht, also die Mieterhöhung noch gar nicht wirksam geworden ist. In der Praxis heißt das: Ihre Miete muss mindestens 15 Monate auf demselben Stand bleiben. Wenn Sie etwa am 1. März 2001 letztmalig die Miete erhöht haben, so darf ein neues Erhöhungsverlangen nicht vor dem 1. März 2002 bei Ihrem Mieter eingehen. Wirksam würde die Mieterhöhung frühestens im Juni! Geht das Schreiben vorzeitig bei Ihrem Mieter ein, ist die Erhöhung unwirksam.

Mietspiegel oder Mietdatenbank

Das neue Mietrecht weist dem Mietspiegel oder einer Mietdatenbank eine besondere Bedeutung zu. Die Mieterhöhung soll für alle Beteiligten transparenter und gerechter werden. Und vor allem auch bequemer. Im Prinzip also eine gute Sache, sind die beiden anderen Verfahren doch für Sie als Vermieter mit beträchtlichem Aufwand verbunden. Der Haken bei der Sache: In sehr vielen Städten und Gemeinden existieren (noch?) gar keine Mietspiegel. Außerdem sind Mietspiegel sehr uneinheitlich gestaltet und vielfach gar nicht so transparent, wie es der Gesetzgeber gerne hätte. Ob ein Mietspiegel existiert, erfahren Sie bei Ihrer Gemeinde.

Was ist überhaupt ein Mietspiegel?

Ein Mietspiegel ist eine Übersicht über die ortsübliche Vergleichsmiete, die entweder von der Gemeinde oder von Interessenvertretern der Mieter und Vermieter gemeinsam erstellt werden (einfacher Mietspiegel). Noch höher ist der Einsatz von so genannten „qualifizierten Mietspiegeln" zu bewerten. Das sind solche, die nach „wissenschaftlichen Grundsätzen erstellt" werden sollen und die von der Gemeinde und den Interessenvertretern anerkannt werden müssen.

Sie müssen auf den qualifizierten Mietspiegel Bezug nehmen!

Existiert in Ihrer Gemeinde ein solcher qualifizierter Mietspiegel, dann müssen Sie in dem Schreiben an den Mieter auf jeden Fall die Angaben aus dem Mietspiegel mitteilen – auch wenn Sie die Erhöhung anders begründen, beispielsweise durch die drei Vergleichswohnungen.

Mietdatenbank

Als neues Begründungsmittel dürfen Sie nunmehr die Auskunft aus einer Mietdatenbank anführen. Das ist eine Sammlung von Mieten, die von der Gemeinde oder den Interessenvertretern der Mieter und Vermieter gemeinsam geführt wird (§ 558 e BGB). Im Unterschied zum Mietspiegel, der nie ganz aktuell sein kann, ist die Mietdatenbank immer auf dem neuesten Stand. Bislang existiert eine solche Datenbank allerdings nur in Hannover.

NEHMEN SIE DEN MIETSPIEGEL DER NACHBARGEMEINDE ACHTUNG

Liegt in Ihrer Gemeinde kein Mietspiegel vor, so ist es auch möglich, den Mietspiegel der Nachbargemeinde zu verwenden. Voraussetzung ist allerdings, dass beide Gemeinden vergleichbar sind.

Vergleichswohnungen gesucht!

Schwieriger wird die Sache, wenn Sie darauf angewiesen sind, drei Vergleichswohnungen anzugeben. Zwar ist es zulässig, Vergleichswohnungen aus dem eigenen Bestand anzugeben, doch dürfte dies für die meisten Vermieter nur eine sehr theoretische Möglichkeit darstellen. Wie finden Sie die richtigen Vergleichswohnungen? Indem Sie in Ihrer Gemeinde danach suchen. Die Miete müssen Sie dann irgendwie in Erfahrung bringen. Wie, das ist Ihr Problem. Unter Umständen müssen Sie dort klingeln und nachfragen.

Als Besitzer einer Eigentumswohnung haben Sie auch die Möglichkeit, bei der nächsten Eigentümerversammlung mit anderen Vermietern zu sprechen. Es ist nämlich durchaus erlaubt, dass sich die Vergleichswohnungen im selben Haus befinden. Die Vergleichbarkeit dürfte dann auch besonders hoch sein.

Ansonsten müssen Sie darauf achten, dass die Vergleichswohnungen in allen wesentlichen Merkmalen wie Ausstattung, Gebäudeart, Alter, Wohnlage und Größe halbwegs mit Ihrer Wohnung übereinstimmen. Sie muss „vergleichbar" sein, aber nicht „gleich". Die Mieten dürfen nicht älter sein als vier Jahre und Sie müssen den gleichen Maßstab zugrunde legen, dürfen also nicht Kalt- mit Warmmieten oder Teilinklusivmieten vergleichen.

Die neue Miete, die Sie fordern, darf vom Quadratmeterpreis *nicht höher* liegen als die Vergleichsmieten, allenfalls darf sie genauso hoch sein wie der *niedrigste* der drei Werte.

Der Sachverständige

Sie können sich bei Ihrer Mieterhöhung auch auf ein Sachverständigengutachten stützen. Die fachliche Kompetenz eines Gutachters gibt Ihrer Begründung sicherlich mehr Gewicht. Allerdings sollten Sie wissen: Im Prinzip kann dieses Gutachten vor Gericht genauso angefochten werden wie Ihre eigenen Angaben über die Vergleichswohnungen. Das stärkste Argument gegen das Gutachten sind die Kosten. Je nach Art und Umfang müssen Sie zwischen 300 und 500 Euro rechnen. Und ganz egal, ob Ihr Mieter zustimmt oder nicht, diese Kosten bleiben in jedem Fall an Ihnen hängen.

Neue Kappungsgrenze beachten!

Eine wichtige Einschränkung, wenn Sie die Miete erhöhen, betrifft die so genannte „Kappungsgrenze“, die im Normalfall 20% beträgt, in Gebieten, in denen Wohnraum knapp ist, sogar nur 15% (§ 558 Abs.3 BGB). Diese Gebiete werden von den Bundesländern bestimmt. Damit ist gemeint, dass Sie die Miete *innerhalb von drei Jahren* um nicht mehr als 20% bzw. 15% erhöhen dürfen – auch wenn die „ortsübliche Vergleichsmiete“ viel höher liegt. Innerhalb dieser drei Jahre dürfen Sie zwar mehrmals die Miete erhöhen. Entscheidend ist aber, dass die neue Miete um maximal 20 % bzw. 15% höher sein darf als die Miete, die vor drei Jahren gezahlt wurde.

Maßgeblich ist der Zeitpunkt, an dem die neue Miete wirksam werden soll. Möchten Sie *zum* 1. Januar 2014 die Miete erhöhen, dann müssen Sie sich anschauen, wie hoch die Miete am 1. Januar 2011 lag.

NICHT IMMER GILT DIE KAPPUNGSGRENZE ACHTUNG

Die Kappungsgrenze gilt nicht für Mieterhöhungen wegen Modernisierungsmaßnahmen (§ 559 BGB) oder gestiegener Betriebskosten (§ 560 BGB) – und auch nicht für so genannte „Fehlbeleger“ ehemaliger Sozialwohnungen, also für Mieter, die während der Preisbindung eine Fehlbelegungsabgabe zahlen mussten.

Das Anschreiben zur Mieterhöhung

Eine Mieterhöhung müssen Sie schriftlich ankündigen, begründen und (außer bei Staffel- und Indexmiete) die Zustimmung des Mieters einholen. Wobei das neue Mietrecht nur noch verlangt, dass das Mieterhöhungsverlangen „in Textform“ erfolgen muss (§ 558 a, Abs. 1 BGB), was so viel heißt, dass es maschinell erstellt werden darf und nicht eigenhändig unterschrieben werden muss.

Wenn Sie sichergehen wollen, dass Ihr Schreiben den Mieter auch erreicht, schicken Sie es per Einschreiben mit Rückschein oder per Boten. In besonders schwierigen Fällen kann es ratsamer sein, das Schreiben durch den Gerichtsvollzieher zustellen zu lassen, denn entgegen anders lautenden Gerüchten ist der Rückschein kein hieb- und stichfester Beweis, dass Ihrem Mieter das Schreiben wirklich zugegangen ist.

Was muss Ihr Anschreiben enthalten?

Sie müssen dem Mieter Ihr Mieterhöhungsverlangen vollständig und nachvollziehbar darlegen. Sie dürfen keine wesentlichen Informationen unterschlagen, sollten alle relevanten Fristen angeben und müssen Ihrem Mieter ausreichend Gelegenheit geben, Ihre Angaben nachzuprüfen.

- Sie müssen sich immer auf die derzeit gültige Miete beziehen.
- Wenn Sie sich auf ein Sachverständigen-Gutachten stützen, müssen Sie es in vollem Wortlaut beifügen. Nachreichen können Sie es nicht mehr.
- Die Vergleichswohnungen müssen für den Mieter identifizierbar sein. Geben Sie also Straße, Hausnummer und Stockwerk (links/Mitte/rechts) an. Reicht das aus, müssen Sie den Namen von Mieter und/oder Vermieter nicht eigens angeben.
- Geben Sie den Betrag an, um den die Miete erhöht werden soll, und teilen Sie vor allem mit, ab wann sie gelten soll.
- Fordern Sie Ihren Mieter auf zuzustimmen. Wenn Sie ihm schlicht mitteilen, dass Sie die Miete erhöhen, riskieren Sie, dass die Erhöhung unwirksam wird.

MUSTER

MUSTER: ANSCHREIBEN MIETERHÖHUNG

Sehr geehrter (Mieter),

seit .... bezahlen Sie eine monatliche Kaltmiete von .... Euro. Bei .... Quadratmetern Wohnfläche entspricht das einem Quadratmeterpreis von .... Euro.

Dieser Mietpreis entspricht nicht mehr der Miete, die in unserer Gemeinde für nicht preisgebundenen Wohnraum vergleichbarer Art, Größe, Ausstattung, Beschaffenheit und Lage bezahlt wird.

Nach § 558 Abs. 1 BGB bin ich berechtigt, von Ihnen die Zustimmung zu einer Mieterhöhung zu verlangen, wenn die Miete seit einem Jahr unverändert ist und die ortsübliche Vergleichsmiete nicht überschritten wird.

Um letzteres wirksam zu belegen, verweise ich auf folgende drei Vergleichswohnungen unserer Gemeinde:

[Hier führen Sie alle drei Wohnungen auf, mit genauer Adresse, eventuell Namen des Mieters, Angaben zur Ausstattung, Anzahl der Räume, auf jeden Fall aber mit Miethöhe, Quadratmeterzahl der Wohnfläche und dem Quadratmeterpreis.]

Aus der niedrigsten der angegebenen Mieten ergibt sich die ortsübliche Vergleichsmiete von .... Euro pro Quadratmeter.

Ich bitte Sie daher um Zustimmung zu folgender Mieterhöhung:

Von bisher .... Euro pro qm × ...... qm Wohnfläche = ... Euro

Auf neu: .... Euro pro qm × ...... qm Wohnfläche = ... Euro

Bitte erteilen Sie mir Ihre Zustimmung bis spätestens zum Ablauf des zweiten Kalendermonats, der auf den Zugang dieses Schreibens folgt, das ist der .... Die neue Miete ist ab dem 1. des darauf folgenden Monats, also ab dem .... zu zahlen.

Erteilen Sie mir bis zum Ablauf dieser Frist nicht Ihre Zustimmung, bin ich gezwungen, die Zustimmung gerichtlich einzuklagen.

Mit freundlichen Grüßen

Beziehen Sie sich auf ein Gutachten oder den örtlichen Mietspiegel, müssen Sie den vierten Absatz entsprechend umformulieren. Existiert ein qualifizierter Mietspiegel, müssen Sie das in Ihrem Schreiben erwähnen und die Angaben aufführen.

ACHTUNG

DOPPELT GEHT LEICHTER

Um das Verfahren zu vereinfachen, können Sie Ihrem Mieter das Schreiben in doppelter Ausfertigung schicken. Auf das Doppel vermerken Sie den Satz „Ich bin/wir sind mit der vorstehenden Mieterhöhung einverstanden." Lassen Sie Felder frei für Ort, Datum und Unterschrift und bitten Sie Ihren Mieter, Ihnen dieses Doppel zurückzuschicken.

Der Mieter muss zustimmen

Damit die Mieterhöhung wirksam werden kann, muss Ihr Mieter zustimmen. Lässt er die Frist verstreichen, ohne sich zu äußern, sollten Sie noch die Überweisung der Miete abwarten. Bezahlt er nämlich die höhere Miete, so gilt das als Zustimmung.

Tut er es nicht, sollten Sie sicherheitshalber Ihre Mieterhöhung noch mal überprüfen. Ist alles korrekt? Dann reichen Sie beim Amtsgericht Klage auf Erteilung der Zustimmung ein.

Achtung, Klagefrist einhalten!

Sie haben keine Zeit zu verlieren. Stimmt Ihr Mieter nämlich nicht zu, bleiben Ihnen gerade zwei Monate, um Klage einzureichen. Und diese Frist müssen Sie unbedingt einhalten. Machen Sie sich folgende Konsequenz klar: Wenn Sie die Frist nicht einhalten, ist die Mieterhöhung vom Tisch, auch wenn sie wirksam gewesen wäre.

Die Fristen

Wenn Sie eine Frist versäumen, kann das unangenehme Folgen haben. Daher haben wir an drei Beispielen die wichtigsten Fristen aufgeführt. Wochenenden und Feiertage sind natürlich noch zusätzlich zu berücksichtigen.

ZUGANG DES SCHREIBENS BIS	MIETER MUSS ZUSTIMMEN BIS	HÖHERE MIETE GILT AB	KLAGEFRIST ENDET AM
31. Januar	31. März	1. April	31. Mai
30 .April	30. Juni	1. Juli	31. August
30. Juni	31. August	1. September	30. Oktober
31. Oktober	31. Dezember	1. Januar	28./29. Februar

Wie reagiert der Mieter?

Ihr Mieter kann die Mieterhöhung akzeptieren, er kann sie zurückweisen, er kann schweigen (und Sie dadurch in Zugzwang bringen), er kann der Erhöhung auch nur teilweise zustimmen, also bis zu einem bestimmten Betrag. Wenn er der Erhöhung nur teilweise zustimmt, verringert sich der mögliche Streitwert entsprechend.

Haben Sie es mit mehreren Mietern zu tun, so kann der eine zustimmen, der andere ablehnen, der dritte teilweise zustimmen. Wenn nur einer von mehreren Mietern ablehnt, gilt die Mieterhöhung als abgelehnt. Übrigens: Auch eine unberechtigte Ablehnung Ihrer Mieterhöhung ist kein Kündigungsgrund.

Ab wann gilt die neue Miete?

Hat Ihre Klage Erfolg, muss die Miete rückwirkend zum ursprünglich vorgesehenen Zeitpunkt nachgezahlt werden. Allerdings hat der Mieter dazu etwas Zeit: Nämlich bis zu zwei Monate, nachdem das Urteil rechtskräftig geworden ist. Rückstände, die sich aus der alten Miete ergeben, bleiben von dieser Schonfrist allerdings unberührt. Sie wären ein möglicher Kündigungsgrund (→ S. 102). Kommt es zum Vergleich, gibt es auch für mögliche Mietrückstände keine Schonfrist. Beim Vergleich trägt übrigens in aller Regel der Vermieter die Gerichtskosten.

Mieterhöhung wegen Modernisierung

Unabhängig von einer „Anpassung an die ortsübliche Vergleichsmiete" können Sie die Miete auch wegen baulicher Veränderungen erhöhen (§ 559 BGB). Die letzte Mieterhöhung kann auch kürzer zurückliegen als ein Jahr. Die Mieterhöhung wegen Modernisierung ist an solche Fristen nicht gebunden. Entscheidend ist etwas anderes:

Die baulichen Veränderungen müssen

- den Gebrauchswert der Wohnung erhöhen und
- die Wohnverhältnisse nachhaltig und auf Dauer verbessern oder
- Einsparungen von Energie oder Wasser ermöglichen
- neuen Wohnraum schaffen oder
- wegen Umständen, die Sie als Vermieter nicht zu vertreten haben (z. B. behördliche Auflagen)

durchgeführt werden. Reparaturarbeiten und Maßnahmen, die zur Erhaltung der Bausubstanz oder zur Verschönerung durchgeführt werden, fallen eindeutig nicht darunter. Sie begründen keine Mieterhöhung!

Welche baulichen Änderungen sind möglich?

Der „Gebrauchswert" einer bestimmten Maßnahme mag für viele Mieter ganz verschieden zu beurteilen sein, doch geht es eben nicht um die individuellen Vorlieben des einzelnen Mieters, sondern um eine allgemeinere Beurteilung. Ein älterer Mieter kann also nicht dem Bau eines Kinderspielplatzes widersprechen, weil er für ihn keinen Gebrauchswert hat. Und auch ein Fernsehmuffel kann einen Anschluss an das Breitband-Kabelnetz nicht deswegen verhindern, weil er das als Verschlechterung empfindet.

Typische Modernisierungsmaßnahmen sind der Austausch alter Holzfenster gegen neue Isolierglasfenster, der Einbau eines Fahrstuhls, Einbau von Wasserzählern, Einbau von Rollläden, Verbesserung des Wohnungszuschnitts oder Maßnahmen zur Wärmedämmung.

Dabei kann unzweckmäßiger oder übertriebener Aufwand dazu führen, dass die Maßnahmen nicht anerkannt werden. Teure Energiesparmaßnahmen, die dem Mieter „unterm Strich“ wenig Entlastung bringen, lassen sich durchaus kippen.

Duldungspflicht des Mieters

All diese Maßnahmen muss der Mieter dulden. Er ist verpflichtet, alles zu unterlassen, was die Arbeiten behindern könnte. Allerdings hat die Duldungspflicht eine Grenze, die Sie kennen sollten: Stellen die Bauarbeiten für den Mieter eine „unzumutbare Härte“ dar (§ 555d Abs. 2 BGB), dann müssen Sie auf die Modernisierung verzichten.

Früher konnte der Mieter die Modernisierung stoppen, wenn die anschließende Mieterhöhung oder die steigenden Betriebskosten für ihn eine „finanzielle Härte“ darstellten. Das ist nun nicht mehr möglich. Die „finanziellen Härtegründe“ werden zwar nach wie vor berücksichtigt. Aber erst bei der Mieterhöhung. Die Arbeiten muss der Mieter dulden. Zu den anderen anerkannten Härtegründen gehören: Krankheit, Behinderung, hohes Alter, beruflicher Stress und Prüfungssituation, ohnehin bevorstehender Auszug, eigene Investition durch den Mieter, die durch die Modernisierung unbrauchbar würden. Bei der Beurteilung der „Härtegründe“ werden stets die Interessen des Vermieters und der anderen Bewohner dagegen abgewogen.

Modernisieren nach der Energieeinsparverordnung

Aus Gründen des Klimaschutzes und um den Energieverbrauch zu senken, gilt seit dem 1. Oktober 2009 die neue Energieeinsparverordnung, kurz EnEV. Drei Punkte sind hier zu beachten:

- Im Haus muss die Decke des obersten Stockwerks oder das Dach mit einer Wärmedämmung versehen sein. Dabei darf der so genannte

„Wärmedurchgangskoeffizient“ den Wert von 0,24 Watt (qm/K) nicht überschreiten. Stichtag ist der 1. Januar 2012.

- Nachtstromspeicherheizungen, die älter sind als dreißig Jahre, müssen in Gebäuden mit mindestens sechs Einheiten ausgetauscht werden. Für kleinere Häuser gilt diese Bestimmung nicht. Stichtag ist der 31. Dezember 2019.
- Wird die Wärmedämmung erneuert oder lassen Sie die Fenster austauschen, gelten ab sofort strengere Grenzwerte: Sie liegen 30% niedriger als die bisher geltenden. Allerdings können Sie auch durch den Einbau einer neuen Heizungsanlage den Energiebedarf um 30% reduzieren, um den Bestimmungen Genüge zu tun.

Wichtig zu wissen: Sie sind nicht verpflichtet, die Dämmung zu erneuern oder neue Fenster einbauen zu lassen. Auch wenn es wünschenswert ist. Unterlassen Sie hingegen die Maßnahmen, die der Gesetzgeber vorschreibt (Punkt eins und zwei) kann Ihr Mieter die Miete mindern.

ACHTUNG

DULDUNG HEIßT NICHT UNTERSTÜTZUNG

Dass Ihr Mieter die Arbeiten „dulden" muss, bedeutet in der Praxis nicht viel mehr, als dass er sie nicht verhindern darf. Wenn er Ihnen oder den Handwerkern die Tür öffnet, hat er seine Pflicht nahezu erfüllt. Er muss keineswegs seine Möbel verrücken oder abdecken (LG Berlin, GE 2009, S. 752). Was Sie jedoch tun sollten: Bitten Sie ihn darum. Mit dem Hinweis, dass er dadurch Geld sparen kann. Schließlich werden die Kosten für die Modernisierung ja auf ihn umgelegt.

Modernisieren nach dem neuen Mietrecht

Seit dem 1. Mai 2013 haben sich für Vermieter ein paar Punkte geändert, die die Modernisierung betreffen. Vor allem soll die „energetische Modernisierung“ gefördert werden. Im neugefassten § 555b BGB wird sie gleich als erstes erwähnt. Zusätzlich gelten jetzt auch Maßnahmen als Modernisierung, „durch die nicht erneuerbare Primärenergie nachhaltig eingespart oder das Klima nachhaltig geschützt wird". Soll heißen: Stellen Sie die Energieversorgung von Öl, Gas, Kohle um auf erneuerbare Energien wie Solarenergie, so wird das als Modernisierung anerkannt und Ihr Mieter muss die Maßnahme dulden. Aber – und das ist entscheidend: Spart der Mieter dadurch keine Energie und damit keine Kosten, rechtfertigt diese Modernisierung keine Mieterhöhung!

Informationspflicht des Vermieters

Auf keinen Fall dürfen Sie versäumen, Ihren Mieter über die anstehende Modernisierung zu informieren. Schriftlich und mindestens drei Monate vor Beginn der Arbeiten, so schreibt es § 554 Abs. 3 Satz 1 BGB vor. Wenn Sie das unterlassen, kann ein Mieter seine Zustimmung verweigern, weil er nicht rechtzeitig informiert wurde. Im schlimmsten Fall kann der Mieter die Arbeiten mit einer einstweiligen Verfügung gerichtlich stoppen.

In Ihrem Ankündigungsschreiben teilen Sie Ihrem Mieter mit:

- um welche Maßnahmen es sich im Einzelnen handelt (alle Maßnahmen, nicht nur die wegen denen seine Wohnung betreten werden muss),
- wann die Arbeiten beginnen sollen,
- wie lange sie voraussichtlich dauern werden,
- wie viel die Maßnahmen voraussichtlich kosten,
- wie sich die Maßnahme auf die künftigen Betriebskosten auswirken wird
- dass Ihr Mieter die Arbeiten nicht dulden muss, wenn er einen Härtegrund nach § 555d Abs. 2 BGB dagegen vorbringen kann
- dass Ihrem Mieter nach § 555e BGB ein Sonderkündigungsrecht zusteht und
- mit welcher Mieterhöhung er dann zu rechnen hat.

FRIST EINHALTEN!

Halten Sie die Frist unbedingt ein! Sonst verschiebt sich der Zeitpunkt, ab dem Sie Anspruch auf die höhere Miete haben um sechs Monate! Das Gleiche gilt, wenn die tatsächlichen Kosten um mehr als 10 % höher liegen als die angekündigten (§ 559b Abs. 2 BGB).

Wie berechnen Sie die Mieterhöhung?

Sie können 11 % der Kosten auf die Jahresmiete umlegen. Dabei können Sie nur solche Kosten anrechnen, die für die betreffende Wohnung entstanden sind. Sind mehrere Wohnungen betroffen, müssen die Kosten entsprechend verteilt werden.

Das ist manchmal gar nicht so einfach, wie das Musterbeispiel Fahrstuhl zeigt: Hier sollen die Kosten nach Stockwerk abgestuft werden, bestätigen jedenfalls die Gerichte, denn die Mieter der oberen Etagen profitieren am meisten von der Maßnahme. Folge: Wer im Erdgeschoss wohnt, muss häufig gar nicht mehr Miete zahlen (LG München WM 1989, S. 27).

Weiterhin wichtig: Kosten für Instandsetzungsmaßnahmen, die ohnehin fällig waren, müssen herausgerechnet werden! Wenn ein altes morsches Holzfenster durch ein modernes Isolierglasfenster ersetzt wird, dürfen Sie nur die Mehrkosten berechnen, Sie müssen also die Kosten für den Einbau eines Holzfensters abziehen.

Wann dürfen Sie die Miete erhöhen?

Die Ankündigung der Arbeiten gilt noch nicht als „Mieterhöhungsverlangen". Das können Sie erst nach Abschluss der Arbeiten an Ihren Mieter richten, wenn alle Kosten bekannt sind. Die Anforderungen sind im Prinzip die gleichen wie bei der Mieterhöhung auf die „ortsübliche Vergleichsmiete". Die „Textform" genügt, im Übrigen zählt Transparenz und Nachvollziehbarkeit. Führen Sie alle Kosten genau auf. Das Angebot, bei Bedarf Einblick in Ihre Unterlagen zu nehmen, reicht nicht aus.

Nach dem neuen Mietrecht ist die höhere Miete erst zu Beginn des dritten Monats nach dem Zugang des „Mieterhöhungsverlangens" zu zahlen. Damit hat sich die Frist um einen Monat verlängert. Je nach Art und Umfang der Arbeiten kann zwischen der Ankündigung und der Fälligkeit der neuen Miete durchaus ein Jahr vergehen.

Erhöhung wegen gestiegener Betriebskosten

Wenn die Betriebskosten steigen, können Sie die Vorauszahlung oder die Pauschale entsprechend erhöhen. Eine Brutto- oder Teilinklusivmiete (→ S. 76) können Sie mit dieser Begründung nicht erhöhen. Von der Erhöhung der Vorauszahlungen war bereits die Rede (→ S. 84), daher beschränken wir uns hier auf die Betriebskostenpauschale.

Haben Sie eine Pauschale vereinbart, muss aus dem Mietvertrag hervorgehen, welche Betriebskosten damit abgegolten sind. Weiterhin muss im Mietvertrag die Möglichkeit der Betriebskostenerhöhung vereinbart worden sein. Fehlt diese Vereinbarung, können Sie diese auch nicht erhöhen. Formal müssen Sie genauso vorgehen wie bei der Erhöhung auf die ortsübliche Vergleichsmiete. Sie richten also an Ihren Mieter ein entsprechendes Erhöhungsverlangen, dem er zustimmen muss. Auch hier müssen Sie nachvollziehbar erläutern, wie es zu den höheren Betriebskosten gekommen ist.

Nach dem neuen Mietrecht hat der Mieter die höheren Betriebskosten mit Beginn des übernächsten Monats nach dem Erhalt Ihres Schreibens zu zahlen. Übrigens gibt es auch den Fall, dass sich die Betriebskosten verringern. Dann sind Sie verpflichtet, die niedrigeren Kosten an Ihren Mieter weiterzugeben.

Erhöhung zu hoch? Mieter darf kündigen

Achtung: Ihr Mieter besitzt bei *jeder* Mieterhöhung ein Sonderkündigungsrecht (§ 561 BGB). Als Vermieter dürfen Sie hingegen nicht kündigen: Wenn Ihr Mieter die Mieterhöhung nicht akzeptiert, müssen Sie ihn auf Zustimmung verklagen. Hingegen kann Ihr Mieter bis zum Ablauf des zweiten Monats nach Zugang Ihres Schreibens kündigen und zwar zum Ablauf des übernächsten Monats. Diese Möglichkeit sollten Sie auf jeden Fall mit einkalkulieren. Nicht zuletzt weil sich daraus schwer wiegende Konsequenzen ergeben können:

- Das Sonderkündigungsrecht gilt auch bei Zeitmietverträgen (bei denen der Mieter ja ansonsten nicht vorzeitig kündigen darf)!
- Das Kündigungsrecht besteht auch dann noch, wenn die Mieterhöhung unwirksam war. Unter Umständen verschaffen Sie Ihrem Mieter einen willkommenen Anlass, vorzeitig aus dem Mietvertrag auszusteigen.
- Widerspricht er der Mieterhöhung und macht von seinem Kündigungsrecht Gebrauch, so bezahlt er bis zu seinem Auszug die alte Miete fort.

Achtung: Wenn Sie eine vorzeitige Kündigung bei Zeitmietverträgen ausschließen wollen, empfiehlt sich der Abschluss eines Staffelmietvertrages (→ S. 143). Denken Sie aber daran: Nach vier Jahren kann Ihr Mieter auch den kündigen.

Keine Erhöhung wegen unwirksamer Renovierungsklausel

Durch das Urteil des Bundesgerichtshofs vom 5. April 2006 sind viele Vertragsklauseln unwirksam geworden, mit denen der Mieter verpflichtet werden sollte, die Schönheitsreparaturen zu übernehmen (→ Ihr Mieter zieht aus, Die Schönheitsreparaturen). Folge: Für die Renovierung muss der Vermieter selbst aufkommen. Und das bringt im Allgemeinen erhebliche Kosten mit sich. Viele Vermieter hofften daher, dass sie sich diese Mehrkosten wenigstens zum Teil durch eine Mieterhöhung zurückholen könnten. Denn die Miethöhe, so das Argument, hätten sie in der Erwartung festgesetzt, dass der Mieter renovieren muss.

Doch der Bundesgerichtshof hat einer solchen Mieterhöhung einen Riegel vorgeschoben. In einem Urteil vom 9. Juli 2008 hat er einem Vermieter untersagt, im Rahmen der nächsten Mieterhöhung einen Aufschlag zur ortüblichen Vergleichsmiete zu verlangen. Dieser Aufschlag orientierte sich an den Kosten für die Schönheitsreparaturen - ohne Rücksicht darauf, ob diese Kosten am Markt auch durchzusetzen seien (Az. VIII ZR 181/07). Sie dürfen also keinesfalls mit dem Argument der unwirksamen Renovierungsklausel die Miete erhöhen. Stattdessen sollten Sie versuchen, die Erhöhung auf die ortsübliche Vergleichsmiete möglichst auszuschöpfen.

Immer Ärger mit dem Mieter?

HUND, SATELLITENSCHÜSSEL, KINDERWAGEN – KÜNDIGUNGSGRÜNDE BEISPIEL

Vorher war das Verhältnis zwischen Familie Neumann und Ihrem Vermieter, Helmut Peters, gar nicht so schlecht gewesen. Doch plötzlich war dieser Hund da. Die Neumanns hatten ihn einfach angeschafft, ohne Herrn Peters zu fragen. Der Vermieter fühlte sich übergangen und forderte die Familie auf, den Hund wieder zu verkaufen. Nichts geschah. Kurze Zeit später installierte Familie Neumann eine Satelliten-Antenne auf dem Balkon. Und als sich dann noch eine ältere Bewohnerin beschwerte, weil ein Kinderwagen und die Dreiräder der Familie die Treppe versperrten, platzte Herrn Peters der Kragen: Er schickte der Familie die fristlose Kündigung. Die Familie wohnt noch heute in der Wohnung.

Großer Ärger, kleiner Ärger

In diesem Kapitel geht es um einzelne mehr oder minder große Ärgernisse, die der Mieter Ihnen machen kann: Er verstößt gegen die Hausordnung, verliert einen Wohnungsschlüssel oder hält eine Katze, obwohl Sie ihm das verboten hatten. Viele Vermieter wissen nicht recht, wie sie darauf reagieren sollen. Sie drohen mit Klage oder Kündigung und verschärfen dadurch einen Konflikt, der sich vielleicht mit ein paar guten Worten aus der Welt hätte schaffen lassen. Schlimmer noch: Weil sie nicht so genau wissen, was sie tun können, tun sie oftmals das Falsche, ruinieren das Verhältnis zu ihrem Mieter, verlieren viel Geld und manchmal auch einen Prozess. Auf den folgenden Seiten erfahren Sie, wie Sie sich wirklich wehren können.

Ihr Mieter verstößt gegen die Hausordnung

Die Hausordnung soll das harmonische Zusammenleben der Bewohner eines Gebäudes sicherstellen. Geregelt sind hier vor allem die Ruhezeiten, die Haus- und Treppenreinigung, Fragen der Tierhaltung, Unterstellmöglichkeiten für Fahrräder und Kinderwagen, die Nutzung von Gemeinschaftseinrichtungen wie Waschküche, Speicher, Keller, Garten oder Trockenböden. Dass sich jeder an die Hausordnung hält, ist also im Interesse aller Hausbewohner.

Nehmen Sie Verstöße nicht hin

Wenn sich Ihr Mieter nicht an die Hausordnung hält, dann sollten Sie ihn darauf aufmerksam machen. Je früher Sie reagieren, desto eher lässt sich die Sache aus der Welt schaffen. Dabei sollten Sie die Angelegenheit nicht dramatisieren und schon gar nicht mit Kündigung oder Gericht drohen. Bleiben Sie höflich, aber machen Sie deutlich, dass Sie sein Verhalten nicht hinnehmen. Versuchen Sie auf jeden Fall erst einmal zu klären, was überhaupt vorgefallen ist.

Nicht jede Bestimmung in der Hausordnung ist bindend

Nun kommt es natürlich ganz darauf an, um was für eine Art von Verstoß es sich handelt. Sie sollten wissen: Nicht jede Regelung ist unantastbar, nur weil sie in der Hausordnung steht. Auf Besuchszeiten oder persönliche Hygienevorstellungen kann die Hausordnung keinen Einfluss nehmen. Ebenso wenig haben willkürliche Einschränkungen Bestand.

Und schließlich ist der Fall denkbar, dass auch einmal das Interesse eines einzelnen Mieters höher zu bewerten ist als das der Hausgemeinschaft. Das sind zwar Ausnahmen, doch ist es ratsam zu prüfen, ob Ihr Mieter nicht ein besonders schutzwürdiges Interesse geltend machen kann. Familien mit Kleinkindern müssen irgendwo ihren Kinderwagen hinstellen können, behinderte oder ältere Mieter haben eigene Ansprüche, die Sie nicht einfach durch eine Hausordnung „aushebeln“ können. In solchen Fällen sollten Sie sich sehr genau überlegen, ob Sie aktiv werden.

Typische Verstöße, bei denen Sie einschreiten können

Wenn Ihr Mieter jedoch auf die anderen Hausbewohner keine Rücksicht nimmt, aus purer Gedankenlosigkeit oder Bequemlichkeit handelt, dann können Sie sehr wohl aktiv werden. Typische Fälle sind etwa: Ihr Mieter hält die Ruhezeiten nicht ein; er reinigt nicht das Treppenhaus, obwohl er dazu verpflichtet wäre; er geht mit den Gemeinschaftseinrichtungen schlecht um; er stellt sein Fahrrad, sein Surfbrett oder irgendwelche sperrigen Gegenstände an einer Stelle ab, wo sie Wege versperren und die anderen Hausbewohner behindern.

Nicht immer *müssen* Sie als Vermieter einschreiten. Denn natürlich können die betroffenen Bewohner auch direkt gegen den „Störenfried" vorgehen, ihn anzeigen oder verklagen.

Zeigt sich Ihr Mieter nicht einsichtig?

Bleiben wir bei dem Fall, dass Ihr Mieter gegen eine begründete Regelung verstößt und dadurch den Hausfrieden stört. Setzt er trotz Ihres Gesprächs sein Verhalten fort, sollten Sie ihn abmahnen. Je nach Schwere seines Verstoßes, sind verschiedene Mahnungen denkbar. Die „mildeste" Form ist die Androhung einer Unterlassungsklage. Sie schicken Ihrem Mieter ein Schreiben, in dem Sie ihn nochmals auffordern, sein Handeln zu unterlassen.

In bestimmten Fällen müssen Sie ihm eine Frist setzen, beispielsweise wenn es darum geht, ein Haustier, das er unerlaubterweise angeschafft hat (→ S. 173), wieder abzuschaffen, oder eine widerrechtlich montierte Parabolantenne (→ S. 169) abzunehmen. In anderen Fällen müssen Sie ankündigen, dass Sie tätig werden, wenn der Mieter sein Verhalten fortsetzt. Also beispielsweise wenn ein Klavierspieler weiterhin die Mittagsruhe stört oder Ihr Mieter noch einmal unerlaubterweise auf dem Balkon grillt. Oder Ihr Mieter weiterhin „vergisst", das Treppenhaus zu reinigen, wenn er an der Reihe ist.

Die Unterlassungsklage

In den meisten Fällen wird Ihre Ankündigung nicht ohne Wirkung bleiben, doch einige Mieter bleiben hartnäckig. Dann müssen Sie beim Amtsgericht eine Unterlassungsklage gegen Ihren Mieter anstrengen. Dazu sollten Sie vorher einen Rechtsanwalt konsultieren.

Hat Ihre Klage Erfolg, wird Ihr Mieter gerichtlich verpflichtet, sein Handeln zu unterlassen oder seinen Pflichten (Treppenreinigung!) nachzukommen. Die Kosten des Verfahrens trägt Ihr Mieter. Setzt er sein Verhalten noch weiter fort, riskiert er eine empfindliche Geldstrafe.

Mieter putzt nicht – Dürfen Sie auf seine Kosten einen Reinigungsdienst beauftragen?

Wenn der Mieter seinen Pflichten nicht nachkommt, glauben manche Vermieter, sie könnten das Problem auf unkomplizierte Weise aus der Welt schaffen, indem sie professionelle Kräfte kommen lassen und dem Mieter die Rechnung zukommen lassen. Doch so einfach geht es leider nicht. Vielmehr müssen Sie Ihren Anspruch auf Treppenreinigung, Schneeschippen oder dergleichen gerichtlich einklagen.

Androhung der fristlosen Kündigung

Bei schweren Verstößen gegen die Hausordnung kommt auch eine Abmahnung in Frage, die Ihrem Mieter die „fristlose Kündigung" androht, wenn er sein Verhalten fortsetzt (Näheres zur Kündigung → S. 108).

Klagen Sie auf Schadensersatz

Gerade bei Verstößen gegen die Hausordnung sind oftmals andere Mieter direkt betroffen. Diese Mieter könnten beispielsweise die Miete mindern (→ S. 121). In diesem Fall hätten Sie Anspruch auf Schadensersatz, allerdings nur wenn Sie tatsächlich einen finanziellen Schaden nachweisen können und die Mietminderung in dieser Höhe auch berechtigt ist.

Geraten Sie nicht „zwischen die Fronten"

Als Vermieter sollten Sie Acht geben, dass Sie sich nicht für irgendwelche höchstpersönlichen Interessen einspannen lassen. Bevor Sie einem Mieter mit einer Unterlassungsklage drohen, sollten Sie versuchen sich ein möglichst unvoreingenommenes Bild zu machen. Vertrauen Sie nicht zu sehr auf die Aussagen mancher Hausbewohner. Vor Gericht brauchen Sie stichhaltige Beweise. Die müssen Sie unter Umständen von den Betroffenen einfordern, damit Sie tätig werden können.

MIETVERTRAG GEHT VOR HAUSORDNUNG ACHTUNG

Die Hausordnung verpflichtet den Mieter im Allgemeinen weit weniger als eine Regelung im Mietvertrag. Wenn Sie Ihren Mieter also auf ein bestimmtes Verhalten verpflichten wollen, dann ist es meist ratsamer, diesen Punkt im Mietvertrag unter den „Zusätzlichen Vereinbarungen" zu regeln.

Ihr Mieter will eine Parabolantenne installieren

Unter bestimmten Voraussetzungen müssen Sie als Vermieter die Erlaubnis erteilen, eine Parabolantenne zu installieren:

- Das Haus hat keinen Breitbandkabelanschluss oder eine Gemeinschafts-Parabolantenne.
- Die Antenne wird fachmännisch montiert.
- Die Montage stellt keinen erheblichen Eingriff in die Bausubstanz dar oder beeinträchtigt das optische Erscheinungsbild nicht erheblich.
- Der Mieter trägt alle anfallenden Kosten und Gebühren.
- Ein ausländischer Mieter möchte damit Programme aus seinem Herkunftsland empfangen, auf die er sonst verzichten müsste.

Als Vermieter dürfen Sie zwar bestimmen, wo die Parabolantenne angebracht wird (OLG Hamm RE WM 1993, S. 658), doch müssen Sie darauf achten, dass dieser Ort auch zum Empfang der gewünschten Programme geeignet ist, was Ihre Wahlfreiheit manchmal stark beeinträchtigt.

Und wenn Ihr Mieter Sie gar nicht um Erlaubnis fragt?

Der Fall ist recht häufig, dass der Mieter die Parabolantenne einfach anbringt und auf die Forderung des Vermieters, die Antenne wieder zu entfernen, schlichtweg nicht reagiert. Bevor Sie Ihren Mieter verklagen, sollten Sie überlegen, ob er nicht vielleicht aus einem der oben genannten Gründe Anspruch auf die Parabolantenne stellen kann. Ist das so, dann gilt es zu überlegen, ob sich nicht ein geeigneterer Platz dafür finden ließe. Gibt es keinen, dürften Sie mit einer Klage wenig Erfolg haben.

Gibt es einen, sollten Sie Ihren Mieter erst einmal auffordern, die Parabolantenne dort zu installieren. Wenn er darauf nicht reagiert, sollten Sie klagen.

Schwerwiegende Gründe gegen eine Parabolantenne

Sie müssen nicht in jedem Fall die Montage dulden. Es gibt auch überzeugende Argumente dagegen: Wenn das Erscheinungsbild des Gebäudes stark leiden würde oder durch die Montage die Bausubstanz geschädigt würde. Ist sie bereits geschädigt, haben Sie Anspruch auf Schadensersatz.

Mit der Beeinträchtigung des Erscheinungsbildes ist das allerdings so eine Sache. Eindeutige Kriterien gibt es nicht. Doch an einem Betonklotz wird eine „Satelliten-Schüssel" eher toleriert als an einem denkmalgeschützten Altbau, wobei auch der Denkmalschutz nicht in jedem Fall ausreicht, die Montage zu verhindern (AG Reutlingen NJW-RR 1993, S. 15). Auch das Wohnumfeld ist wichtig: Ist die Wohnung bereits von einem Wald aus Satellitenschüsseln umgeben, lässt sich die Installation kaum untersagen.

ACHTUNG

VERLANGEN SIE EINE KAUTION

Wenn Sie die Schüssel schon dulden müssen, versuchen Sie die Nachteile in Grenzen zu halten: Bestimmen Sie einen Platz, der möglichst unauffällig ist (denken Sie aber an den störungsfreien Empfang!). Verpflichten Sie Ihren Mieter, Sie von dem Haftungsrisiko für Schäden freizustellen – wenn also die Antenne herunterfällt und jemanden verletzt. Und schließlich können Sie für die spätere Entfernung der Schüssel eine Kaution verlangen, die den voraussichtlichen Kosten entspricht (vgl. OLG Karlsruhe RE WM 93, S. 487).

Ihr Mieter verliert einen Schlüssel

Der Schlüssel spielt bei der Vermietung buchstäblich eine Schlüsselrolle. Das Mietverhältnis beginnt gewöhnlich mit der Übergabe der Schlüssel und endet mit ihrer Rückgabe. Viele Vermieter versuchen sich möglichst gut abzusichern, indem sie ihre Mieter auf allerlei Entschädigungsleistungen verpflichten, wenn diese einen Schlüssel verlieren. Der Nachteil ist nur: Die meisten dieser Vereinbarungen sind unwirksam.

Muss Sie Ihr Mieter informieren?

Entgegen einer weit verbreiteten Auffassung ist Ihr Mieter keineswegs verpflichtet, Sie umgehend von einem Schlüsselverlust in Kenntnis zu setzen. Wobei es entscheidend auf die Art des Schlüssels ankommt: Hat er den Schlüssel zu seinem Briefkasten, zu den Innenräumen oder auch zur Eingangstür seiner Wohnung verloren, muss er Ihnen das *nicht* mitteilen. Denn er ist der Einzige, der durch den verlorenen Schlüssel gefährdet wird. Wenn jemand den Schlüssel nutzt, um in seine Wohnung einzudringen, wäre er von dem Einbruch betroffen und nicht Sie.

Anders liegt der Fall, wenn es sich um einen Schlüssel zu gemeinschaftlich genutzten Räumen oder zur Haustür handelt. Oder wenn man von seiner Wohnung aus leicht in andere Räume gelangen kann (z. B. einen Laden). Dann sind nämlich auch andere Personen gefährdet. Und er tut gut daran, sie zu informieren.

Muss der Mieter das Schloss austauschen lassen?

Viele Vermieter sind fest davon überzeugt, Ihr Mieter müsste in jedem Fall das betreffende Schloss erneuern lassen. Doch das ist ein Irrtum. Vielmehr muss der Mieter zunächst mal nur den verlorenen Schlüssel ersetzen. Mehr nicht. Nur wenn die Gefahr einer missbräuchlichen Verwendung des Schlüssels nicht ausgeschlossen werden kann, sollte er das Schloss austauschen lassen – übrigens im eigenen Interesse, denn wenn sich jemand mit dem Schlüssel Zutritt verschafft, ist er voll haftbar zu machen.

Sehr teuer wird das bei einer so genannten Systemschließanlage, bei der sämtliche Schlösser ausgetauscht werden müssten. Aber auch hier gilt:

Kann der Mieter plausibel machen, dass die Gefahr einer missbräuchlichen Verwendung nicht besteht (z. B. Verlust auf einer Reise oder der Schlüssel ist beim Rudern in einen See gefallen), muss er dafür nicht aufkommen.

Darf Ihr Mieter zusätzliche Schlüssel anfertigen lassen?

Es ist nicht unumstritten, ob Ihr Mieter ohne Ihre ausdrückliche Erlaubnis einen zusätzlichen Schlüssel anfertigen lassen darf. Für die Haus- und Wohnungstür kann man jedoch davon ausgehen, dass er Sie vorher fragen muss. Hat der Mieter keine stichhaltigen Gründe, können Sie ihm die Genehmigung verweigern. Er müsste Ihre Erlaubnis dann gerichtlich einklagen.

ACHTUNG

DER ZWEITSCHLÜSSEL IST UNZULÄSSIG!

Viele Vermieter behalten „für alle Fälle" einen Zweitschlüssel zurück. Das ist jedoch nicht zulässig. Vielmehr stehen dem Mieter sämtliche Schlüssel zu. Selbstverständlich können Sie aber eine individuelle Vereinbarung mit Ihrem Mieter treffen, dass der Ihnen einen Schlüssel überlässt.

Ihr Mieter repariert sein Auto im Hof

Sofern es im Mietvertrag nicht ausdrücklich gestattet ist, hat Ihr Mieter kein Recht sein Auto im Innenhof abzustellen, auch nicht vorübergehend. Und schon gar nicht darf er es dort reparieren. Er darf es dort auch nicht waschen (Grundwasserbelastung durch Ölreste!).

Wenn Sie Ihren Mieter „in flagranti" ertappen, sollten Sie ihn auffordern, den Wagen sofort vom Hof zu fahren. Tut er das nicht, können Sie Unterlassungsklage erheben. Handelt es sich um eine größere Angelegenheit mit einem gewissen Gefährdungspotenzial für die Bewohner, können Sie durchaus die Polizei rufen.

Wenn Mieter ihre Autos, Schiffe oder Wohnwagen im Hof abstellen

Sie müssen es nicht hinnehmen, wenn Ihr Mieter sein Auto oder andere Vehikel im Hof abstellt. Aber Sie müssen ihm Gelegenheit geben, für Abhilfe zu sorgen. Fordern Sie ihn also schriftlich dazu auf und setzen Sie ihm eine angemessene Frist. Lässt er sie ungenutzt verstreichen, klagen Sie auf „Unterlassung". Sie sollten es hingegen unterlassen die betreffenden Vehikel selbst vom Hof zu schaffen oder gar dem Sperrmüll zu überantworten. Das gilt im Übrigen auch für die vermeintlich „herrenlosen" Fahrräder, die sich nur unter großen Schwierigkeiten entsorgen lassen.

WAS TUN MIT HERRENLOSEN FAHRRÄDERN? ACHTUNG

In vielen Innenhöfen stehen Fahrräder herum und rosten friedlich vor sich hin. Vermieter, die sich dieser unbenutzten Drahtesel entledigen wollen, können das nicht ohne weiteres tun. Vielmehr müssen sie den möglichen Besitzern ausreichend Gelegenheit geben, ihre halbdefekten Räder zu retten. Erst nach doppelter und dreifacher Aufforderung, die Räder, die noch in Gebrauch sind, zu kennzeichnen, kann daran gedacht werden, die nicht gekennzeichneten Fahrräder auf den Sperrmüll zu schaffen.

Ihr Mieter hält ohne Erlaubnis Tiere

Wie sollen Sie reagieren, wenn Ihr Mieter plötzlich eine Katze in der Wohnung hält oder ein Zwergkaninchen? Oder wenn er statt der vertraglichen zulässigen Zierfische einen Brillenkaiman in der Badewanne hält? Entscheidend sind zwei Dinge: Die Größe der Tiere und der Mietvertrag.

Kleintiere grundsätzlich erlaubt

Kleintiere dürfen fast immer gehalten werden, wenigstens solange sie zahm sind und in einem Käfig oder Terrarium leben. Darunter fallen Wellensittiche und anverwandte Ziervögel, Hamster, Meerschweinchen, Schildkröten und Zierfische. Die dürfen nach Auffassung des Bundesgerichtshofs sogar dann gehalten werden, wenn im Mietvertrag die Tierhaltung untersagt ist (Az. VIII ZR 10/92). Allerdings können Sie dieses Urteil umgehen, wenn Sie eine individuelle Vereinbarung schließen.

Wenn ihre Zahl jedoch eine kritische Grenze erreicht, kann auch das Halten von Kleintieren vertragswidrig bzw. genehmigungspflichtig sein. Wobei diese Grenze gelegentlich etwas großzügig bemessen wird. So hielt das Landgericht Kaiserslautern es noch nicht für zustimmungspflichtig, als ein Mieter in seiner Wohnung 14 Aquarien mit Zierfischen, einen Kakadu, zwei Papageien und einen Sittich hielt (WM 1989, S. 117).

Anders sieht die Sache aus, wenn exotische, Ekel erregende oder gefährliche Kleintiere gehalten werden. Gehen die Meinungen bei kleinen Echsen oder ungiftigen Schlangen, die in der Terrarien gehalten werden, noch auseinander, so bedarf die Haltung von Ratten, Riesen-, Gift- und Würgeschlangen, großen Echsen, giftigen Spinnen, Skorpionen oder Hundertfüßlern auch dann der ausdrücklichen Genehmigung, wenn Sie ansonsten Haustiere ausdrücklich dulden. Werden sie ohne Genehmigung angeschafft, sollten Sie Ihren Mieter abmahnen (→ S. 183), ihm eine Frist setzen, die Tiere abzuschaffen, und ihm im Fall des Falles kündigen.

Hunde und Katzen

Die Haltung von Hunden und Katzen können Sie mietvertraglich verbieten. Schafft sich Ihr Mieter dennoch ein solches Tier an, muss er es wieder abschaffen. Dazu sollten Sie den Mieter schriftlich auffordern, ihm eine Frist setzen und ankündigen, dass Sie Ihre Ansprüche gerichtlich durchsetzen werden.

Es gibt aber eine etwas kuriose Ausnahme: Nämlich wenn der Mietvertrag uneingeschränkt jede Tierhaltung verbietet. Dann ist diese Klausel nach einem Urteil des Bundesgerichtshofs unwirksam, weil davon auch Fische betroffen wären, die der Mieter aber grundsätzlich halten darf (Az. VIII ZR 10/92). Der BGH hat diese Regelung sogar noch einmal verschärft, indem er eine Klausel im Mietvertrag für unwirksam erklärte, die nur die Haltung von Ziervögeln und Zierfischen erlaubte. Dadurch werde der Mieter „unangemessen benachteiligt“, weil auch andere Kleintiere wie Hamster und

Schildkröten erlaubt sein müssten, von denen ebenfalls keine Beeinträchtigung ausgehe (Urteil vom 14. November 2007, Az. VIII ZR 340/06).

Zustimmung erforderlich?

Viele Verträge sehen vor, dass der Vermieter um Zustimmung gefragt werden muss. Im Prinzip könnten Sie also frei entscheiden, ob Ihr Mieter einen Hund oder eine Katze halten darf. Aber ganz so frei sind Sie dann auch wieder nicht. Sie brauchen nämlich „gewichtige Gründe", um Ihre Erlaubnis zu verweigern (LG Berlin, GE 1993, S. 1273). Auch dürfen Sie nicht willkürlich entscheiden, dem einen die Erlaubnis erteilen, dem andern verweigern. Das gilt natürlich nur unter gleichen Voraussetzungen und nicht, wenn der eine Mieter einen Zwergpudel hält und der andere Ansprüche auf einen Rottweiler anmeldet. Ebenso wenig darf ein Mieter, dem Sie die Haltung eines Hundes gestattet haben, daraus das Recht ableiten, sich noch einen zweiten anzuschaffen.

Wie Sie Ihren Mieter auffordern, das Tier abzuschaffen

Machen Sie Ihren Mieter schriftlich darauf aufmerksam, dass er unerlaubterweise einen Hund oder eine Katze hält. Fordern Sie ihn auf, das Tier bis zu einer bestimmten Frist wieder abzuschaffen. Hält er diese Frist nicht ein, sollten Sie Ihren Anspruch nach § 541 BGB gerichtlich einklagen.

Aber: Solange der unerlaubte Hund friedlich ist, kann der Vermieter auch nach Abmahnung nicht unbedingt kündigen. Nach Auffassung des Amtsgerichts Berlin Charlottenburg sollte der Vermieter zunächst seinen Anspruch auf „Beseitigung" des Hundes gerichtlich durchsetzen (GE 1991, S. 191).

Können Sie eine Erlaubnis wieder zurückziehen?

Haben Sie Ihrem Mieter die Erlaubnis erteilt, sich einen Hund oder eine Katze anzuschaffen, brauchen Sie natürlich einen guten Grund, um diese Erlaubnis zurückzuziehen. Doch in der Regel ist dieser gute Grund ja durchaus vorhanden. Wenn ein Hund etwas anstellt, andere Mieter belästigt oder beißt, dann dürfte es kein Problem sein, den Mieter aufzufordern, den Hund abzuschaffen. Auch fortgesetzte Lärmbelästigung (extensives Bellen!) oder penetranter Katzengestank rechtfertigen eine Rücknahme. Unter Umständen können Sie Ihrem Mieter nach einer Abmahnung sogar fristlos kündigen. Doch bevor Sie das tun, sprechen Sie besser noch einmal mit einem Rechtsanwalt.

Ihr Mieter beschädigt die Wohnung

Der Mieter muss mit der Wohnung pfleglich umgehen. Für Schäden, die er zu verantworten hat, muss er aufkommen. In der Praxis ist die Sache jedoch häufig nicht so eindeutig. Oftmals lässt sich nämlich trefflich darüber streiten, ob der Mieter tatsächlich für den Schaden verantwortlich zu machen ist.

Maßgeblich ist hier § 538 BGB, nach dem Ihr Mieter „Verschlechterungen", die sich aus dem „vertragsgemäßen Gebrauch" der Mietsache ergeben, „nicht zu vertreten" hat. Anders gesagt: Für Schäden, die aus der alltäglichen Abnutzung resultieren, müssen Sie als Vermieter aufkommen. Und auch bei einer „übermäßigen Abnutzung" haben Sie nur Anspruch auf den Differenzbetrag zwischen dem Übermaß und einem hypothetischen Normalverschleiß.

Außerdem ist das Wörtchen „vertragsgemäß" wichtig. Es kommt eben darauf an, was Sie in Ihrem Mietvertrag vereinbart haben. Wobei sich von selbst versteht, dass Sie Ihrem Mieter keine übermäßigen Sorgfaltspflichten aufladen können, denn für den „vertragsgemäßen Zustand der Mietsache" sind Sie als Vermieter zuständig (vgl. § 535 BGB). Aber es kann zum Beispiel entscheidend sein, ob Sie mit Ihrem Mieter vereinbart haben, dass er in bestimmten Räumen für ausreichende Belüftung und Beheizung zu sorgen hat. Tut er das nicht und entstehen deshalb Schimmelflecken, so können Sie ihn durchaus zur Verantwortung ziehen. Fehlt eine entsprechende Vereinbarung, dürfte das indessen schwierig werden.

Schuldhafte Beschädigung

Wenn Ihr Mieter hingegen „schuldhaft" oder gar mit Vorsatz handelt, dann können Sie Schadensersatzansprüche geltend machen. In diesem Fall sollten Sie den Mieter auffordern, den angerichteten Schaden bis zu einer bestimmten Frist zu ersetzen. Unterlässt er das, sollten Sie ihn auf Schadensersatz verklagen.

Die Klausel mit den Kleinreparaturen

Um nicht wegen jedes tropfenden Wasserhahns mit Ihrem Mieter eine Auseinandersetzung führen zu müssen, gibt es in vielen Mietverträgen eine Klausel über so genannte „Kleinreparaturen". Sie verpflichtet den Mieter, für kleinere Reparaturen die Kosten selbst zu tragen.

Was viele Vermieter nicht wissen: Diese Klausel ist oftmals unwirksam. Sie bedarf nämlich einer dreifachen Begrenzung: Einmal darf sie sich nur auf solche Teile beziehen, die dem häufigen Zugriff des Mieters ausgesetzt sind wie Wasserhähne, Lichtschalter, Steckdosen, Spülkästen, Heizkörper, Fensterläden oder Rollläden. Zum zweiten muss eine Obergrenze festgelegt werden, die eine „Kleinreparatur" höchstens kosten darf. Es gibt zwar keinen allgemein verbindlichen Betrag, doch sollten Sie die 80 Euro pro Reparatur nicht überschreiten. Drittens müssen Sie noch einen Höchstbetrag festlegen, damit Ihr Mieter nicht befürchten muss, wegen lauter Kleinreparaturen zur Kasse gebeten zu werden. Dabei gilt ein Betrag von einer Nettomonatsmiete pro Jahr als Maximum.

Fehlt auch nur eine dieser Begrenzungen, ist die Klausel unwirksam. Ebenso wenig ist eine Klausel gültig, die eine Kosten*beteiligung* für Reparaturen vorsieht, egal in welcher Höhe.

Ihr Mieter lässt die Wohnung verwahrlosen

Der „vertragsgemäße Gebrauch" der Wohnung schließt ein, dass der Mieter sie nicht verwahrlosen lassen oder vermüllen darf. Auf der anderen Seite bleibt es Ihrem Mieter überlassen, wie oft er die Wohnung putzt und lüftet. Als Vermieter haben Sie kein Hausrecht an der Wohnung und dürfen auch nicht „mal nach dem Rechten sehen", wenn Ihr Mieter das nicht duldet.

Und dennoch: Haben Sie Grund zu der Annahme, dass Ihr Mieter die Wohnung verwahrlosen lässt, sollten Sie ihn abmahnen, den „vertragswidrigen Gebrauch“ der Wohnung zu unterlassen. Zeigt das keine Wirkung, können Sie nach § 541 BGB auf Unterlassung klagen. Unter Umständen können Sie Schadensersatzansprüche stellen und in Extremfällen dürfte auch eine Kündigung in Frage kommen, vor allem wenn auch andere Mieter unter der Verwahrlosung leiden (Gestank). Allerdings zeigt sich in der Praxis, dass diese Ansprüche oft nur äußerst schwierig durchzusetzen sind. Nicht zuletzt auch weil solche „Problemmieter“ durch die Sozialklausel (→ S. 203) wirksam geschützt sind.

Ihr Mieter wird handgreiflich

Es gibt eine Grenze des Zumutbaren: Wenn Ihr Mieter handgreiflich wird, Ihnen gegenüber oder Ihren Angehörigen, dann können Sie ihm nach § 543 Abs. 1 oder § 569 Abs. 2 BGB fristlos kündigen. Das gilt auch für den Fall, dass er Sie bedroht, beleidigt oder andere Hausbewohner wiederholt belästigt. Natürlich ist die Schwere des Falles entscheidend und inwieweit Sie ihn belegen können. Es reicht natürlich nicht aus, wenn mehrere Hausbewohner sich durch das äußere Erscheinungsbild Ihres Mieters „belästigt“ fühlen oder wenn Ihr Mieter glaubhaft machen kann, dass er selbst bedroht wurde und aus Notwehr gehandelt hat. Bemerkenswert ist in diesem Zusammenhang ein Urteil des Amtsgerichts Saarburg: Einem Mieter war gegenüber einem Nachbarskind die „Hand ausgerutscht“. Daraufhin war ihm fristlos gekündigt worden. Doch das Gericht hielt diesen einmaligen Verstoß für nicht so schwerwiegend, dass er die fristlose Kündigung rechtfertige (WM 2008, S. 689). Im Zweifel empfiehlt sich daher immer, vorsorglich auch „ordentlich“ zu kündigen, also unter Wahrung der Kündigungsfrist.

Dennoch: Der Einsatz „handfester“ Argumente kann auf wenig Verständnis rechnen. Denn wenn das Vertrauensverhältnis zwischen Mieter und Vermieter nachhaltig zerstört ist, dann ist eine Fortsetzung des Mietvertrages nicht mehr zumutbar. Also auch wenn Ihr Mieter Sie betrogen oder gar bestohlen hat. In einem solch schweren Fall sollten Sie nicht zögern. Schicken Sie Ihrem Mieter die fristlose Kündigung. Etwaige Schadensersatzansprüche können Sie außerdem noch einklagen.

Ihr Mieter lässt Sie nicht in die Wohnung

Zwar hat Ihr Mieter in seiner Wohnung das Hausrecht, dennoch ist er verpflichtet, Ihnen unter bestimmten Voraussetzungen Zutritt zu gewähren. Meist sind diese Bedingungen im Mietvertrag näher ausgeführt. In drei Fällen muss der Mieter auf jeden Fall Ihren Besuch dulden:

- Sie wollen den Zustand der Räume feststellen, z. B. um sich darüber zu informieren, ob Modernisierungsarbeiten notwendig sind. Im Abstand von ein bis zwei Jahren sind solche Besuche zulässig.
- Sie haben den begründeten Verdacht, dass der Mieter Ihre Wohnung vertragswidrig gebraucht.
- Das Mietverhältnis endet und Sie wollen die Wohnung Mietinteressenten zeigen. Oder Sie wollen die Wohnung verkaufen und sie möglichen Käufern vorführen.

Besuch vorher ankündigen

In jedem Fall müssen Sie Ihren Besuch rechtzeitig ankündigen – mindestens 24 Stunden vorher (AG Braunschweig WM 1981, U 19). Ist der Mieter berufstätig und kein Familienangehöriger anwesend, ist diese Frist zu knapp. Mit vier Tagen sind Sie aber auf der sicheren Seite (AG Münster, WM 1982, S. 282). Sie dürfen Ihren Mieter auch nicht zur „Unzeit" besuchen. Als zumutbar gilt: An Werktagen zwischen 10 und 13 Uhr sowie zwischen 15 und 18 Uhr, an Sonn- und Feiertagen zwischen 11 und 13 Uhr. Ihr Mieter muss Sie mindestens einmal wöchentlich für die Dauer von drei Stunden in die Wohnung lassen (RGZ Bd. 106, S. 270). Weigert sich Ihr Mieter, müssen Sie Ihr Betretungsrecht gerichtlich durchsetzen, in dringenden Fällen mit einer „Einstweiligen Verfügung". Darüber hinaus können Sie auf Schadensersatz klagen. Auf keinen Fall dürfen Sie sich eigenmächtig Zutritt verschaffen (Ausnahme: Gefahr im Verzug).

Ihr Mieter möchte untervermieten

UNLIEBSAMER UNTERMIETER BEISPIEL

Gerhard Vogel möchte in seiner Wohnung ein möbliertes Zimmer untervermieten. Seine Vermieterin Waltraud Baumann ist damit nicht einverstanden. Herr Vogel vermietet trotzdem. Daraufhin fordert ihn Frau Baumann auf, den Untermietvertrag sofort zu kündigen. Als dies nicht geschieht, kündigt sie Herrn Vogel fristlos.

Hat Ihr Mieter Anspruch auf Untervermietung?

Beim Thema Untervermietung schalten viele Vermieter auf stur. Sie schätzen es nicht, wenn Teile der Wohnung jemandem überlassen werden, den sie nicht ausgesucht haben, den sie gar nicht kennen und von dem sie nicht absehen können, wie pfleglich er mit der Mietsache umgeht. Und doch: Sind bestimmte Voraussetzungen erfüllt, müssen Sie es wohl oder übel akzeptieren, dass Ihr Mieter untervermietet.

Unter diesen Bedingungen darf Ihr Mieter untervermieten

- Er holt vorher Ihre Erlaubnis ein.
- Der Mieter vermietet Teile der Wohnung an einen anderen weiter, beispielsweise ein möbliertes Zimmer. Er selbst bleibt als Hauptmieter dort wohnen.
- Er kann ein „berechtigtes Interesse“ an der Untervermietung vorweisen.

Wenn Sie eine Untervermietung verhindern möchten, sollten Sie an einem dieser drei Punkte ansetzen. Es bringt jedoch gar nichts, wenn Sie versuchen den Anspruch auf Untervermietung dadurch zu unterbinden, dass Sie Ihren Mieter eine entsprechende Verzichtserklärung unterschreiben lassen oder eine Klausel in Ihren Mietvertrag aufnehmen.

Der Mieter muss Ihre Zustimmung einholen

Nicht nur die Vermieter sind beim Thema Untervermietung etwas unsicher, viele Mieter sind es auch. Sie wissen nicht recht, ob sie ihren Vermieter fragen müssen und wie sie reagieren sollen, wenn der ablehnt. Manche meinen, es wäre da am zweckmäßigsten, den Vermieter gar nicht erst durch eine Nachfrage zu beunruhigen und einfach mal unterzuvermieten. Doch genau dadurch verwirken sie ihren Anspruch.

Schlimmer noch – aus Mietersicht: Nach Abmahnung können Sie dem Mieter gegebenenfalls kündigen und er ist möglicherweise dem Untermieter gegenüber schadensersatzpflichtig.

Nur um Erlaubnis fragen genügt nicht

Bevor Sie zustimmen, muss Ihr Mieter Sie über zweierlei in Kenntnis setzen. Nämlich aus welchen Gründen er untervermieten möchte und an wen. Für Sie muss ersichtlich sein, worauf er seinen Anspruch gründet. Sonst können Sie ja nicht entscheiden, ob Sie ihm die Erlaubnis verweigern können oder erteilen müssen. Ein Recht auf personenunabhängige Untervermietung besteht nicht (KG Berlin RE WM 1992, S. 350).

Auf der anderen Seite ist Ihr Mieter nicht verpflichtet, weitergehende Angaben über den Untermieter zu machen, beispielsweise über seine Einkommens- und Vermögensverhältnisse (LG Hamburg MW 1991, S. 585). Es genügt, wenn er ihn benennt. Wenn Ihr Mieter keinen Grund angibt und/oder keinen Untermieter benennt, sind Sie nicht verpflichtet zu reagieren. Vielfach wird es dennoch sinnvoller sein, Ihren Mieter nicht „ins offene Messer“ laufen zu lassen, sondern ihm mitzuteilen, dass er Gründe nennen und den Untermieter namhaft machen muss.

Wenn der Mieter ohne Ihre Erlaubnis untervermietet

Wird ohne Erlaubnis untervermietet, sollten Sie zügig reagieren. Dabei sind zwei Fälle zu unterscheiden: Entweder hätte Ihr Mieter „eigentlich" Anspruch auf Untervermietung gehabt. Doch er hat Ihre Zustimmung nicht abgewartet oder gar nicht erst eingeholt. Oder er hat ohnehin keinen Anspruch auf Untervermietung.

Im ersten Fall empfiehlt sich eine Abmahnung. Kündigen Sie außerdem eine Unterlassungsklage (nach § 541 BGB) an. Reagiert Ihr Mieter nicht, können Sie ihm ordentlich kündigen, also unter Einhaltung der gesetzlichen Kündigungsfrist. Unter Umständen ist auch eine fristlose Kündigung denkbar. Im zweiten Fall können Sie nach der Abmahnung fristlos kündigen.

Es gibt noch einen dritten Fall: Der Mieter hat einen Anspruch auf Untervermietung und rechtzeitig gefragt. Aber der Vermieter lässt ihn zappeln. Zieht dann der Untermieter ohne Erlaubnis ein, ist eine Kündigung „rechtsmissbräuchlich" (BGH, Urteil vom 2. Februar 2011, Az VIII ZR 74/10). Und eine Unterlassungsklage dürfte keinerlei Aussichten auf Erfolg haben.

Was sollte Ihre Abmahnung enthalten?

MUSTER: ABMAHNUNG UNTERVERMIETUNG

Sehr geehrter (Mieter),

in Ihrer Mietwohnung haben Sie (einen Raum) untervermietet, ohne dass ich Ihnen die Erlaubnis hierzu gegeben hätte. Nach § 540 Abs. 1 BGB sind Sie allerdings dazu verpflichtet, meine Erlaubnis einzuholen, bevor Sie untervermieten. Ich erteile Ihnen daher eine Abmahnung und fordere Sie auf, das Untermietverhältnis unverzüglich zu beenden. Ich setze Ihnen hierzu eine Frist bis (Datum, z. B. zwei Wochen nach Erhalt des Schreibens).

Besteht nach Ablauf dieser Frist noch immer ein Untermietverhältnis, werde ich gemäß § 541 BGB auf Unterlassung klagen/Ihnen gemäß § 543 Abs. 2 Ziffer 2 fristlos kündigen.

Mit freundlichen Grüßen

Wie immer sollten Sie dafür Sorge tragen, dass Ihr Mieter das Schreiben auch wirklich erhält. Entweder übergeben Sie es ihm persönlich oder Sie lassen es von einem Boten überbringen, der Ihnen die Übergabe quittiert. Am sichersten: Sie schicken es per Gerichtsvollzieher.

Achtung, Eltern und Kinder!

Möchte Ihr Mieter seine Eltern oder seine Kinder bei sich aufnehmen, dann handelt es sich nicht um ein Untermietverhältnis. Er kann es einfach tun und muss Sie nicht eigens um Erlaubnis fragen (BayObLG RE WM 1997, S. 603). Dies gilt auch dann, wenn er dafür Miete bekommt. Sie müssen also aufpassen. Auch wenn Ihr Mieter aus Ahnungslosigkeit bei Ihnen anfragt, dürfen Sie ihm die Aufnahme nicht verweigern. Es sei denn, wichtige Gründe sprechen gegen eine solche Aufnahme, zum Beispiel weil die Wohnung dann überbelegt wäre.

Wenn der Mieter hingegen ausziehen und die Wohnung seinen Kindern (oder Eltern) überlassen will, hat er keinen Anspruch auf Untervermietung (OLG Frankfurt RE WM 1988, S. 395).

Teilvermietung oder Weitervermietung?

Grundsätzlich sind zwei Arten der Untervermietung zu unterscheiden:

- Der Mieter vermietet einen Teil seiner Wohnung.
- Der Mieter überlässt die Wohnung einem Anderen. Er selbst kann durchaus noch Teile der Wohnung nutzen, die allerdings nicht mehr seinen „Lebenmittelpunkt" bildet.

Nur im ersten Fall hat Ihr Mieter Anspruch auf Untervermietung, den er notfalls gerichtlich einklagen kann. Im zweiten Fall bleibt es Ihrem Ermessen überlassen, ob Sie ihm die Erlaubnis erteilen oder nicht.

Und wenn Ihr Mieter nur vorübergehend seine Wohnung untervermietet?

Eine etwas umstrittene Mischform besteht dann, wenn Ihr Mieter die Wohnung nur für eine begrenzte Zeit einem Dritten überlässt und sie anschließend wieder selbst bezieht. Auch dann kann Ihr Mieter möglicherweise einen Anspruch auf Untervermietung geltend machen. Zwingende Voraussetzung ist allerdings, dass die Wohnung „Lebensmittelpunkt“ des Mieters bleibt (LG Berlin WM 1991, S. 483).

Ein Indiz dafür wäre, dass er seine Möbel in der Wohnung belässt. Auch ein Praktikum in einer anderen Stadt oder ein Gastsemester an einer anderen Universität könnte dafür in Frage kommen. Aber die Angelegenheit bleibt ein Grenzfall und muss je nach Sachlage ganz individuell beurteilt werden.

„Geheimwaffe" Sonderkündigungsrecht

Aber Achtung: Wenn Sie Ihre Zustimmung nicht erteilen, dann hat Ihr Mieter ein Sonderkündigungsrecht (§ 540 Abs. 1 BGB). Er kann dann ordentlich, also unter Einhaltung der gesetzlichen Kündigungsfrist kündigen. Das kann vor allem dann interessant sein, wenn er durch einen Zeitmietvertrag eigentlich länger gebunden ist. Das Sonderkündigungsrecht gibt ihm die Möglichkeit, eher aus dem Vertrag herauszukommen.

Aus diesem Grund gilt die Untervermietung bei manchen Mietern als eine Art „Geheimwaffe“, um lange Kündigungsfristen abzukürzen. Ein riskantes Spiel, denn der Schuss aus dieser „Geheimwaffe“ kann leicht nach hinten losgehen.

Der Mieter muss Namen nennen

Unterlässt es Ihr Mieter den Untermieter zu benennen, hat er wie erwähnt keinen Anspruch auf Untervermietung. Er hat aber auch kein Sonderkündigungsrecht, wenn sein Zustimmungsbegehren den gesetzlichen Anforderungen nicht genügt (vgl. LG Gießen ZMR 1999, S. 559). Insoweit braucht Ihr Mieter zumindest schon mal einen „Strohmann“, der als Untermieter fungiert. Aber auch dann könnten Sie ihn in arge Verlegenheit bringen, wenn Sie ihm die Untervermietung an seinen Strohmann nämlich gestatten. Im Allgemeinen ist von solchen taktischen Winkelzügen eher abzuraten.

ACHTUNG

SPIELEN SIE MIT OFFENEN KARTEN

Gibt es Grund zu der Annahme, dass Ihr Mieter einfach nur vorzeitig aus dem Mietvertrag herauskommen will, sollte es möglich sein, dass Sie sich auf eine einvernehmliche Lösung verständigen. Denn im Grunde hat ja keiner ernsthaftes Interesse an einer Untervermietung. Kommen Sie Ihrem Mieter einen Schritt entgegen, dann können Sie auch von ihm Kompromissbereitschaft erwarten.

Hat der Mieter ein „berechtigtes Interesse"?

Dem Gesetz nach hat Ihr Mieter Anspruch auf Ihre Erlaubnis, wenn nach Abschluss des Mietvertrages ein „berechtigtes Interesse" an der Untervermietung entsteht (§ 553 Abs. 1). Als „berechtigte Interessen" kommen wirtschaftliche oder persönliche Gründe in Frage. Wenn Ihr Mieter also nahe Verwandte aufnehmen will oder wirtschaftlich darauf angewiesen ist unterzuvermieten, dann müssen Sie im Allgemeinen zustimmen.

Wann können Sie Ihre Zustimmung verweigern?

Die Ansprüche, die die Gerichte an Ihren Mieter stellen, sind nicht übermäßig hoch. Aber er muss seine Gründe immerhin darlegen und halbwegs plausibel machen. Pauschale Hinweise genügen nicht. Ebenso wenig wird die Bequemlichkeit oder das Sicherheitsbedürfnis Ihres Mieters als Grund anerkannt. Will Ihr Mieter untervermieten, damit jemand in seiner Abwesenheit auf seine Wohnung aufpasst, besteht kein „berechtigtes Interesse" (LG Mannheim WM 1997, S. 369). Anders sieht die Sache aus, wenn er genötigt ist, einen doppelten Haushalt zu führen und aus finanziellen Gründen untervermietet.

Darüber hinaus gibt es vier mögliche Gegenargumente, mit denen Sie der Untervermietung widersprechen können:

- Die Wohnräume würden durch die Untervermietung übermäßig belegt.
- In der „Person des Untermieters" liegt „ein wichtiger Grund" vor, so dass für Sie die Untervermietung nicht zumutbar ist.
- Das Hauptmietverhältnis endet ohnehin in Kürze, so dass von Ihnen nicht verlangt werden kann, einer Untervermietung zuzustimmen.
- Die Gründe existierten bereits bei Abschluss des Mietvertrags.

Die „Person des Untermieters"

Hier müssen tatsächlich gewichtige Gründe zum Tragen kommen. Gibt es Anhaltspunkte dafür, dass der Untermieter den Hausfrieden stört, dürfen Sie ihn ablehnen. Einen martialischen Skinhead brauchen Sie gewiss nicht zu akzeptieren, wohingegen Sie einen Untermieter nicht ablehnen dürfen, weil er Ausländer ist. Auch nicht wenn Sie vielleicht befürchten, das dies den Hausfrieden stören könnte, weil beispielsweise ein Skinhead in Ihrem Haus wohnt. Denn in diesem Fall gefährdet natürlich nicht der ausländische Untermieter den Hausfrieden, sondern der Skinhead.

Sie dürfen den Untermieter hingegen ablehnen, wenn er ein Gewerbe betreiben würde, das Ihnen Konkurrenz macht. Die wirtschaftlichen Verhältnisse sind hingegen nicht ausschlaggebend, denn der Untermieter geht mit Ihnen ja gar keinen Vertrag ein, sondern mit dem Mieter. Insoweit können Sie auch keine Bescheinigungen oder Nachweise verlangen.

Die Gründe bestanden bei Abschluss des Mietvertrags

Auch damit lässt sich die Untervermietung möglicherweise kippen. Denn Ihr Mieter hat nur dann darauf Anspruch, wenn der Grund *nach* Abschluss des Mietvertrags entstanden ist. Wer also eine Wohnung anmietet, die von vornherein seine persönlichen Vermögensverhältnisse übersteigt, hat keinen Anspruch darauf, aus wirtschaftlichen Gründen unterzuvermieten. Ebenso hat er schlechte Karten, wenn er unmittelbar nach Abschluss des Mietvertrags untervermieten will.

Dürfen Sie Ihre Zustimmung von Bedingungen abhängig machen?

Die Sachlage ist eindeutig: Hat Ihr Mieter einen berechtigten Anspruch darauf unterzuvermieten, müssen Sie ihm die Erlaubnis erteilen. Ohne Wenn und Aber. Kann Ihr Mieter hingegen keinen Anspruch geltend machen, können Sie ihm die Zustimmung verweigern. Sie sind natürlich frei, ihm dennoch die Genehmigung zu geben und diese Genehmigung an bestimmte Bedingungen zu knüpfen.

Allerdings stehen solche Vereinbarungen juristisch auf tönernen Füßen, denn nach einem Urteil des Landgerichts Hamburg darf die Erlaubnis zur Untervermietung nicht von Bedingungen, Auflagen oder Befristungen abhängig gemacht werden (WM 1993, S. 737).

Dürfen Sie die Miete erhöhen?

Es liegt nahe, die Zustimmung zur Untervermietung mit einer Mieterhöhung zu verknüpfen. Mehr Bewohner verursachen schließlich auch höhere Kosten. Es ist sogar gesetzlich gestattet, die Erlaubnis davon abhängig zu machen, dass der Mieter einer Mieterhöhung zustimmt (§ 553 Abs. 2). Doch ist dieses Instrument in der Praxis wesentlich stumpfer, als viele Vermieter meinen. Denn Sie dürfen nur dann erhöhen, wenn sich aus der Untervermietung nachweislich höhere Kosten ergeben. Und Sie können die Miete nur um diesen Betrag erhöhen, anders gesagt: die Betriebskosten heraufsetzen.

Auf keinen Fall können Sie einen Teil der Untermiete für sich beanspruchen. Ihr Mieter muss Ihnen auch keineswegs offen legen, wie viel an Untermiete er kassiert.

Wer kommt für die Schäden auf, die der Untermieter verursacht?

Gibt es Probleme mit dem Untermieter, so muss sich Ihr Mieter darum kümmern. Denn nicht Sie haben mit dem Untermieter einen Vertrag geschlossen, sondern Ihr Mieter. Der Mieter haftet also für alle Schäden, die der Untermieter verursacht, auch wenn sie unabsichtlich entstanden sind. Und nicht nur das, er ist auch für sein Verhalten verantwortlich zu machen. Wenn der Untermieter den Hausfrieden massiv stört, dann können Sie unter Umständen Ihrem Mieter kündigen.

Und wenn das Hauptmietverhältnis endet, dann muss der Mieter dafür sorgen, dass der Untermieter mit ihm zusammen die Wohnung räumt. Sonst macht er sich schadensersatzpflichtig.

Wann Sie Ihrem Mieter kündigen können

KANN MAN EINEM LÄSTIGEN MIETER KÜNDIGEN? BEISPIEL

Mit dem neuen Mieter kommt Klaus Bungert nur schlecht zurecht. Es hat den Anschein, als lasse der nichts unversucht, ihm das Leben schwer zu machen. Bei der kleinsten Kleinigkeit wird die Miete gemindert, die Nebenkostenabrechnung wird grundsätzlich beanstandet. Am liebsten würde Herr Bungert seinen Mieter wieder loswerden. Doch wie soll er das anstellen? Kündigen kann er ihm ja wohl schlecht. Oder kann er es doch?

Ein „berechtigtes Interesse" ist Voraussetzung

Ein gutes persönliches Verhältnis zwischen Mieter und Vermieter vereinfacht vieles. Doch gibt Ihnen das nicht das Recht, den Mietvertrag zu lösen, wenn Sie meinen, dass die „Chemie“ zwischen Ihnen nicht mehr stimmt. Sie können nur aus einem „berechtigten Interesse“ den Mietvertrag kündigen. Und das können Sie im Wesentlichen nur in drei Fällen geltend machen:

- Der Mieter hat seine mietvertraglichen Verpflichtungen schuldhaft und nicht unerheblich verletzt.
- Sie benötigen die Wohnung für sich selbst, einen Familienangehörigen oder eine Person, die zu Ihrem Haushalt gehört (Eigenbedarf).
- Sie werden an einer „angemessenen wirtschaftlichen Verwertung“ der Wohnung gehindert, wenn Sie das Mietverhältnis fortsetzen („Verwertungskündigung“).

Ausnahme: Sonderkündigungsrecht

Doch gibt es eine Ausnahme: Bei Zweifamilienhäusern und Einfamilienhäusern mit Einliegerwohnung kann der Vermieter ganz ohne „berechtigtes Interesse" kündigen – wenn er denn im selben Haus wohnt. Konkret heißt das: Er kann ordentlich kündigen, wann immer er mag. Gründe muss er nicht nennen. Als Ausgleich für dieses „Kündigungsprivileg" räumt der Gesetzgeber dem Mieter eine verlängerte Kündigungsfrist ein: Machen Sie von dem Sonderkündigungsrecht Gebrauch, so verlängert sich die gesetzliche Kündigungsfrist um drei Monate. Hat das Mietverhältnis also z. B. sechs Jahre gedauert, so ist es neun statt sechs Monate nach Zugang der Kündigung beendet.

Bei Ihrer Kündigung müssen Sie eigens darauf hinweisen, dass die Kündigung *nicht auf berechtigte Interessen des Vermieters* gestützt wird – so ist es gesetzlich vorgeschrieben (§ 573a Abs. 3 BGB). Zusätzlich empfiehlt sich der Hinweis, dass Sie von dem Sonderkündigungsrecht (nach § 573a BGB) Gebrauch machen.

Ordentlich oder fristlos kündigen

Sie müssen unterscheiden zwischen einer ordentlichen und einer fristlosen Kündigung. Eine „ordentliche Kündigung" bedeutet, dass Sie das Mietverhältnis innerhalb der gesetzlichen Fristen kündigen. Bei einer „fristlosen Kündigung" ist das Mietverhältnis mit sofortiger Wirkung beendet. Sie müssen Ihrem Mieter allerdings dann doch eine Frist einräumen, damit er die Wohnung räumen kann.

Die Kündigungsfristen

Durch das neue Mietrecht haben sich die Fristen ein wenig geändert. Im Normalfall beträgt die gesetzliche Frist drei Monate. Nach einer Mietdauer von fünf Jahren verlängert sie sich – allerdings nur für den Vermieter – auf sechs Monate und nach acht Jahren noch einmal auf neun Monate. Für den Mieter bleibt die Frist hingegen immer gleich bei drei Monaten.

Die Kündigung muss spätestens am 3. Werktag eines Monats dem Mieter zugehen, damit nach Ablauf des übernächsten Monats das Mietverhältnis endet. Erhält Ihr Mieter also am 3. April die Kündigung, muss er bei dreimonatiger Frist spätestens am 30. Juni ausziehen.

LASSEN SIE DIE KÜNDIGUNG VOM GERICHTSVOLLZIEHER ZUSTELLEN ACHTUNG

Im Zweifelsfall müssen Sie beweisen, dass dem Mieter die Kündigung zugegangen ist und zwar fristgerecht. Wenn Sie sichergehen wollen, lassen Sie die Kündigung vom Gerichtsvollzieher zustellen. Wenden Sie sich an das zuständige Amtsgericht bzw. an die dortige Gerichtsvollzieher-Verteilerstelle.

Die formale Seite

Jede Kündigung muss schriftlich erfolgen. Das gilt übrigens auch für den Mieter. Wenn der Ihnen wutentbrannt entgegenschleudert „Hiermit kündige ich!", bleibt das ohne Folgen. Außerdem müssen Sie sicherstellen, dass die Kündigung *alle Mieter* erreicht. Und dass sie von *allen Vermietern* unterschrieben ist. Spricht ein Bevollmächtigter die Kündigung aus, so braucht er eine Originalvollmacht, eine beglaubigte Kopie reicht nicht aus.

Außerdem müssen Sie Ihre Kündigung begründen (Ausnahme: Sonderkündigungsrecht). Immerhin muss Ihr Mieter nachprüfen können, ob Ihre Kündigung überhaupt gerechtfertigt ist. Ist nur *eine* dieser Voraussetzungen nicht erfüllt, ist die Kündigung unwirksam. Dann können Sie noch einmal von vorne anfangen.

Und schließlich sollten Sie Ihren Mieter noch ausdrücklich darauf hinweisen, dass ihm bis spätestens zwei Monate vor Ablauf der Kündigungsfrist ein Widerspruchsrecht (→ S. 204) zusteht. Ansonsten riskieren Sie, dass er seinen Widerspruch erst geltend macht, wenn es zum Gerichtsverfahren kommt.

Der Mieter verletzt schuldhaft seine mietvertraglichen Verpflichtungen

Hat Ihr Mieter erheblich gegen den Mietvertrag verstoßen, dann kommt unter Umständen eine Kündigung in Betracht. Aber: Die Messlatte liegt hoch. In der Regel müssen Sie vorher abmahnen (→ S. 183). Und die Pflichtverletzung muss zu einer echten „Störung des Vertrauensverhältnisses" zwischen Mieter und Vermieter geführt haben. Oder der Mieter hat den „Hausfrieden" so massiv gestört, dass dem Vermieter die Fortsetzung des Mietverhältnisses nicht zugemutet werden kann.

Konkret heißt das: Wenn Ihr Mieter immer wieder „vergisst", die Treppe zu reinigen, dann können Sie ihn zwar mahnen und die Treppenreinigung auch gerichtlich einklagen, eine Kündigung lässt sich damit kaum begründen. Auch wenn Ihr Mieter sich unberechtigterweise ein Haustier hält (→ S. 173), jeden Samstag im Sommer grillt und damit gegen die Hausordnung verstößt (→ S. 165) oder länger Klavier übt, als er darf, müssen Sie wohl zunächst einmal auf Unterlassung klagen.

Aber es kommt immer auf die Schwere des Falles an. Ständige massive Ruhestörung oder die unerlaubte Haltung eines bissigen Hundes dürften sehr wohl eine Kündigung rechtfertigen. Nach entsprechender Abmahnung können Sie in solchen Fällen fristlos kündigen.

Die Abmahnung

Bevor Sie Ihrem Mieter wegen grober Pflichtverletzung kündigen können, müssen Sie ihn in aller Regel abmahnen. Eine Abmahnung ist auch erforderlich, bevor Sie eine Unterlassungsklage erheben. Auf jeden Fall müssen Sie abmahnen, wenn Ihr Mieter die Wohnung unbefugterweise anderen überlässt, bei unerlaubter Tierhaltung, ruhestörendem Lärm oder bei Überbelegung.

Von zwei Fällen, die eine fristlose Kündigung *ohne* Abmahnung rechtfertigen, war bereits die Rede: erheblicher Zahlungsverzug (→ S. 102) und Tätlichkeiten gegenüber dem Vermieter oder seinen Angehörigen (→ S. 178).

Im Prinzip könnten Sie Ihre Mieter auch mündlich abmahnen. Doch da Sie beweisen müssen, dass sie ordnungsgemäß abgemahnt wurden, ist eine schriftliche Abmahnung dringend anzuraten.

1. Was? Wann? Wo? Wie?

In der Abmahnung müssen Sie den Verstoß genau bezeichnen. Pauschale Anschuldigungen („erhebliche Ruhstörung") reichen nicht aus. Denken Sie daran: Je genauer Sie das Verhalten fassen, desto weniger ist Ihre Abmahnung angreifbar.

2. Nehmen Sie Bezug auf den Mietvertrag

Damit die Anschuldigung nicht einfach so im Raum stehen bleibt, ist es hilfreich, wenn Sie sich auf Ihren Mietvertrag beziehen. Beispielsweise nach dem Muster: „Nach § 16 unseres Mietvertrags ist eine bauliche Veränderung an der Mietsache ohne schriftliche Zustimmung des Vermieters nicht zulässig." Sie können auch noch mal eigens darauf hinweisen: „Damit haben Sie erheblich gegen Ihre mietvertraglichen Pflichten verstoßen."

3. Fordern Sie den Mieter auf, sein vertragswidriges Verhalten zu beenden

Anklagen allein genügt nicht. Sagen Sie Ihrem Mieter ausdrücklich, was Sie erwarten: Dass er sein Haustier wieder abschafft, dass er seinem Untermieter kündigt, dass er die Ruhezeiten einhält oder dass er seinen Wäscheständer wieder abmontiert.

4. Setzen Sie eine Frist

Unbedingt erforderlich: Sie müssen dem Mieter eine ausreichende Frist setzen, Ihrer Forderung Folge zu leisten. Bei einer Ruhestörung ist das natürlich nicht nötig („ab sofort"), doch wenn Ihr Mieter bauliche Veränderungen wieder rückgängig machen soll, müssen Sie ihm schon etwas Zeit einräumen. Wichtig: Ist die Frist zu kurz bemessen, bleibt die Abmahnung dennoch wirksam. Sie verlängert sich aber bis zu einer angemessenen Dauer.

5. Kündigen Sie Konsequenzen an

Machen Sie Ihren Mieter darauf aufmerksam, was geschieht, wenn er Ihrer Aufforderung nicht Folge leistet. Lassen Sie ihn wissen, dass Sie ihm dann kündigen oder Unterlassungsklage erheben. Schließlich: Vergessen Sie nicht, Ihre Abmahnung zu unterschreiben. Das Muster einer Abmahnung finden Sie auf Seite 183.

Sollen Sie fristlos kündigen?

Bei groben Verstößen ist eine fristlose Kündigung anzuraten. Ansonsten zieht sich die Sache noch mehr in die Länge. Allerdings gilt die fristlose Kündigung als äußerstes Mittel. Es muss schon einiges zusammenkommen, ehe Sie davon Gebrauch machen dürfen. Und vielleicht wird Ihnen nicht jedes Gericht das Recht dazu zubilligen. Aber es gibt ja noch die Möglichkeit, ordentlich zu kündigen.

Fallen die groben Verstöße also eine Nummer kleiner aus (und rechtfertigen dennoch eine Kündigung), so können Sie unter Berufung auf § 573 Abs. 2 Ziffer 1 ordentlich kündigen.

Die Möglichkeit einer ordentlichen Kündigung steht Ihnen auch dann offen, wenn Sie gleichzeitig fristlos kündigen. Diese „vorsorgliche Kündigung" (→ S. 117) greift immer dann, wenn Sie mit der fristlosen Kündigung nicht durchkommen. Sie erhöhen also Ihre Chance, dass der Mieter ausziehen muss.

Kündigung wegen Eigenbedarf

Sie können die Wohnung wegen Eigenbedarfs kündigen, wenn Sie die ganze Wohnung für sich selbst, für eine Person, die zu Ihrem Haushalt gehört, oder für einen Familienangehörigen benötigen, der Ihnen nicht allzu fern steht. Entscheidend ist, dass Sie dieser Person gegenüber eine „sittliche Verantwortung für ihren Wohnbedarf" tragen (LG Münster 22.11.1990, Az. 8 S 334/90). Von der Haushaltshilfe bis zur Schwiegermutter, den Stiefkindern und der Cousine ist im Prinzip alles möglich.

Zweite Voraussetzung ist, dass die Wohnung auch weiterhin zu *Wohnzwecken* genutzt wird. Wenn Sie dort Ihr Büro einrichten wollen, haben Sie keinen Anspruch auf Eigenbedarf.

Personen, die zu Ihrem Haushalt gehören

Zu dieser Kategorie gehören im Wesentlichen die Hausangestellten und das Pflegepersonal. Dabei müssen diese Personen nicht schon zu Ihrem Haushalt gehören. Sie können auch den Bedarf für Personen geltend machen, die neu in den Haushalt aufgenommen werden sollen. So ist es möglich, dass Sie die Wohnung für eine Pflegeperson beanspruchen, wenn absehbar ist, dass Sie die Dienste in naher Zukunft brauchen.

Ihre Familienangehörigen

Hier ist heftig umstritten, wie weit der Kreis ausgedehnt werden darf. Keine Probleme gibt es bei engen Verwandten wie Eltern, Kinder und Ehegatten. Auch für Geschwister, Schwiegereltern, Stiefkinder, Großeltern und Enkel kann Eigenbedarf noch geltend gemacht werden.

Maßgeblich ist wie erwähnt die „sittliche Verantwortlichkeit" für den Wohnbedarf des Betreffenden. Für einen Neffen, zugleich Patenkind des Vermieters wurde diese Verantwortlichkeit verneint, für eine Cousine, zu der eine enge Verbindung bestand, hingegen bejaht. Für Schwager, Schwägerin oder die geschiedene Ehefrau kann kein Eigenbedarf beansprucht werden.

Vernünftige und nachvollziehbare Gründe

Der Wohnbedarf allein reicht nicht aus. Sie müssen ihn auch „vernünftig und nachvollziehbar" begründen. Wer wesentliche Dinge nicht erwähnt, verwirkt unter Umständen seinen Anspruch. Es muss erkennbar werden, warum der Vermieter *ausgerechnet diese* Wohnung braucht. Der Mieter muss überprüfen können, ob ein Widerspruch gegen die Gründe sinnvoll ist (BVerfG WM 1993, S. 235).

So wird Eigenbedarf nicht akzeptiert, wenn eine andere gleichwertige Wohnung zu Verfügung stünde oder die Person, für die Eigenbedarf geltend gemacht werden soll, selbst Vermieter einer Wohnung ist, für die sie

Eigenbedarf beanspruchen könnte. Auch bei deutlich „überhöhtem Wohnbedarf" kann die Kündigung unwirksam sein. Anerkannt werden hingegen die folgenden Gründe:

- Das eigene Kind will einen eigenen Hausstand gründen.
- Der Vermieter braucht die Wohnung, weil sie näher an seiner Arbeitsstelle liegt.
- Der Vermieter muss wegen persönlicher wirtschaftlicher Schwierigkeiten seinen Lebensstandard senken und in eine kleinere Wohnung ziehen.
- Die Schwiegermutter soll aus der Wohnung des Vermieters in eine eigene Wohnung ziehen.

ACHTUNG

ZEITVERTRAG STATT EIGENBEDARFSKÜNDIGUNG

Achtung: Wenn der Eigenbedarf schon bei Abschluss des Mietvertrages absehbar war und Sie es unterlassen haben, Ihren Mieter darauf aufmerksam zu machen, kann Ihr Mieter die Kündigung erfolgreich anfechten. Daher: Informieren Sie Ihren Mieter über einen möglichen Eigenbedarf oder besser noch: Schließen Sie einen Zeitmietvertrag ab (→ S. 53).

Für Ihre Eigenbedarfskündigung ist eine stichhaltige Begründung entscheidend. Im Übrigen könnte Ihr Schreiben so aussehen:

MUSTER: EIGENBEDARFSKÜNDIGUNG

Sehr geehrter Mieter,

hiermit kündige ich unseren Mietvertrag vom .... über die Wohnung in .... wegen Eigenbedarfs. Gemäß § 573c Abs. 1 BGB beträgt die Kündigungsfrist 3/6/9 Monate. Der Vertrag endet also am ....

Im Folgenden möchte ich meine Kündigung Ihnen gegenüber gemäß § 573 BGB näher begründen:

....

....

Gegen diese Kündigung steht Ihnen ein gesetzliches Widerspruchsrecht zu. Als Mieter sind Sie berechtigt nach §§ 574, 574 a-c BGB dieser Kündigung zu widersprechen und die Fortsetzung des Mietverhältnisses zu verlangen, wenn die Beendigung des Mietverhältnisses für Sie oder Ihre Familie eine Härte bedeuten würde, die auch unter Würdigung meiner Interessen nicht zu rechtfertigen ist. Ihr Widerspruch muss mir bis spätestens zwei Monate vor Ende der Mietzeit schriftlich vorliegen und ist im Einzelnen zu begründen.

Einer Fortsetzung des Mietverhältnisses über den Kündigungszeitpunkt hinaus gemäß § 545 BGB wird bereits heute widersprochen.

Mit freundlichen Grüßen

Kein Mittel gegen unliebsame Mieter

Noch immer hält sich bei manchen Vermietern die Ansicht, die Eigenbedarfskündigung sei ein geeignetes Mittel, um unliebsame Mieter loszuwerden. Doch das ist ein verhängnisvoller Irrtum. Das Gegenteil ist der Fall: Von einem unliebsamen Mieter werden Sie sich viel schwerer trennen können – auch und gerade bei einer Eigenbedarfskündigung.

Denn die Gerichte werden Ihrem Anspruch mit äußerstem Misstrauen begegnen, wenn Sie ihn gegen einen Mieter durchsetzen wollen, dem Sie vorher schon einmal vergeblich gekündigt haben oder der sich gerade erfolgreich gegen eine Mieterhöhung gewehrt hat.

Vorgeschobener Eigenbedarf

Aber auch wenn Sie mit Ihrer Kündigung Erfolg haben und es stellt sich im Nachhinein heraus, dass der Eigenbedarf nur vorgeschoben war, handeln Sie sich sehr viel Ärger ein. Ihr Mieter kann Sie dann nämlich auf Schadensersatz verklagen – und bekommt in aller Regel Recht. Er hat Anspruch auf alle Kosten, die ihm durch den Umzug entstanden sind, Maklerprovision, die Differenz zur jetzigen (höheren) Miete. Ja, sogar die Kosten für den Detektiv, den er auf Sie angesetzt hat, kann er sich von Ihnen erstatten lassen. Außerdem kann Ihnen ein Strafverfahren wegen Betruges drohen.

Und wenn der Eigenbedarf kurz vorher entfällt?

Diese Scherereien haben Sie auch, wenn bis zur Räumung durch den Mieter der Bedarfsgrund wegfällt, also z. B. Ihr Sohn eine andere Wohnung findet und nicht einzieht. In diesem Fall sind Sie verpflichtet, Ihrem Mieter das mitzuteilen. Will er dann trotzdem ausziehen, ist das seine Sache. Und Sie sind auf der sicheren Seite.

Auf Zeit spielen bringt nichts

Besonders „ausgefuchste" Vermieter sind der Ansicht, sie müssten nur eine gewisse „Anstandsfrist" verstreichen lassen und könnten ihre Wohnung dann neu vermieten. Doch damit ändert sich nicht viel. Zwar müssen Sie Ihren Exmieter nicht auf unabsehbare Zeit auf dem Laufenden halten, ob die Wohnung jetzt wieder frei wird. Aber wenn sie nach einigen Wochen wieder auf dem Wohnungsmarkt angeboten wird, werden die Gerichte nicht zögern, darin einen vorgeschobenen Eigenbedarf zu sehen.

Und wenn sich die Gründe ändern?

Vor Gericht zählen nur die Gründe, die Sie in dem Kündigungsschreiben angegeben haben. Wenn Sie also Eigenbedarf für Ihren Sohn anmelden, darf *nicht* plötzlich Ihre Tochter einziehen (strengere Anforderungen als beim Zeitmietvertrag, → S. 53). In diesem Fall müssten Sie neu kündigen. Anders sieht die Sache aus, wenn Sie Ihren Sohn als Hilfs- oder Pflegeperson angemeldet haben. Wenn jetzt die Tochter einzieht und die Pflege übernimmt, ändert sich die Interessenlage nicht, da der Eigenbedarf Ihre Pflegebedürftigkeit betrifft und nicht den Wohnbedarf Ihrer Kinder.

DIESE GRÜNDE KÖNNEN SIE NOCH NACHLIEFERN ACHTUNG

Zwar sind die Gründe maßgeblich, die Sie in Ihrem Kündigungsschreiben mitgeteilt haben. Allerdings dürfen Sie Ihre Argumentation erweitern durch Gründe, die erst *nach* Einreichung der Kündigung entstanden sind (§ 573 Abs. 3 BGB).

Eigenbedarf nach Kauf

Wenn Sie eine vermietete Wohnung erwerben, die Sie selbst gerne beziehen wollen, so können Sie durchaus wegen Eigenbedarfs kündigen. Allerdings verlaufen solche Kündigungen nicht immer ganz störungsfrei. Wie bei jeder Kündigung kann der Mieter Widerspruch einlegen und sich vor allem auf die „Sozialklausel" berufen (→ S. 203). Ob er damit Aussicht auf Erfolg hat, sollten Sie unbedingt vor dem Kauf prüfen.

Und es gibt noch eine starke Einschränkung Ihres Kündigungsrechts: Handelt es sich um eine Wohnung, die in eine Eigentumswohnung umgewandelt worden ist, so ist Ihr Mieter mindestens drei Jahre geschützt. In Gemeinden, in denen eine ausreichende Versorgung mit Mietwohnungen gefährdet ist – und das ist in fast allen Ballungsräumen der Fall –, gilt sogar eine zehnjährige Kündigungssperre. Daher eignen sich solche Objekte nur zur Selbstnutzung, wenn sie bereits leer stehen. Und noch etwas sollten Sie wissen: Als neuer Besitzer können Sie Ihrem Mieter erst kündigen, wenn die Auflassungsvormerkung im Grundbuch vorliegt – und nicht schon bei Unterzeichnung des Kaufvertrags.

MISSTRAUEN SIE VOLLMUNDIGEN VERSPRECHUNGEN ACHTUNG

„Der Mieter will ausziehen", versichert treuherzig der Wohnungsmakler, „das kann ich Ihnen schriftlich geben." Nun ist der Wille eine Sache, seine Realisierung eine andere. Lassen Sie also lieber die Finger von solchen Wohnungen. Solange nicht definitiv sicher ist, dass der Mieter die Wohnung räumt, haben Sie nichts in der Hand.

Die Verwertungskündigung

Schließlich können Sie die Kündigung aussprechen, wenn Sie „durch die Fortsetzung des Mietverhältnisses an einer angemessenen wirtschaftlichen Verwertung des Grundstücks gehindert" und dadurch „erhebliche Nachteile erleiden" würden (§ 573 Abs. 2 Ziffer 3 BGB). Wenn sich also auf Ihrem Grundstück in guter Lage ein altes baufälliges Häuschen befindet, für das Sie nur geringe Mieteinnahmen erzielen. Dann dürften Sie Ihrem Mieter möglicherweise kündigen und ein Mehrfamilienhaus auf dem Grundstück errichten. Auch Wohnungssanierungen sind möglich.

In der Praxis ist die Verwertungskündigung jedoch oft nur schwer durchzusetzen. Sie müssen die erheblichen Nachteile nämlich genau nachweisen. Ohne einen versierten Rechtsanwalt werden Sie nicht auskommen. Und noch etwas sollten Sie wissen: In den neuen Bundesländern ist die Verwertungskündigung (auch nach der Mietrechtsreform) noch immer nicht möglich.

Der Mieter legt Widerspruch ein

Ihr Mieter hat das Recht, Ihrer Kündigung zu widersprechen. Spätestens zwei Monate vor Ablauf der Kündigungsfrist. Wie erwähnt sollten Sie ihn auf dieses Recht in Ihrer Kündigung hinweisen, sonst gilt diese Frist nicht. Aus welchen Gründen kann er widersprechen?

- Er akzeptiert Ihre Kündigungsgründe nicht oder weist Ihnen einen Formfehler nach. Hat er Recht, ist die Kündigung unwirksam. Hat er Unrecht, sollten Sie Räumungsklage einreichen.
- Er beruft sich auf die so genannte „Härtefall-“ oder „Sozialklausel“ nach § 574 BGB. Das muss er begründen.

Die Sozialklausel

Ihr Mieter kann sich darauf berufen, dass die „Beendigung des Mietverhältnisses“ für ihn, seine Familie oder einen anderen Angehörigen seines Haushalts „eine Härte“ bedeuten würde, die auch unter Würdigung der berechtigten Interessen des Vermieters nicht zu rechtfertigen ist“. Es wird also abgewogen: Ihre Interessen gegen die des Mieters. Ebenso wie Sie Ihre Gründe für die Kündigung nennen mussten, ist nun Ihr Mieter gefordert seine Gründe anzugeben, weshalb die Kündigung für ihn „eine Härte bedeuten würde“. Nun muss für Sie nachvollziehbar sein, dass seine Gründe möglicherweise schwerer wiegen als Ihre. Allzu pauschale oder unverständliche Angaben rechtfertigen keinen Widerspruch.

BEI FRISTLOSER KÜNDIGUNG GIBT ES KEINE SOZIALKLAUSEL ACHTUNG

Wenn Sie dem Mieter fristlos kündigen, kann er sich nicht auf die Sozialklausel berufen. Ebenso wenig, wenn der Zeitmietvertrag (→ S. 53) ausläuft.

Welche Gründe wiegen schwer?

Es gibt eine Vielzahl von Gründen, sich auf die Sozialklausel zu berufen: das hohe Alter, die Anzahl der Kinder, das geringe Einkommen, Krankheit des Mieters oder eines nahen Angehörigen, die Lage auf dem Wohnungsmarkt, eine unmittelbar bevorstehende Prüfung (dann hätte die Kündigung allerdings nur aufschiebende Wirkung). Kurzum, es geht darum, dass dem Mieter nicht zugemutet werden kann, sich neuen Wohnraum zu suchen – nicht zuletzt auch weil er mit hoher Wahrscheinlichkeit keinen finden wird. Deshalb heißt es eigens in § 574 Abs. 2 BGB: „Eine Härte liegt auch vor, wenn angemessener Ersatzwohnraum nicht beschafft werden kann.“ Wer glaubhaft machen kann, dass er keine Wohnung findet, dem werden Sie nur schwer kündigen können.

Wiegen Ihre Gründe schwerer?

Die Sozialklausel gilt – nicht zu Unrecht – als wirksame Waffe gegen eine Kündigung. Doch führt das gelegentlich dazu, dass Mieter ihre eigenen Gründe etwas überschätzen. Es sind nämlich zwei Dinge zu beachten:

- Die Gründe müssen nachprüfbar und nachweisbar sein.
- Auch gute Gründe genügen nicht, wenn die Gründe des Vermieters besser sind.

Sind die Gründe gleichrangig, darf in der Regel der Vermieter seinen Eigenbedarf geltend machen. Ist der Mieter alt und krank, hat er wenig Aussicht wohnen zu bleiben, wenn der Vermieter, der für sich Eigenbedarf anmeldet, ebenfalls alt und krank ist (LG Berlin GE 1991, S. 521).

ACHTUNG

MIETER FINDET KEINE WOHNUNG? – NACHWEISE BITTE!

Es genügt auch nicht, wenn der Mieter einfach nur behauptet, er habe sich erfolglos um eine Wohnung bemüht. Dann sollten Sie darauf bestehen, dass er seine Bemühungen nachweist.

Wenn der Mieter die Widerspruchsfrist verstreichen lässt?

Legt Ihr Mieter innerhalb der Frist keinen Widerspruch ein, so kann er sich nicht mehr auf die Sozialklausel berufen! Voraussetzung ist allerdings, dass Sie in Ihrem Kündigungsschreiben auf sein Widerspruchsrecht und die Frist hingewiesen haben. Stellt sich allerdings heraus, dass die Kündigung *unwirksam* war (z. B. Formfehler, vorgeschobener Eigenbedarf), dann spielt es keine Rolle, ob Ihr Mieter die Frist eingehalten hat. Denn eine unwirksame Kündigung wird nicht dadurch wirksam, dass der Mieter der Widerspruchsfrist nicht einhält.

Der Räumungsvergleich

Bleibt Ihr Mieter in der Wohnung? Spätestens jetzt brauchen Sie einen Anwalt. Sie müssen Räumungsklage erheben, gegen die Ihr Mieter wiederum Einspruch erheben kann. Dann kommt es zur Gerichtsverhandlung und Ihr Mieter hat wieder etwas Zeit gewonnen. Selbstverständlich muss er weiterhin die Miete zahlen. Tut er es nicht, sollten Sie prüfen, ob Sie ihm nicht wegen Zahlungsverzugs (→ S. 102) fristlos kündigen können.

Je nach Sachlage wird das Gericht entscheiden, ob Ihr Mieter Anspruch hat, das Mietverhältnis fortzusetzen oder nicht. Im Ergebnis führt das oftmals zu einem so genannten „Räumungsvergleich", bei dem sich der Mieter verpflichtet auszuziehen, während Sie ihm in anderer Hinsicht mehr oder weniger stark entgegenkommen: Sie erlassen ihm die „Schönheitsreparaturen", zahlen ihm eine Umzugsbeihilfe oder eine Entschädigung, die manchmal beeindruckende Höhen erreichen kann.

Mieter zieht aus – Sie zahlen

Wie viel Sie die Sache letztlich kostet, ist abhängig von der Stärke der Mieterposition. Hätte er eigentlich Anspruch auf Fortsetzung des Mietverhältnisses, kann er sich das teuer bezahlen lassen. Daher sollten Sie vorher überlegen, wie weit Sie ihm maximal entgegenkommen. Ein Anwalt mit Erfahrung im Mietrecht kann Sie da kompetent beraten.

Ihr Mieter zieht aus

PLÖTZLICH KÜNDIGT DIE MIETERIN – WORAUF MUSS MAN ACHTEN? BEISPIEL

Damit hat Ludwig Klammer nicht gerechnet: Seine Mieterin, die immer so sehr von der Wohnung geschwärmt hat, schickt ihm heute die Kündigung. Nicht ganz fristgerecht. Herr Klammer ist sich unsicher: Ist deshalb die Kündigung ungültig? Und worauf muss er bei der Übergabe achten? Wie ist das mit den Schönheitsreparaturen? Und den Schlüsseln? Seine Mieterin hat bestimmt welche nachmachen lassen. Darf er die einfordern? Und muss seine Mieterin nicht einen Nachmieter stellen?

Die Kündigung

Wenn Ihr Mieter ausziehen will, muss er kündigen. Im Normalfall muss er dabei eine Kündigungsfrist beachten. Nur bei einer „fristlosen Kündigung“ gilt die nicht.

Eine Kündigung muss immer schriftlich erfolgen. Und sie muss von allen Mietern unterzeichnet sein, die auch den Mietvertrag unterschrieben haben. Sonst ist sie unwirksam. Ebenso wenig gültig ist die Kündigung:

- wenn Ihr Mieter mündlich kündigt.
- wenn Ihr Mieter Ihnen ein Fax oder ein Telegramm schickt (AG Siegburg WM 1993, S. 674).
- wenn die Kündigung nicht von allen eigenhändig unterschrieben wurde (wer seinen Namen mit Schreibmaschine tippt, kündigt nicht; gleichfalls ist es unwirksam, wenn Ihr Mieter „auch im Namen meiner Frau” kündigt, die dann nicht unterschreibt).

Kündigung unwirksam – was tun?

Schickt Ihnen Ihr Mieter eine Kündigung, die unwirksam ist, so es ist zwar in erster Linie sein Problem. Doch sind auch Sie als Vermieter betroffen. Akzeptieren Sie eine unwirksame (z. B. mündliche) Kündigung und der Mieter überlegt es sich noch einmal anders, so können die Folgen sehr unangenehm sein. Stellen Sie sich vor, nur der eine Ehepartner hat gekündigt und es stellt sich bei der Übergabe heraus, dass der andere Ehepartner (ebenfalls Mieter) gar nicht die Absicht hat auszuziehen.

Vielfach ist es besser, für klare Verhältnisse zu sorgen. Teilen Sie Ihrem Mieter mit, dass Sie seine Kündigung wegen formaler Fehler nicht anerkennen können. Dadurch vergrößern Sie die Chance, dass der Auszug in geordneten Bahnen verläuft.

Ordentlich gekündigt

Wie dem Vermieter (→ S. 108) so steht natürlich auch dem Mieter die Möglichkeit offen, ordentlich, unter Einhaltung der Kündigungsfrist, oder fristlos zu kündigen. Der bei weitem häufigere Fall: Der Mieter kündigt ordentlich, also so, wie es im Mietvertrag vorgesehen ist. Es gibt zwei wesentliche Unterschiede zur Vermieterkündigung:

- Die Kündigungsfrist beträgt für den Mieter einheitlich drei Monate (mögliche Ausnahme: Zeitmietverträge).
- Die Kündigung muss nicht begründet werden.

Die drei Monate werden genau so wie bei der Vermieterkündigung (→ S. 192) berechnet. Wenn Sie die schriftliche Kündigung am 3. Werktag des Monats erreicht, so wird der betroffene Monat noch mitgezählt. Sehr wichtig: Die dreimonatige Kündigungsfrist für den Mieter gilt selbst dann, wenn in Ihrem Formularmietvertrag andere Fristen genannt sind (nämlich die alten Fristen, die vor der Mietrechtsreform galten)! Der Gesetzgeber hat am 26. Mai 2005 an den Artikel 229 § 3 Abs. 10 des Einführungsgesetzes zum BGB einen Satz hinzugefügt, der dies klarstellt. Eine Ausnahme gilt nur, wenn Sie die Kündigungsfrist „individuell vereinbart" haben, was auf die meisten Verträge aber nicht zutreffen dürfte.

DER MIETER KANN JEDERZEIT KÜNDIGEN ACHTUNG

Solange er die Kündigungsfrist einhält, kann der Mieter jederzeit kündigen. Klauseln, wonach nur zum Ende eines Quartals gekündigt werden kann, sind unwirksam – und zwar für beide Parteien (LG Köln WM 1988, S. 404).

Wenn die Kündigungsfrist nicht eingehalten wird ...

... so ist die Kündigung dennoch wirksam. Die Frist verschiebt sich nur entsprechend. In aller Regel muss Ihr Mieter noch einen weiteren Monat Miete zahlen.

SCHLIEẞEN SIE EINEN MIETAUFHEBUNGSVERTRAG ACHTUNG

Alle Fristen haben keine Bedeutung, wenn Sie sich mit Ihrem Mieter einigen, das Mietverhältnis vorzeitig zu beenden und einen Mietaufhebungsvertrag abschließen. Ein solcher Vertrag hat allerdings nur dann einen Sinn, wenn sich daraus für Sie auch Vorteile ergeben. So könnten Sie eine Ausgleichszahlung vereinbaren.

Fristlos gekündigt

Wenn Sie wichtige Pflichten aus dem Mietvertrag erheblich verletzten, kann der Mieter fristlos kündigen. Dabei lassen sich zwei Fälle unterscheiden:

- Die Wohnung weist schwere Mängel auf. Im Gesetzestext: Dem Mieter wird „der vertragsgemäße Gebrauch der Mietsache ganz oder zum Teil nicht rechtzeitig gewährt oder wieder entzogen" (§ 543 Abs. 2 BGB).

Zum Beispiel funktioniert die Heizung nicht richtig oder die Fenster sind undicht oder im Haus macht ein Bordell auf.

- Als Vermieter verhalten Sie sich derart unangemssen, dass Ihrem Mieter nicht zuzumuten ist, in der Wohnung zu bleiben. Sie spionieren ihm hinterher, betreten ohne sein Wissen die Wohnung (sofern nicht „Gefahr im Verzug ist"), setzen körperliche Gewalt ein oder beleidigen ihn schwer.

Ihr Mieter muss Sie auffordern, die Mängel zu beheben

Ganz so „fristlos" ist die fristlose Kündigung meistens nicht. Sofern es nämlich möglich ist, „Abhilfe" zu schaffen, muss Ihr Mieter Sie auffordern, innerhalb einer angemessenen Frist den Mangel zu beheben. Wenn „keine Abhilfe" möglich ist oder die Gesundheit des Mieters gefährdet ist, dann braucht der Mieter nicht abzuwarten, sondern kann ausziehen. Wichtig: Jede fristlose Kündigung muss begründet werden. Es muss z. B. genau dargelegt werden, dass eine Gesundheitsgefährdung besteht und warum.

ACHTUNG

KEIN GEEIGNETER WEG, UNLIEBSAME MIETER LOSZUWERDEN

Eine fristlose Kündigung zu provozieren ist töricht und durchaus kein geeignetes Mittel, um missliebige Mieter loszuwerden. Unter Umständen müssen Sie Schadenersatz leisten oder Ihr Mieter kann Sie verpflichten, seine Umzugskosten zu tragen.

Der Nachmieter

Einem verbreiteten Irrtum zufolge kann sich der Mieter vorzeitig aus einem Mietverhältnis lösen, wenn er drei Nachmieter stellt. Das ist jedoch nicht so. Möchte Ihr Mieter vorzeitig ausziehen und stellt einen Nachmieter, dann können Sie sich darauf einlassen, Sie müssen es aber nicht, sondern können darauf beharren, dass der Mieter seinen Vertrag erfüllt.

Auch Verträge mit einer so genannten „Nachmieterklausel" sollten Sie daraufhin anschauen, ob die Klausel Ihrem Mieter nur ermöglicht, die Frist auf drei Monate abzukürzen, wenn er einen Nachmieter stellt. Da aber ohnehin für den Mieter eine dreimonatige Frist gilt, hat diese Klausel nur bei Zeitverträgen Auswirkungen.

Übrigens gilt es auch anders herum: Sie können Ihren Mieter nicht verpflichten, einen Nachmieter zu stellen, wenn er ordentlich kündigt.

Die Ausnahmen: „besondere Gründe"

Bei Zeitverträgen können Sie in einzelnen Fällen gezwungen sein, Ihren Mieter vorzeitig aus dem Vertrag zu entlassen, wenn er einen geeigneten Nachmieter stellt. Nämlich wenn er „besondere Gründe" geltend machen kann. Die Frist kann er allerdings nur auf drei Monate herunterschrauben.

Besondere Gründe liegen vor, wenn die persönliche Lebenssituation Ihren Mieter zu einem Wohnungswechsel nötigt, zum Beispiel weil Ihr Mieter schwer erkrankt ist, in einem Altersheim untergebracht werden soll, wenn er aus beruflichen Gründen in eine andere Stadt ziehen muss, der Mieter Nachwuchs bekommt oder einen neuen Hausstand gründet und die Wohnung zu klein wird.

Der Mieter zieht vorzeitig aus

Auch wenn Ihr Mieter vorzeitig auszieht, so muss er noch weiterhin Miete bezahlen. So lange, bis der Mietvertrag endet oder die Kündigungsfrist abgelaufen ist – oder Sie die Wohnung wieder vermieten. Dabei sind Sie verpflichtet, sich darum zu kümmern, die Wohnung so schnell wie möglich wieder zu vermieten. Sie können also nicht die Wohnung leer stehen lassen und tatenlos abwarten, bis die letzte Miete eingegangen ist.

Aber: Bevor Sie sich um die Weitervermietung kümmern können, muss der Mieter tatsächlich ausgezogen sein. Dazu genügt es nicht, dass die Wohnung leer ist, sondern er muss Ihnen „den Besitz an der Wohnung" zurückgegeben haben (Schlüssel!). Solange das nicht der Fall ist, kann Ihr Mieter über die Wohnung noch uneingeschränkt verfügen – wenigstens solange er die Miete noch bezahlt.

Achtung: Sobald Sie die leer stehende Wohnung umbauen oder von Grund auf renovieren lassen, muss der Mieter, der vorzeitig ausgezogen ist, keine Miete mehr bezahlen. Dies gilt nicht, wenn Sie die „Schönheitsreparaturen" durchführen lassen.

Wenn Sie keinen Mieter finden?

Gelingt es Ihnen nachweislich nicht, einen Mieter zu finden, der eine Miete in gleicher Höhe bezahlt, können Sie für den Rest der Laufzeit des Vertrages die Differenz als Schadenersatz von Ihrem alten Mieter beanspruchen.

Die Übergabe

Ihr Mieter ist verpflichtet, Ihnen die Wohnung zurückzugeben. Spätestens wenn das Mietverhältnis beendet ist. In der Praxis kann das heißen: Kündigt der Mieter zum 30. Juni, muss er spätestens am 1. Juli in der Frühe ausziehen (so AG Köln WM 1985, S. 265). Bei der Übergabe muss die Wohnung mit allen Nebenräumen leer geräumt und für Sie zugänglich sein. Ist der Mieter verpflichtet, Schönheitsreparaturen durchführen zu lassen, müssen die fertig sein.

Wenn der Mieter nicht renoviert hat?

Hat der Mieter gar nicht oder mangelhaft renoviert (obwohl er dazu verpflichtet wäre), müssen Sie ihm nochmals eine Frist einräumen, die Arbeiten nachzuholen, wenn er das denn möchte. Wenn sich Weitervermietung dadurch verzögert, sollten Sie eine „Nutzungsentschädigung" verlangen. Anders gesagt: Für den angebrochenen Monat muss er noch Miete zahlen. Allerdings nur, wenn Sie tatsächlich hätten weitervermieten können.

Die Schlüsselfrage

Alle Schlüssel müssen an Sie zurück gegeben werden, auch Keller-, Briefkasten- und Hoftorschlüssel. Sehr wichtig: Der Mieter muss auch alle Schlüssel herausgeben, die er selbst hat nachmachen lassen. Unterlässt er das, macht er sich strafbar. Auf diesen Punkt sollten Sie Ihren Mieter eindringlich hinweisen. Die Kosten für die nachgemachten Schlüssel müssten Sie freilich erstatten. Haben Sie keine Verwendung für die neuen Schlüssel, fordern Sie Ihren Mieter auf, die Schlüssel in Ihrer Gegenwart zu vernichten.

Sind die Schlüssel nicht vollzählig, muss der Mieter die fehlenden Exemplare ersetzen. Lassen Sie ein neues Schloss einbauen, muss der Mieter die Kosten tragen. Es sei denn, er kann beweisen, dass der verlorene Schlüssel keinen Schaden anrichten kann (→ S. 171).

Das Übergabeprotokoll

Im Idealfall haben Sie bereits beim Einzug ein Übergabeprotokoll (→ S. 60) erstellt. Sie können dann schwarz auf weiß belegen, was sich geändert hat. Das alte Protokoll brauchen Sie jedoch vorerst nicht. Es geht erst einmal darum, den Zustand der Wohnung zu dokumentieren. Gemeinsam mit dem Mieter sehen Sie sich jeden Raum an und halten jeden Mangel fest, der Ihnen auffällt.

Halten Sie die Augen offen und sorgen Sie dafür, dass alles, was Sie bemerken, im Protokoll festgehalten wird. Auch wenn Ihr Mieter dagegen protestiert und androht, das Protokoll nicht zu unterschreiben. Das Protokoll kann Ihnen später als Beweismittel dienen. Bestätigen Sie hingegen, dass Sie die Wohnung „ordnungsgemäß zurück erhalten“ haben, dürfte es schwierig sein, später noch Mängelansprüche durchzusetzen – es sei denn, es handelt sich um versteckte Mängel.

Der Zustand der Wohnräume

Sofern Sie dem Mieter nicht vertraglich die Pflicht auferlegt haben, die Schönheitsreparaturen durchzuführen, können Sie nur bescheidene Ansprüche geltend machen. Der Mieter ist allenfalls verpflichtet, vor dem Auszug mit Staubsauger und Putzlappen tätig zu werden.

Alle Abnutzungsspuren, die auf einen „normalen, vertragsgemäßen Gebrauch" zurückgehen, sind nicht zu beanstanden. Was darunter genau zu verstehen ist, darüber gehen die Ansichten allerdings weit auseinander.

Wenn Ihr Mieter im Badezimmer die Fliesen angebohrt hat, um einen Schrank aufzuhängen, ist dies noch zulässig. Sie können nicht verlangen, dass er neue Fliesen verlegt (BGH WM 1993, S, 109). Haben Sie ihm die Schönheitsreparaturen nicht übertragen, muss er nicht einmal die Bohrlöcher schließen.

Parkett und Teppich nutzen sich im Laufe der Jahre ab. So lange sie nicht übermäßig beansprucht oder gar beschädigt sind, haben Sie keinen Anspruch auf Erneuerung oder Abschleifen. Für die Beurteilung spielt natürlich die Mietdauer eine entscheidende Rolle.

Die Schönheitsreparaturen

Im Unterschied zu anderen Reparaturen, bei denen ein akuter Schaden behoben wird, beseitigen Schönheitsreparaturen die Spuren normaler Abnutzung. Im Wesentlichen muss Ihr Mieter folgende Arbeiten übernehmen: Das Verstopfen von Bohrlöchern, das Kalken von Räumen, das Streichen von Decken, Wänden, Fußböden, Fenstern, Fensterbänken, Türen, Heizungskörpern und Rohren. Und wenn die Räume tapeziert sind, gehört auch das Tapezieren dazu.

Fenster und Türen muss der Mieter nur von Innen streichen. Für sämtliche Außenarbeiten sind Sie als Vermieter zuständig. Ebenso wenig gehört die Reinigung des Teppichbodens zu den Schönheitsreparaturen. Dazu ist eine Zusatzklausel in Ihrem Mietvertrag erforderlich – oder besser noch: eine individuelle Vereinbarung (→ S. 49).

ACHTUNG

IHR MIETER HAT ANSPRUCH DARAUF, SELBST ZU RENOVIEREN

Sie können den Mieter nicht dazu verpflichten, die Arbeiten von Fachkräften vornehmen zu lassen. Wenn er will, darf er selbst den Pinsel schwingen – auch wenn Sie mietvertraglich etwas anderes vereinbart haben. Immerhin hat dies „fachmännisch" zu geschehen, wenn auch nicht auf dem Niveau professioneller Handwerker.

Wann muss der Mieter renovieren?

Erste Voraussetzung: Die Klausel in Ihrem Mietvertrag muss wirksam sein. Durch das Urteil des Bundesgerichtshofs vom 5. April 2006 sind viele Vereinbarungen unwirksam geworden (Az. VIII ZR 178/05). Denn sie schreiben vor, dass der Mieter „spätestens“ oder „auf jeden Fall“ bestimmte Räume jeweils nach drei, fünf oder sieben Jahren renovieren *muss*. Weil eine solche Klausel vom tatsächlichen Zustand der Räume absieht, benachteiligt sie nach Ansicht des BGH den Mieter und ist unwirksam. Die Folge: Der Mieter muss gar nicht renovieren.

PRÜFEN SIE GENAU DIE FORMULIERUNG IN IHREM MIETVERTRAG! ACHTUNG

Auch wenn es in der Presse gelegentlich so zu lesen war: Der BGH hat die Klausel über die Schönheitsreparaturen keineswegs „gekippt“! Vielmehr sind Vereinbarungen unwirksam, wenn sie den Mieter auf bestimmte Fristen festnageln. Es kommt also sehr genau auf die Formulierung an: Ist in Ihrer Vertragsklausel zu lesen, dass der Mieter „in der Regel“, „bei normaler Abnutzung“ oder „im Allgemeinen“ nach drei, fünf oder sieben Jahren zu renovieren hat, ist die Klausel gültig. Auch wenn eigens ausgeführt wird, dass seine Renovierungspflicht vom Zustand der Wohnräume abhängt, dürfte die Klausel Bestand haben.

Dass genaues Hinschauen lohnt, zeigt ein BGH-Urteil vom 13. Juli 2005: In der betreffenden Klausel hieß es, die Schönheitsreparaturen seien „in der Regel in Küchen, Bädern und Toiletten spätestens nach drei Jahren, in Wohnräumen, Schlafräumen, Dielen spätestens nach fünf Jahren“ etc. durchzuführen. Zwei widersprüchliche Formulierungen: „in der Regel“ und „spätestens“. Doch der BGH hat die Klausel als wirksam anerkannt (Az. VIII ZR 351/04, NJW 2005, S. 3416).

Renovierung nur nach Abnutzung

Die wichtigste Grundregel lautet: Sie können den Mieter nur zu Schönheitsreparaturen verpflichten, um die Abnutzung zu beseitigen, die er selbst verursacht hat. Alle Klauseln, die ihn darüber hinaus in die Pflicht nehmen wollen (à la „Der Mieter übernimmt die Endrenovierung") sind unwirksam.

Fristen zur Orientierung

Welche Räume Ihr Mieter renoviert haben muss, das hängt ganz von dem Grad ihrer Abnutzung ab. Es war der BGH, der in einem Grundsatzurteil die Fristen genannt hat, die jetzt für so viel Ärger sorgen, weil sie in vielen Mietverträgen als verbindlich vorgeschrieben sind. Dabei hatte der BGH die betreffenden Zeiträume als Orientierungsmaßstab angegeben, ab wann eine Renovierung im Allgemeinen „angemessen" ist (WM 1987, S. 306). Und als so ein Anhaltspunkt gelten sie auch, wenn im Mietvertrag keine Fristen genannt sind.

RAUM	RENOVIERUNGSTURNUS
• Küche, Bad und Duschräume	alle drei Jahre
• Wohn-, Schlafräume, Flur, Diele, Toilette	alle fünf Jahre
• alle anderen Nebenräume	alle sieben Jahre

Ist Ihre Klausel wirksam, muss der Mieter „im Normalfall" nur die Räume renoviert haben, die nach dem „Fristenplan" fällig sind. Sind die betreffenden Räume aber noch nicht renovierungsbedürftig (z. B. weil Ihr Mieter länger abwesend war oder die Räume zeitweise gar nicht genutzt hat), muss der Mieter nicht renovieren. Umgekehrt gilt aber auch, dass übermäßig stark abgenutzte Räume renoviert werden müssen – auch wenn sie nach dem Plan noch nicht an der Reihe sind. Auch bei mangelnder Sorgfalt haben Sie Anspruch auf Schadensbeseitigung: Soßenflecke auf der Tapete in der Essecke mögen zwar nichts Ungewöhnliches sein, Sie sollten dennoch darauf bestehen, dass Ihr Mieter diese Spuren tilgt und neu tapeziert.

Was ist mit den Räumen, die noch nicht fällig sind?

Für die Räume, deren Renovierung noch nicht ansteht, können Sie Ihren Mieter nicht in die Pflicht nehmen, ihm auch nicht eine Kostenbeteiligung abverlangen – es sei denn, Sie haben eine entsprechende Quotenklausel im Mietvertrag vereinbart. Dabei dürfen die Anteile nicht zu hoch sein, sonst ist die Klausel unwirksam. Und Sie dürfen auch nicht etwa den Kostenvoranschlag eines Malerfachgeschäfts Ihrer Wahl als Berechnungsgrundlage heranziehen. Nach einem Urteil des Bundesgerichtshofs benachteiligt eine solche Klausel den Mieter und ist daher unwirksam. Denn es könnte ja sein, dass dieses Fachgeschäft überhöhte Preise ansetzt. Gleichzeitig hat aber der BGH die Zulässigkeit einer Quotenvereinbarung ausdrücklich bestätigt (Urteil vom 29. Mai 2013, Az. VIII ZR 285/12).

Wenn der Mieter schon vorher renoviert hat?

In der Praxis führt der Mieter die Arbeiten erst kurz vor seinem Auszug durch. Dies ist jedoch keineswegs zwingend. Hat er bei „Fälligkeit“ renoviert, können Sie das natürlich nicht beanstanden und ihm eine Schlussrenovierung abverlangen. Allerdings muss Ihr Mieter diese Renovierung nachweisen können.

Wenn der Mieter irrtümlich renoviert?

Wir haben es schon angesprochen: Viele, aber bei weitem nicht alle Klauseln über die Schönheitsreparaturen sind unwirksam. Was aber geschieht, wenn der Mieter dennoch renoviert – trotz unwirksamer Klausel? Im Prinzip hat er Anspruch auf Schadenersatz. Das heißt, Sie müssten ihm die Kosten für die Renovierung ersetzen, wenn er sie denn einfordert. Und zwar innerhalb von sechs Monaten nach Ende des Mietverhältnisses. Stellt er seine Ansprüche später, sind sie verjährt (BGH, Urteil vom 4. Mai 2011, Az. VIII ZR 195/10).

Beschädigungen durch den Mieter

Für alle Schäden, die der Mieter verursacht hat, muss er aufkommen. Für Flecken im Teppich, beschädigten Fußboden, abgeplatzte Emaille oder zerkratzte Türen dürfen Sie ihn zur Kasse bitten bzw. die Schäden mit der

Kaution verrechnen. Allerdings müssen Sie je nach Nutzungsdauer einen mehr oder minder großen Betrag vom Neuanschaffungspreis abziehen.

Und wenn die Nutzungsdauer lang genug ist, dann muss Ihr Mieter gar nichts mehr bezahlen. So hat das Landgericht Wiesbaden geurteilt, dass ein Parkettboden alle 15 bis 20 Jahre ohnehin abgeschliffen werden muss und ein PVC-Boden eine Lebensdauer von neun bis zehn Jahren hat (WM 1991, S. 540).

Einbauten des Mieters

Alle Einrichtungsgegenstände, die der Mieter auf seine Kosten angeschafft oder vom Vormieter übernommen hat, darf er ausbauen und mitnehmen, sogar wenn sie durch feste, dauerhafte Verbindung ein „wesentlicher Bestandteil des Gebäudes" geworden sind (BGH WM 1982, S. 50), also Einbauschränke, vollverklebter Teppichboden, Geräte, deren Leitungen unter dem Putz verlaufen.

Die „Spuren" dieses Ausbaus muss er allerdings beseitigen. Bei einem Teppichboden dürfen keine Klebereste zurück bleiben. Alle Schäden, die durch den Ausbau verursacht werden, muss der Mieter beseitigen.

Wenn der Mieter eine Entschädigung verlangt

In der Praxis ist der Mieter allerdings selten darauf erpicht, seine passgenauen Einbauschränke zu zerlegen oder seine bombenfeste Auslegware vom Fußboden zu schälen. Stattdessen will er für seine Einbauten entschädigt werden. Doch soweit Ihr Mieter nicht in Ihrem Auftrag gehandelt hat, müssen Sie ihm gar nichts bezahlen.

Für Einbauten, die eine Aufwertung Ihrer Wohnung darstellen, ist es jedoch sinnvoll, eine gewisse Entschädigung anzubieten. In welcher Höhe, das richtet sich auch ein wenig danach, wie aufwendig es wäre, diese Einbauten zu entfernen.

ACHTUNG

ANSPRUCH AUF ENTFERNUNG ERLISCHT

Noch etwas spricht dafür, für Einbauten, die Sie übernehmen wollen, eine Entschädigung zu zahlen: Ansonsten hätte der Mieter noch sechs Monate lang Anspruch darauf, seine Einrichtungen zu entfernen (§ 548 BGB).

Einbauten des Vormieters

Für Einbauten, die der Mieter vom Vormieter übernommen hat, gilt dasselbe wie für die eigenen. Er darf sie also nicht mit dem Argument zurücklassen, er habe sie übernommen, folglich gehörten sie zur Wohnung.

Ihr Mieter hinterlässt seine Einbauten

Zieht der Mieter aus, ohne seine Einbauten wegzuschaffen, so haben Sie sechs Monate Zeit, ihre Entfernung zu verlangen und den Mieter auf Schadenersatz zu verklagen, wenn er seiner Pflicht nicht nachkommt (→ Verjährung, S. 86). Bei größeren Einbauten können Sie möglicherweise noch Miete von ihm verlangen.

Bauliche Veränderungen

Manchmal hat der Mieter bauliche Veränderungen durchgeführt: Wanddurchbruch, Kürzen von Türblättern, um Teppichboden zu verlegen, oder den Einbau eines neuen Fensters. Ist dies mit Ihrer Erlaubnis geschehen, so können Sie nicht verlangen, dass alles wieder rückgängig gemacht wird – es sei denn, Sie haben genau dies mit Ihrem Mieter vereinbart.

Auf der Gegenseite kann Ihr Mieter nur dann Kostenerstattung verlangen, wenn er die baulichen Veränderungen in Ihrem Interesse durchgeführt hat. Wenn Sie ihn nicht gerade dazu aufgefordert haben, beispielsweise eine neue Wand einzuziehen, dürfte das allerdings nur schwer zu beweisen sein.

Hat der Mieter bauliche Veränderungen ohne Ihre Zustimmung vorgenommen, so haben Sie einen Anspruch darauf, dass sie rückgängig gemacht werden. Weigert sich Ihr Mieter die baulichen Veränderungen zu beseitigen, können Sie Anspruch auf Schadenersatz erheben. Wollen Sie die betreffenden Räume allerdings umbauen, können Sie den Mieter nicht dazu zwingen, vorher noch Arbeiten durchzuführen, die dann ohnehin beseitigt werden müssen.

Wenn es etwas zu beanstanden gibt

Läuft alles glatt, dann nehmen Sie die Wohnung wieder in Ihren Besitz und können neu vermieten. Manchmal gibt es aber noch etwas zu beanstanden. Der Mieter hat schlecht renoviert oder Einbauten nicht entfernt. Im Idealfall verständigen Sie sich bei der Übergabe mit Ihrem Mieter, welche Leistungen er noch zu erbringen hat und bis wann. Diese Vereinbarungen sollten Sie schriftlich festhalten. Beide Parteien müssen sie natürlich unterschreiben.

Erzielen Sie keine Einigung oder hat es gar keine Übergabe gegeben, dann müssen Sie handeln und Ihre Ansprüche einfordern. Es sei denn, die Kaution reicht zur Deckung Ihrer Unkosten aus. Lassen Sie sich zu viel Zeit, riskieren Sie, dass Ihre Ansprüche verjähren. Die Verjährungsfrist beträgt nur sechs Monate (§ 548 BGB). Solange Sie mit Ihrem Mieter verhandeln, wird die Verjährung „gehemmt" (→ S. 87).

Sie müssen eine „Nachfrist" setzen

Hat der Mieter schlecht renoviert, dürfen Sie nicht gleich nach der Rückgabe der Wohnung einen Handwerker beauftragen und die Rechnung Ihrem Mieter schicken. Ebenso wenig dürfen Sie verbliebene Einbauten auf seine Kosten entfernen lassen. Vielmehr müssen Sie ihm Gelegenheit geben, die Dinge noch selbst in Ordnung zu bringen. Sie müssen ihm dazu eine angemessene „Nachfrist" setzen – sogar wenn er sich bei der Übergabe geweigert hat, Ihre Ansprüche zu erfüllen oder durch seinen Anwalt mitteilen lässt, dass er sich nicht verpflichtet fühlt zu renovieren.

Die „Nachfrist" ist nach § 326 BGB gesetzlich vorgeschrieben. Unterlassen Sie es, Ihrem Mieter noch eine letzte Chance zu geben, verwirken Sie unter Umständen Ihre Ansprüche.

Fordern Sie den Mieter auf, die Mängel zu beseitigen

Schicken Sie Ihrem Mieter einen Brief, der unbedingt die folgenden vier Punkte enthalten sollte:

- Teilen Sie Ihrem Mieter im Einzelnen mit, was Sie beanstanden und welche Leistungen er zu erbringen hat.
- Setzen Sie ihm eine angemessene Frist, in der er die Leistungen ausführen (lassen) muss. Je nach Art und Umfang der Arbeiten gelten zwei bis drei Wochen als ausreichend, eine Woche ist zu knapp.
- Kündigen Sie an, dass Sie weitere Leistungen ablehnen, wenn die Arbeiten bis zu dem betreffenden Zeitpunkt nicht erbracht sind.
- Machen Sie ihn darauf aufmerksam, dass Sie in diesem Fall die Arbeiten auf seine Kosten ausführen lassen und diese Kosten als Schadenersatz geltend machen.

In Ihrem Schreiben nehmen Sie zunächst auf die Vereinbarungen in Ihrem Mietvertrag Bezug, aus dem sich die Verpflichtungen ergeben, die Ihr Mieter vernachlässigt hat (z. B. Schönheitsreparaturen, Verpflichtung, die Mietsache geräumt und sauber zurückzugeben). Benennen Sie Ihre Beanstandungen und fordern Ihren Mieter auf, die Mängel zu beheben. Dann könnten Sie folgendermaßen fortfahren:

MUSTER: BEANSTANDUNGEN RENOVIERUNG

... Ich setze Ihnen gemäß § 326 BGB eine Frist bis zum ...., die betreffenden Leistungen ordnungsgemäß zu erbringen. Den Schlüssel können Sie jederzeit bei mir abholen. Nach Ablauf der Frist werde ich weitere Leistungen von Ihnen ablehnen, die Arbeiten auf Ihre Kosten ausführen lassen und diese Kosten als Schadenersatz geltend machen. Zu diesen Kosten gehört auch ein Gutachten, das ich im Rahmen eines Beweissicherungsverfahrens von einem Sachverständigen anfertigen lassen werde, um den Zustand der Räume festzuhalten. Außerdem sämtliche Kosten, die dadurch entstehen, dass ich die Räume nicht weitervermieten kann.

Mit freundlichen Grüßen

Wenn Ihr Mieter auf dieses Anschreiben nicht reagiert, sollten Sie (wie in dem Musterschreiben angekündigt) beim Amtsgericht ein so genanntes „Beweissicherungsverfahren" beantragen. Das Gericht beauftragt einen Sachverständigen mit der Erstellung eines Gutachtens, für das Sie zunächst die Kosten vorstrecken müssen. Unmittelbar nach dem Gutachtertermin sollten Sie die Schäden in Ordnung bringen lassen.

Bis Sie an Ihr Geld kommen, müssen Sie sich in Geduld fassen. Wenn sich abzeichnet, dass Ihr Mieter zahlungsunfähig ist, dürften Sie besser davonkommen, wenn Sie sich den ganzen Aufwand sparen und das Geld abschreiben.

Der Mieter muss seine neue Adresse hinterlassen

Ein ganz wesentlicher Punkt: Der Mieter ist verpflichtet, Ihnen die Adresse mitzuteilen, unter der er in Zukunft zu erreichen ist. Unterlässt er das, hat er keinen Anspruch auf Rückzahlung der Kaution, und die Betriebskosten müssen Sie auch (noch) nicht abrechnen. Falls Sie meinen, dass dies auch kaum möglich ist, da Sie die Abrechnung nirgendwo hinschicken können, haben Sie Recht. Doch gibt es Mieter, die erwarten, dass Sie die betreffenden Beträge einfach auf ihr Konto überweisen. Sie meinen, es genüge, wenn Ihnen die Bankverbindung bekannt ist. Aber das ist ein Irrtum. Nach allgemeiner Rechtssprechung gehört es zu den „Nebenpflichten des Mieters", seine neue Anschrift zu hinterlassen (AG Berlin-Charlottenburg, GE 2008, S. 1433). Verstößt er dagegen, muss er die Konsequenzen tragen.

So melden sich manche Mieter nach einiger Zeit, um die Kaution zurückzufordern. Ist die Verjährungsfrist verstrichen (→ „Rückgabe der Kaution"), kann er keine Ansprüche mehr geltend machen. Ansonsten ist es durchaus möglich, dass Sie Nachforderungen aus der Betriebskostenabrechnung noch geltend machen können – auch wenn Sie die Abrechnungsfrist überschritten haben. Denn es war Ihnen ja nicht möglich, ihm die Abrechnung zuzuschicken.

Ihr Mieter will eine Mietschuldenfreiheits-Bescheinigung

Wir haben es bereits im ersten Kapitel angesprochen: Immer mehr Vermieter verlangen von den Interessenten eine Bescheinigung des Vorvermieters, die bestätigt, dass keine Zahlungsrückstände bestehen. So wollen sie sich vor Mietnomaden schützen. Nun sind Sie als Zahlungsempfänger nach § 368 BGB verpflichtet, dem Schuldner eine Quittung zu erteilen, wenn er dies verlangt. Genau das sollten Sie in diesem Fall auch tun. Bestätigen Sie ihm, dass er seine Mietzahlungen geleistet hat.

Womöglich gibt sich Ihr Mieter jedoch nicht damit zufrieden. Er besteht darauf, dass Sie ihm bescheinigen, dass keine Mietschulden mehr bestehen. Und da kann es brenzlig werden. Denn wenn Sie ihm das bestätigen, verzichten Sie auf alle Ansprüche, die noch bestehen oder die Sie übersehen haben. Daher in aller Deutlichkeit: Nach höchstrichterlicher Rechtssprechung besteht kein Anspruch auf so eine Bescheinigung, sondern allenfalls auf die erwähnte Quittung (BGH, Urteil vom 30.9. 2009, Az. VIII ZR 238/08). Im Übrigen sollten Sie sich klarmachen: Wenn Sie einem „Problemmieter" einen solchen Schein ausstellen, um ihn loszuwerden, schädigen Sie nicht nur den neuen Vermieter. Sie verwirken auch alle Ansprüche, die Sie noch an Ihren Mieter stellen können.

Rückgabe der Kaution

Im Prinzip müssen Sie die Kaution an den Mieter zurückzahlen, wenn das Mietverhältnis beendet ist, Sie die Wohnung zurückbekommen haben – und Ihnen der Mieter nichts mehr schuldet. Weil Sie sich darüber jedoch erst einmal einen Überblick verschaffen müssen, steht Ihnen eine „Überlegungsfrist" zu, die sich danach richtet, wie kompliziert oder einfach sich Ihr Fall gestaltet. Deshalb gilt: Liegen die Verhältnisse völlig klar und bestehen kein Nachforderungen, dann müssen Sie im Prinzip sofort zurückzahlen.

Aber Achtung: Manche Gerichte vertreten die Auffassung, dass der Vermieter auf eine Nachzahlung aus der Nebenkostenabrechnung verzichtet, wenn er die Kaution vorbehaltlos an den Mieter zurückzahlt (AG Berlin-Charlottenburg GE 2000, S. 987).

ACHTUNG

ZAHLEN SIE DIE KAUTION NUR UNTER VORBEHALT AUS

Um sich gegen solche Risiken zu schützen, können Sie Ihre Kaution unter dem Vorbehalt der Nachforderung bestehender Ansprüche ausbezahlen. Oder Sie behalten einen Teil der Kaution vorsorglich zurück, der allerdings nicht höher sein darf als drei bis vier monatliche Vorauszahlungen der Nebenkosten.

Rechnen Sie ab

Wenn Sie etwas von der Kaution einbehalten, müssen Sie darüber detailliert Rechenschaft abgeben. Ihre Ansprüche müssen Sie genau beziffern und im Einzelnen belegen. Ansonsten kann der Mieter Ihre Abrechnung anfechten und die Erstattung der gesamten Kaution einfordern. Haben Sie hingegen genau abgerechnet und alle Rechnungsbelege in Kopie beigelegt, ist ein Widerspruch kaum aussichtsreich. Denn Ihr Mieter müsste im Einzelnen darlegen, weshalb Sie überhöht abgerechnet haben.

Sie müssen die Kaution verzinsen, sobald Sie den Betrag vom Mieter erhalten haben. Maßgeblich ist der übliche Zinssatz „für Spareinlagen mit dreimonatiger Kündigungsfrist", der derzeit ungefähr bei 3 % liegt. Haben Sie die Kaution zu schlechteren Konditionen oder gar nicht angelegt, müssen Sie die Differenz aus eigener Tasche bezahlen.

Die Verzinsungspflicht endet erst, wenn Sie die Kaution zurückzahlen bzw. darüber abrechnen. Und noch etwas: Nach der Schuldrechtsreform 2002 endet der Anspruch auf Rückzahlung einer Kaution gemäß § 195 BGB nun bereits nach drei Jahren (bislang nach 30 Jahren). Allerdings beginnt die Verjährung erst am Schluss des Jahres, in dem das Mietverhältnis endet (§ 199 BGB). Beachten Sie auch die neuen Regelungen zur Hemmung der Verjährung (→ S. 87).

Stichwortverzeichnis

I

K

M

N

O

P

R

Der Autor

Dr. Matthias Nöllke arbeitet als Autor und Referent. Er ist für den Bayerischen Rundfunk sowie für zahlreiche Unternehmen und Verlage tätig. In der Reihe „Haufe Ratgeber Plus“ sind von ihm außerdem erschienen: „Nebenkostenabrechnung für Vermieter“ und „Die 101 häufigsten Fallen für Vermieter“.